Carl D. Goerdeler

lien

„Wenn das Paradies hier auf Erden existieren sollte - dann bin ich ganz sicher nahe daran.“

(*Amerigo Vespucci,* italienischer Navigator, 1502 vor der brasilianischen Küste)

002kb Foto: cg

Impressum

Carl D. Goerdeler

KulturSchock Brasilien

erschienen im
Reise Know-How Verlag Peter Rump GmbH
Osnabrücker Str. 79
33649 Bielefeld

4. Auflage 2008

Gestaltung
Umschlag: Günter Pawlak (Layout und Realisierung)
Inhalt: Günter Pawlak (Layout), Klaus Werner (Realisierung)
Fotos: der Autor (cg), Klaus Werner (kw), de.fotolia.com (fo)
Umschlagfotos: der Autor

Lektorat: Liane Werner
Lektorat (Aktualisierung): Dhaara P. Volkmann

Druck und Bindung: Media Print, Paderborn

ISBN 978-3-8317-1644-9
Printed in Germany

Dieses Buch ist erhältlich in jeder Buchhandlung Deutschlands, der Schweiz, Österreichs, Belgiens und der Niederlande. Bitte informieren Sie Ihren Buchhändler über folgende Bezugsadressen:

Deutschland
Prolit GmbH, Pf 9, D-35461 Fernwald (Annerod) sowie alle Barsortimente
Schweiz
AVA-buch 2000, Postfach, CH-8910 Affoltern
Österreich
Mohr Morawa Buchvertrieb GmbH, Sulzengasse 2, A-1230 Wien
Niederlande, Belgien
Willems Adventure, www.willemsadventure.nl

Wer im Buchhandel trotzdem kein Glück hat, bekommt unsere Bücher auch über unseren **Büchershop im Internet: www.reise-know-how.de**

Wir freuen uns über Kritik, Kommentare und Verbesserungsvorschläge.

Alle Informationen in diesem Buch sind vom Autor mit größter Sorgfalt gesammelt und vom Lektorat des Verlages gewissenhaft bearbeitet und überprüft worden.

Der Verlag sucht Autoren für weitere KulturSchock-Bände.

001kb Foto: de.fotolia.com

Carl D. Goerdeler

KULTURSCHOCK BRASILIEN

Inhalt

Anhang 255

Exkurse zwischendurch

057kb Foto: cg

Vorwort

Über den Kulturschock lässt sich trefflich spekulieren. An den ersten Kulturschock im eigenen Leben kann sich aber keiner erinnern. Denn die Geburt ist ja doch wohl nichts anderes als ein Kulturschock. Das Neugeborene verlässt die schützende mütterliche Körperhülle und wird in eine neue Welt gezerrt. Das Baby reagiert darauf mit einem Schrei – und der ist physiologisch wichtig, um die Atmung in Gang zu setzen. So wunderbar hat es die Natur eingerichtet.

Das Geburtstrauma wiederholt sich in milder Form immer dann, wenn wir uns in einer neuen Umwelt zurechtfinden müssen. „In der Fremde ist der Fremde ein Fremder", hat der Münchner Komiker *Karl Valentin* treffend bemerkt, er, der seine bayerische Heimat kaum je verlassen hat. Doch die indianische Prinzessin *Pocahontas* beruhigt uns (in Walt Disneys gleichnamigem Zeichentrickfilm): „Fremde Erde ist nur fremd, wenn der Fremde sie nicht kennt."

In seinem umstrittenen Werk „Der Zusammenprall der Zivilisationen" („The clash of civilisations") vertritt der amerikanische Historiker *Samuel Huntington* die These, Weltgeschichte werde nicht durch Klassenkämpfe oder Kriegszüge, sondern durch Kulturkonflikte bewegt. An allem also sei der Kulturschock Schuld. So weit wollen wir denn doch nicht gehen.

Es gibt Legionen von Kulturschock-Geschichten. Und manche können tödlich enden. Meistens aber geht es glimpflich aus, auch bei „Kannitverstan", der bekannten Novelle von *Johann Peter Hebel,* wo der sprachunkundige Handwerksbursche in Amsterdam auf seine Fragen immer die gleiche Antwort – „Kannitverstan" – erhält. Das kommt davon, wenn man ohne Sprach- und Kulturschock-Führer verreist.

Wer aber ein paar herbe Kulkturschocks in seinem Leben überwunden hat, der fühlt sich hinterher reicher an Erfahrung und stärker an Selbstbewusstsein. Und der hat, so bleibt zu hoffen, auch ein gutes Maß an Toleranz und Sensibilität gewonnen.

Zum Kulturschock gehören wenigstens zwei. Derjenige, der mit seinem geistig-kulturellen Gepäck in die Fremde reist, und das Andere, auf das er trifft. Auf Brasilien beispielsweise. Die Kulturschocks, die dort auf einen Mitteleuropäer warten, sind natürlich nicht dieselben, die etwa einen Hindu ereilen würden, der nichtsahnend eine *churrascaria,* einen dieser Grill-Paläste für Rindersteaks, betritt. Oder die Scham, die jedem Araber ins Herz fahren müsste, wenn er frisch aus Riahd kommend über die Avenida Atlântica von Rio de Janeiro wandelt und seinen Augen nicht traut über dieses Sodom und Gomorrha, das sich da hüllenlos auf den Stränden ausbreitet.

Der expressionistische Dichter *Ernst Jandl* träumt aber genau davon in seinem Gedicht „Calypso": „Ich was not yet / in brasilien / nach brasilien

/ wulld ich laik du go / wer de wimmen / arr so ander / so qait ander / denn anderwo". Also schon damals das alte Klischee von Samba, Sonne, Sex! Sind Brasiliens Frauen, schön und kaffeebraun, wirklich anders als anderswo? Und was ist mit den Männern?

Als Projektionsfläche für geheime oder nicht erfüllte Wünsche der Europäer hat Lateinamerika seit der irren Suche nach dem Eldorado bis hin zum Traumland der Berufsrevolutionäre à la *Che Guevara* schon immer herhalten müssen. Brasilien macht da keine Ausnahme, wenn wir nur an die „edlen Wilden", die Waldindianer denken, die das Herz eines jeden anständigen Deutschen höher schlagen lassen.

Doch abseits der so gepflegten Mythen und Exotika, sozusagen im täglichen Straßenverkehr, schaut Brasilien doch recht vertraut aus. Tatsächlich – manchmal könnte man glauben, man fahre von Rio aus noch tausend Kilometer nach Norden, und dann sei man über dem Brenner. Es ist ja auch so: Brasilien hat eine Menge Europa in den Adern. Aber nicht nur!

Die Kulturschocks, auf die ein reisender Europäer in Brasilien trifft, sind subtiler und dadurch vielleicht auch vertrackter, als wenn er von heute auf morgen beispielsweise nach Japan verschlagen worden wäre. Weil so vieles vertraut erscheint, ist die Überraschung umso größer, dass Gleiches nicht gleich ist und augenscheinliche Kontraste dort als Nichtigkeiten angesehen werden.

Ein Kulturschock muss nicht immer schmerzhaft sein – auch das Gegenteil kann eintreffen. Den berühmten Europäer und Erfolgsschriftsteller *Stefan Zweig* überfiel ein Glücksgefühl bei der Begegnung mit Brasilien, er schwärmte vom „göttlichen Rio ... in das ich mich verliebt habe". Und er dankte nach seinem zweiten Brasilien-Besuch nicht nur formell mit folgenden Worten: „... wenn ich mir vom Leben noch etwas Schönes wünschen darf zu dem unerschöpflich Schönen, das ich hier gesehen und empfangen habe, so wäre es: – wiederkehren zu dürfen in dieses schöne Land." *Stefan Zweig* kehrte tatsächlich nach Brasilien zurück und blieb dort bis zu seinem Freitod im Jahr 1942.

„Sicher ist, dass nix sicher ist", so der schon zitierte *Karl Valentin*. „Brasilien ist das Land, in dem das Unmögliche eintritt, und das Vorhersehbare nicht passiert", resümiert ein deutscher Ingenieur, der die undankbare Aufgabe hatte, ein Atomkraftwerk in Brasilien zu bauen, das auch tatsächlich nach 25 Jahren (statt nach 2,5) Bau- und Planungszeit ans Netz ging. „Es kann alles passieren, auch nichts" – so der Ombudsmann der Nation, der TV-Journalist *Boris Casoy*, über den eventuellen Ausgang eines der größten politischen Skandale in Brasilien. Und es ging – natürlich! – so aus, wie viele Konflikte auszugehen pflegen, so wie das Hornberger Schießen: *„Tudo acaba em pizza"*, „Alles endet in Pizza (= im Schlamassel)."

Aber es wird Ihnen schon nichts passieren. Sie haben ja den Kultur-Schock-Führer gekauft. Und Sie haben sich entschlossen, die Reise nach

Brasilien anzutreten. Nach rund zwölf Stunden Flug fallen Sie todmüde aus der Maschine. Ihre innere Uhr ist durcheinander gekommen. Sie sind die ganze Nacht geflogen. Halb in Trance lassen Sie die Zoll- und Passkontrolle über sich ergehen. Dann öffnet sich die automatische Tür des Airports – endlich durchatmen!, – doch statt der frischen kalten Luft, die zu Hause die Lungen füllt, atmet man Watte ein, warme, feuchte Watte mit einem Hauch von Patschuli. Die Tropen empfangen Sie mit heißer Umarmung und Sie glauben im ersten Moment, daran zu ersticken.

Im tropischen Klima sprießen an ein und demselben Baum sowohl die Knospen, strahlen die Blüten und fallen zugleich die Blätter ab. Vergangenheit, Gegenwart und Zukunft wachsen also auf einem Ast. Der Zeitbegriff zerfließt. Was zählt, ist der Augenblick. Nordeuropäer sind da anders gestrickt: Sie müssen unbewusst immer an den nächsten Winter denken, ans Sparen, Zurücklegen, Planen und Buchen. Für Brasilianer sind das lästige Angelegenheiten, die sie vom Leben – und das ist jetzt! – nur ablenken. Mit einem Satz: Europa wirkt wie ein großes Museum der Vergangenheit und Zukunft, Brasilien aber wie ein Zirkus des Lebens.

Wer sich darauf einstellt, der wird sich in Brasilien wie neugeboren fühlen. Und der sollte sich auch nicht von Horrorstories abschrecken lassen – denn auch für dieses Buch gilt ja nun, dass das, was anders als das Gewohnte ist, mehr Aufmerksamkeit hervorruft als der träge, tropische, friedliche Alltag, der Brasilien so unwiderstehlich macht.

Carl D. Goerdeler

Salvador da Bahia – das „schwarze Rom“ mit seinen afrikanischen Trachten und Festen

003kb Foto: cg

004kb Foto: cg

WELTSICHT UND SELBSTVERSTÄNDNIS

„Rouba, mas faz“

„Er raubt,
aber er unternimmt
wenigstens etwas“

(Selbstanpreisung des Gouverneurs von São Paulo, *Adhemar de Barros,* 1950)

Das Papageienland – Streifzug durch die Geschichte

Kein Fußballklub trägt seinen Namen, nicht mal ein Denkmal haben sie ihm errichtet, dem *Pedro Álvares Cabral,* dem **Entdecker Brasiliens.** Dieser hatte vor 500 Jahren, am 23. April 1500, mit einer Flotte von 12 Karavellen an einem fremden Gestade weit westlich der Kanarischen Inseln und südlich des Äquators geankert, hatte seine Boote mit Frischwasser und Wildfleisch beladen und war nach elf Tagen weitergesegelt – nach Indien. Das gerade erst entdeckte Land, voller Papageien und nackter Wilder, schien nicht der Erwähnung wert zu sein.

Warum sollen die Brasilianer den Portugiesen *Pedro Cabral* schon groß ehren? Hat es sie nicht „schon immer“ gegeben? Von Oiapoque bis Chuí: alles Brasilianer, 175 Millionen. Mögen sie *Fernando Henrique Cardoso, Tizuka Yamasaki, Ronaldo, Hitler Mussolini da Silva* oder *Dietmar Starke* heißen, sich als Yanomami oder Yuppie geben, mit dem Einbaum oder dem Auto zur Arbeit fahren, braune, gelbe, schwarze oder weiße Haut tragen: Alle sind Brasilianer. Allesamt vierfache Fußballweltmeister. Das verbindet und zählt.

Abgesehen davon, dass vermutlich die Spanier *Vincente Yanez Pinzón* und *Diego de Lepe* noch vor *Cabral* die südamerikanische Küste gesichtet haben: Was hatten diese stinkenden, bärtigen Eindringlinge schon für

Kirche im Süden Brasiliens, in Santa Catarina

eine Bedeutung für die Pataxó, die Tupi, die Botokuden und die anderen Indianerstämme?

Porto Seguro nannten die Portugiesen die ruhige Bucht an der Mündung eines kleinen Flusses. Man las eine Messe, errichtete ein Holzkreuz und ließ zwei Schwerverbrecher zurück. Eine mannshohe Marmorstele, die auf der einen Seite die portugiesische Krone und auf der anderen das Malteserkreuz trägt, erinnert in Porto Seguro an die Entdeckung Brasiliens. Ein gewisser *Duarte Coelho* hatte den Stein wohl 1504 errichtet, aber erst 1980 fand man ihn – bei einem Metzger, dem der Stein als Hackblock gedient hatte.

Und heute: Keiner kommt nach Porto Seguro wegen *Pedro Álvares Cabral.* Und der wäre vermutlich wie sein Zeitgenosse *Padre Anchieta* (1534–1597) entsetzt darüber, dass die Menschen aller Hautfarben völlig schamlos und fast nackt gerade dort Spaß daran haben, ihre Körper der prallen Sonne und dem Wasser auszusetzen. Durch die Jahrhunderte hinweg hatte sich offenbar „die abscheuliche Sitte der Wilden, täglich zu baden", auch bei den Christen durchgesetzt.

Brasil tem memoria de galinha, spotten die Brasilianer über ihre „Vergesslichkeit einer Henne". Sie macht nicht einmal vor Baudenkmälern aus der Barockzeit halt, die in Europa bis zum letzten Nagel geschützt werden, hier aber nicht selten ohne viel Federlesen einer frisch betonierten Tiefgarage oder Sparkasse weichen müssen.

Geschichtslosigkeit gleich Barbarei? Dem preußischen Naturforscher *Alexander von Humboldt* schien es so – jedenfalls beobachtete er auf seiner „Reise in die Äquinoctial-Gegenden des neuen Kontinents" (1799–1804), wie Archive und Bibliotheken in tropischer Schwüle den Termiten und Ameisen leicht zum Opfer fielen und nur mit übermenschlicher Anstrengung vor dem Verfall gerettet werden konnten: kein günstiges Klima für die Blüte einer Hochkultur?

Hitlers Rassenwahn spülte neue Einwanderer an die Copacabana. Und in Rio de Janeiro entdeckte man den Charme der „Rassendemokratie", ein Schmelztiegel der Rassen und Kulturen zu sein, „ein drittes Rom" sogar, wie der Anthropologe *Darcy Ribeiro* sein Vaterland rühmte.

Ganz gleich, welches Pigment und welche Abstammung – selbst der „primitivste" Urwaldindianer und der semmelblonde Teutone aus Blumenau fühlen sich in erster Linie als „Brasilianer". Dass dieses tropische Riesenreich nicht wie der Rest von Lateinamerika in unzählige („Bananen"-)Republiken auseinanderfiel, ist erstaunlich genug. Man kann es mit den Händen greifen: das **„Wir-Gefühl" der Brasilianer,** das in dem Bekenntnis gipfelt „Gott ist Brasilianer" (der Papst hat es nicht abgestritten). Bloß: Wie wird man Brasilianer – oder was macht Brasilien aus?

Weder Gottkaisertum noch eine Queen, weder „Manifest Destiny", noch „Auserwähltes Volk", „Christliches Abendland" oder „Grande Nation" eint die Brasilianer. Die Nationalgeschichte ist kurz, Kriege hat man so gut wie nicht geführt und wenn es so etwas wie ein gemeinsames Gefühl für kollektives Schicksal gibt, dann mag es das sein, in einem großen, weiten Land zu leben, in dem für jeden Platz ist, soviel Platz, dass man sich darin verloren vorkommt und die Nähe sucht. Kein Brasilianer träumt wie ein Nordeuropäer von „menschenleeren, paradiesischen Stränden" (von denen es auf 7.000 Kilometern Atlantikküste genügend gibt). Ganz im Gegenteil: Man zieht dorthin, wo schon andere hocken, um gemeinsam zu feiern. Brasilianer sind süchtig nach Hautkontakt.

Ihr **Verhältnis zur Natur** mögen umweltbewusste Öko-Europäer als „gestört" bezeichnen und dabei vergessen, dass *Grimms* Märchen vor Wölfen, Waldgeistern und Hexen nur so wimmeln. Die Natur galt bis zur Spätromantik auch in Europa als ungastlich und bedrohlich, es hieß, sie zu zähmen. „Der Brasilianer ist mit der Natur nicht verbunden. Entweder lebt er mitten in ihr und ist schwer von ihr zu unterscheiden. Oder aber er geht gegen sie vor mit Feuer und Eisen", notierte *Vilem Flusser,* der tschechische Emigrant und später hochgeehrte Emeritus, über seine Zwangsheimat Brasilien, in die er 1940 mit dem letzten Dampfer vor den Nazis geflohen war.

Die feindliche Natur kleinzukriegen, hatte sich bereits der „Befreier Amerikas", *Simon Bolívar,* vorgenommen. Angesichts des Erdbebens, das 1812 seine Heimatstadt Caracas in Schutt und Asche legte und die Hälfte ihrer 50.000 Bewohner hinraffte, drohte er dem Himmel: „Wenn die Natur gegen uns ist, so werden wir sie besiegen!" Der anti-ökologische Schwur ist in goldenen Lettern an der Mauer des Justizpalastes von Caracas eingelassen.

Solche radikalen Sprüche sind nicht Sache der Brasilianer. Und in ihrer Nationalhymne heißt es sogar: „Gigant durch die Gnade der Natur, prächtig, kräftig, unbesiegbar, die Zukunft gehört Dir, wunderbare Erde, Brasilien, geliebtes Vaterland, sanfte Erdenmutter starker Söhne, Brasil!"

Es ist eben alles größer in Brasilien – und das wird seinen Bewohnern so recht erst klar, wenn sie als Touristen an den Ufern des Rheins stehen und sich regelrecht betrogen vorkommen: Dieses Rinnsal ist der vielbesungene Schicksalsstrom?

Und weil alles in Hülle und Fülle vorhanden ist, kann es auch abgebrannt werden. Zu einer „Kulturlandschaft" im europäischen Sinne haben es die Brasilianer nicht gebracht. Das gleiche gelte für die Städte in Brasilien, beobachtete 1934 der französische Ethnologe *Claude Lévi-Strauss* („Traurige Tropen"): „Ihre Jugend verblüht, ohne dass sie gealtert sind."

Natur und Kultur, Materie und Geist, das seien in Brasilien gegensätzlichen Pole, in denen der Kulturmensch natürlich seine Wahl getroffen habe. „Der Brasilianer lebt in einem Land, das von ihm als Landschaft überhaupt nicht erlebt wird. Darum kennt er, selbst wenn er kultiviert ist, nur ungenau die Namen der Pflanzen und Tiere, hat an ihrem biologischen Rhythmus so gut wie kein Interesse, sammelt weder Pflanzen noch Schmetterlinge, noch Pilze", jammerte der Alteuropäer *Vilem Flusser.*

Jetzt wissen wir also, **was der Brasilianer nicht ist:** weder Archivar noch Museumsgänger, weder Wandergeselle noch Pilzesucher. Pfennigfuchser und Häuslebauer, „der nicht nach den Mädle schaut", das ist er auch nicht.

Europäische Gelehrte hätten oft genug nachgewiesen, so beklagte sich *Darcy Ribeiro,* „dass die Rassenmischung, das Mestizentum, zu einem minderwertigen hybriden Resultat führt, in dem sie eine Art Maulesel-Volk hervorbringt, das rückständig und zu keinem Fortschritt fähig ist". Doch *Stefan Zweig,* der europamüde wie -süchtige Erfolgsschriftsteller, der seine letzten Jahre im brasilianischen Exil verbrachte, rühmte in blinder Liebe Brasilien als „ein Land der Zukunft" (*Hegel* hatte Amerika schon als Land der Zukunft „entdeckt").

Brasilien als künftige Großmacht? Davon träumen seine Militärs und Politiker. Die Zukunft des Landes liegt doch wohl eher in seiner Gegenwart. Natürlich nicht in seiner skandalösen sozialen Apartheid – aber in seiner **Vitalität** und in seinem Talent, sich oft genug über die banale Wirklichkeit hinwegzusetzen. Das wird deutlich an der Fußballbegeisterung der Brasilianer, an ihrem nie zu bremsenden Enthusiasmus, ihrer Gier auf Neues und ihrer Weigerung, an einer abgestandenen Sache (wie etwa an Kreditverträgen) festzuhalten. Kadavergehorsam, kalvinistische Knickerei und protestantische Buchhalterethik: Fehlanzeige. Kriege wie im Kosovo: unvorstellbar. Aber das „Glück der Tiere", die Spielleidenschaft, der Karneval und die afrikanische Kultur des Rhythmus: „die rituell graziöse Art, mit welcher selbst Messerstechereien in Vorstadtlokalen ausgeführt werden" *(Flusser)* – Das ist Brasilien.

Der Volksheld Brasiliens ist der *malandro,* der charmante, spitzbübische Tunichtgut und **Überlebenskünstler;** eine Figur, die Don Juan, Don Quijote oder besser noch einem gewissen Schweijk das Wasser reichen könnte. Das Durchmogeln, das schweijksche Spiel mit der stumpfsinnigen Ratio, ist in Brasilien zur hohen Kunst entwickelt worden.

So kommen wir endlich zum kulturpsychologischen Kern Brasiliens, den der von sich höchst eingenommene *Charles De Gaulle* als faul identifiziert hat: „Ce pays n'est pas serieux", soll er sich über die Unzulänglichkeiten beim Staatsbesuch in Brasilien beklagt haben.

Nein, zum Glück ist Brasilien nicht ernsthaft, streng, entschieden, gemessen, trocken, nüchtern, steif. *Vilem Flusser* sah in Brasilien so etwas wie die Genese einer „neuen Art Mensch, eines ‚homo ludens'". Der aber sei dem Druck der importierten Ernsthaftigkeit ausgesetzt: „Die Angst und Sorge ... der Brasilianer ... ist im Grunde: wir sind elend und werden immer elender, weil wir uns und die Welt um uns herum zu ernst nehmen."

Pedro Álvares Cabral hat seine Chance vor 500 Jahren verpasst. Hätte er Brasilien wirklich entdeckt, wäre er nicht bloß elf Tage geblieben.

Bis zum **17. Jahrhundert** sah es an der brasilianischen Küste nicht viel anders aus als bei der Stippvisite *Cabrals*. Ein paar Stapelplätze für das Brasilholz, aus dessen Asche man rote Textilfarbe gewann, ein paar verlorene Weiler mit einer Bevölkerung, die Nachkommen der Seebären und ihrer indianischen Weiber waren, ein Dutzend Forts zur Sicherung der Küste – mehr war da nicht.

Der hessische Landsknecht *Hans Staden*, den es anno 1550 mit portugiesischen Söldnern ins Papageienland verschlagen hatte und der beinahe von den Indianern verspeist wurde, hat nach seiner Rettung und Rückkehr 1555 eine „Warhaftige Historia und Beschreibung eyner Landschaft der Wilden, Nacketen, Grimmiger Menschenfresser Leutehn" geschrieben, die zum Bestseller der damals in Mode kommenden exotischen Abenteuerberichte geriet.

In solch einem Land der Wilden sah **Portugal** keine große Zukunft. Um die Krone nicht mit überflüssigen Ausgaben für diese ungeschlachte neue Kolonie zu belasten, bekamen 15 adlige Sippschaften, nicht immer vom besten Ruf, das Land als Lehen. Die *capitanías* hatte man grob von Nord nach Süd an der Küste markiert – wie weit sie ins Hinterland gingen, war völlig offen. Im Grunde blieb das Land einstweilen herrenlos.

Das änderte sich erst, als die **Holländer** in der Karibik mit dem Anbau von Zuckerrohr süße Ware gewannen und prächtige Gewinne einstrichen. Zu den Pfeffersäcken (südostasiatischer Gewürzhandel) gesellten sich die Zuckersäcke, zur Ostindischen Kompanie die Westindische. Die billigen Arbeitskräfte raubten die Sklavenhändler gegen Glasperlen direkt aus Afrika, denn die indianische Urbevölkerung der Karibik war damals bereits durch europäische Seuchen und Waffen so gut wie ausgerottet.

Den Holländern reichten die kleinen karibischen Inseln nicht aus, um große Plantagen anzulegen. Sie begannen auf das südamerikanische Festland vorzudringen, und bald darauf lieferten sie sich die ersten Scharmützel mit portugiesischen Schiffen. Bis 1636 gelang es der holländischen Westindischen Kompanie, die Portugiesen von der gesamten Küste südlich des Amazonasdeltas bis hinunter nach Bahia zu verdrängen. Unter *Johann Moritz von Nassau* herrschte dann zwanzig Jahre lang eine aufgeklärte Kolonialverwaltung, die den Untertanen freie Religionsausübung und Handelsrechte zugestand, wie sie bis dahin und auch in späteren Jahrhunderten in Südamerika undenkbar waren. Doch die Blüte **Holländisch-Brasiliens** war nur von kurzer Dauer, 1654 fiel Recife als letzte Hafenfestung an Portugal zurück.

In **Lissabon** sah man sich zu mehr Engagement gezwungen, schon um andere Seemächte, wie etwa Frankreich und England, fernzuhalten. Sklavenhandel und Plantagenanbau waren nun Sache der *capitanías,* und eine richtige Hauptstadt der Kolonie wurde in Bahia errichtet.

Erst die Funde von **Gold und Edelsteinen** Mitte des 17. Jahrhunderts lösten einen gewaltigen Ansturm von Abenteurern und Spekulanten aus, die nun nach Brasilien strömten. Nun erst überstiegen die Kolonisten mit ihren Mauleselkarawanen und Sklavenscharen das steile Küstengebirge und fassten Fuß im Hinterland, wo sie sogleich die Erde durchwühlten und **Minen** anlegten. *Minas Gerais* – „Allgemeine Minen" – nannte sich später die Bergbauprovinz, in der neben den Maulwurfshaufen der Goldgräber die schönsten barocken Kapellen in den Himmel wuchsen.

An diesem **Reichtum** wollte die Krone ihren Anteil haben, und so schickte sie Soldaten und Steuereintreiber. Bewaffnete Fähnlein, die *bandeirantes,* konnten gar nicht genug Indianer jagen und versklaven, wie diese an Arbeitsfolter zugrunde gingen. Also wuchs der Bedarf nach afrikanischen Zwangsarbeitern in den Minen. Mitte des 18. Jahrhunderts war Brasilien kein Kostgänger der Krone mehr, sondern, im Gegenteil, eine Goldgrube, mit der der Luxus am Hofe von Lissabon bezahlt wurde. Die Kolonie Brasilien wurde deshalb **1762 zum „Vize-Königreich"** geadelt, und als neue Hauptstadt wurde Rio de Janeiro erkoren – über seinen Hafen fand der Reichtum seinen Weg ins Mutterland.

Die Gier, mit der sich königliche Beamte selber bedienten, löste immer wieder Proteste unter den Minenherren, den Kaufleuten und Handwerkern aus, die sich bereits mehr als Brasilianer empfanden denn als blasse Portugiesen mit Rückreiseticket. Die größte **Revolte gegen die Portugiesen** brach 1788 in der Bergwerksstadt Ouro Preto aus; sie hätte beinahe zu deren vollständigem Rückzug und zur vorzeitigen Unabhängigkeit Brasiliens geführt, wäre sie nicht verraten worden. Die Hauptanführer, darunter der Zahnzieher *(tiradentes) José da Silva Xavier,* ließ man köpfen, vierteilen und deportieren. Ruhe kehrte deshalb aber nicht ein.

Öffentliche Auspeitschung von Sklaven auf dem „pelourinho" –
Genrebild von Moritz Rugendas

005kb Foto: cg

Die Unabhängigkeit verdankt Brasilien im Grunde **Napoleon** („Napoleon ist an allem Schuld“). Die französischen Truppen rückten auf Lissabon zu, der Hof ließ packen. Eine englische Flotte verschiffte die königliche Familie von *Johann VI.* und die gesamte Entourage von 15.000 Hofschranzen am 29. November 1807 über den Atlantik ins Vizekönigreich. (Die Engländer ließen sich diesen Dienst mit dem Handelsmonopol über brasilianische Waren entlohnen.) Im größten Haus von Rio de Janeiro errichtete man das Quartier. Wie müssen die feinen Herrschaften über die primitiven Verhältnisse in den Tropen geklagt haben!

Es nützte nichts, der Hof blieb so lange in Rio, bis in Portugal die „Luft wieder rein“ und *Napoleon* in St. Helena hinter Schloss und Riegel war. Dann aber drohten in Lissabon die unbotmäßigen Untertanen damit, den König abzusetzen, wenn er nicht schleunigst heimkehre. So packte 1821 *Johann VI.* erneut die Koffer, ließ aber seinen 23-jährigen Sohn, *Dom Pedro I.*, zurück. Aber in Lissabon wollte man auch den Thronfolger sehen und Brasilien auf den Status einer gewöhnlichen Kolonie zurückstufen. *Pedro I.* jedoch weigerte sich, sein Heimatland Brasilien zu verlassen, und am 7. September 1822 rief er im Überschwang jugendlicher Gefühle und hoch zu Ross: *„Pátria ou morte!“*, „Vaterland oder Tod!“ – und das war ohne Zweifel die **Unabhängigkeitserklärung Brasiliens.**

Die Aufmüpfigkeit gegenüber dem Vater blieb ohne blutige Folgen. Kein anderes Land Lateinamerikas hat sich seine Unabhängigkeit so friedlich erstritten. Brasilien war nun unabhängig – und **Pedro I.** wurde zum Kaiser proklamiert. *Pedro* kostete seine persönliche Freiheit aus und genoss aus vollen Zügen die Gunst zahlreicher junger Damen des Hofes – zum Kummer seiner intelligenteren Gattin *Leopoldine von Habsburg,* die 1826 verstarb.

Die Hauptaufgabe, die sich dem Kaiser stellte, war, aus seinem Reich erst einmal einen Staat zu machen. Das ging nur mit ausländischer Hilfe. Und so lud man denn europäische Forscher, Künstler, Ingenieure, Beamte, Bauern und Militärs ein, Pionierarbeit gegen großzügige Apanagen oder Länderein zu leisten. Besonderes Augenmerk galt der Grenzsicherung im Süden zu Argentinien, Uruguay und Paraguay hin. Als der offensichtlich überforderte *Pedro I.* bereits 1831 unter staatspolitischen Wirren abtrat, war laut Verfassung sein Sohn an der Reihe. Doch *Dom Pedro II.* war ein Kind von fünf Jahren, in dessen Namen nun bis 1840 ein Kronrat regierte.

Mit knapp vierzehn Jahren für volljährig erklärt, lag nun die Last der Geschäfte auf den schmalen Schultern dieses **Pedro II.** – und so sollte es bleiben, bis er, als alter gütiger, rauschebärtiger Kaiser 1889 von putschenden Generälen, die sich Republikaner nannten, außer Landes getrieben wurde.

Dieser *Pedro II.* war nun wirklich ein „Großer Peter". Seine fast 50 Jahre währende Regentschaft muss man als die **Goldenen Jahre des jungen Brasilien** bezeichnen. Er war ein Mann der Aufklärung und der Wissenschaft, er sprach so gut Portugiesisch wie Deutsch, Französisch oder Englisch, er trat bewusst zivil und bescheiden auf und galt als unermüdlicher Arbeiter. Mit der ihm aufgezwungenen Habsburgerin *Teresa Cristina* aus Neapel verband ihn eine herzliche Abneigung, er war aber diskret genug, seine außerehelichen Amouren nicht an die grosse Glocke zu hängen.

Unter *Pedro II.* wurde Brasilien ein Imperium, das diesen Namen verdiente – auf Kosten wachsender Schulden allerdings, und das hat sich bis heute nicht geändert. Immerhin, das geliehene Geld verschwand nicht nur in private Schatullen, sondern es wurde verbaut: Straßen, Eisenbahnen, Telegrafenleitungen, Häfen und Schiffe. Auf dem Schreibtisch des Herrschers im Sommerschloss von Petrópolis stand neben einem Fernrohr das erste (Siemens-)Telefon Südamerikas.

Kabinette kamen und gingen – *Pedro II.* blieb, und mit ihm blieb die „moderierende Macht", die weise Hand. *Pedro II.* war ein aufgeklärter Monarch, der sogar (auch unter dem Druck anderer Mächte und dem Einfluss seiner Tochter) bereit war, die Sklaverei zu beenden. Doch das gefiel so manchen Latifundisten nicht. Auch die Generäle murrten. Sie meinten, sie hätten höheren Sold verdient wegen ihres Sieges in der „Tripelalliance“ (mit Argentinien und Uruguay) über das unbotmäßige Paraguay. So braute sich der **Putsch gegen den Monarchen** zusammen, der fortschrittlicher dachte als die Militärs, die den Kaiser 1889 zur Abdankung und in ein schmähliches Exil trieben.

Die **(Erste) Republik** war wie die Monarchie ein Staat der Honoratioren und Großgrundbesitzer. Die Sklaverei hob man (als letztes Land in Lateinamerika) auf, sie war obsolet geworden. Italienische – und später japanische – Kontraktarbeiter waren auf den nun geradezu explodierenden Kaffee-Plantagen produktiver als Sklaven. Der **Kaffee** bestimmte fortan 50 Jahre lang das Schicksal Brasiliens, und die Weltwirtschaftskrise 1929 sollte denn auch der Honoratiorenrepublik das Licht ausblasen.

Von nun an beherrschte der Gaúcho (Mann aus der Südprovinz Rio Grande do Sul) und Populist **Getúlio Vargas** 20 Jahre lang die Schlagzeilen und die Politik im Lande. *Getúlio Vargas,* mit 1,60 Meter nicht gerade riesengroß, hatte sich die Macht mit Hilfe ehrgeiziger „Jungtürken“ der Armee erdroht. Er war kein Mann der herrschenden Oligarchie. Er wollte Brasilien per Befehl entwickeln, modernisieren, fit machen für das technische Massenzeitalter. Darin unterschied er sich wenig von Argentiniens *Perón* oder Italiens *Mussolini,* bloß wandte *Vargas* sanftere Methoden an. Und er bezog, wie keiner vor ihm, die Masse der Arbeiter und Tagelöhner in sein politisches Projekt mit ein. Zum ersten Mal bekam Brasilien Sozialgesetze und (kontrollierte) Gewerkschaften. *Getúlio Vargas,* „der Vater der Armen“, war er ein Revolutionär, wie es ihm die alten *Coroneis* (Obersten – gemeint sind die selbstherrlichen Grundherren) vorwarfen? Mitnichten: „Die Ochsen haben nicht verstanden, dass ich ihnen das Leben sichere“, so *Getúlio Vargas.*

Getúlio Vargas war kein Demokrat; Wahlen brauchte er nicht. Er paktierte, wie und mit wem es ihm passte. Und eine Zeit lang schien seine Symphatie mit den Nazis den Amerikanern so gefährlich zu sein, dass sie ihm ein ganzes Stahlwerk schenkten, bloß um ihn ins Boot gegen *Hitler* zu holen. Dafür fand sich Brasilien dann **1945** unter den Siegernationen wieder.

Und *Getúlio Vargas* trat nach einer Amtsperiode seines Freundes *Dutra* sogar noch einmal als **demokratisch gewählter Präsident** an. Am Ende dieser Amtszeit, 1954, versuchte er, mit einem dramatischen Selbstmord die Brasilianer noch einmal gegen „okkulte Mächte“ (gemeint waren die Konservativen und die sie stützenden Amerikaner) im Sinne eines linksnationalistischen Kurses aufzuwiegeln. Das gelang insofern, als die Präsidenten, die folgten *(Kubitschek, Quadros, Goulart),* mit den gleichen autoritären und dirigistischen Mitteln regierten wie *Vargas.*

Getúlio Vargas hatte ohne Zweifel Brasilien technisch und ökonomisch vorwärts gebracht. Doch auf dem Höhepunkt des Kalten Krieges, mit einer immer weiter nach links abdriftenden Arbeiterbewegung und Intelligenzia, schienen den konservativen Generälen und Washington die Demokraten zu gefährlich. Auch der Klerus sah seine Stellung bedroht. Mit dem Segen der Kirche, der Rückendeckung Washingtons und unter dem Jubel der besser gestellten Bürger machten Panzer 1964 in einem **Militärputsch** dem „linken Spuk" ein Ende. Die Militärs regierten, bis sie die Lust am Regieren verloren hatten. Das anfängliche „Wirtschaftswunder" ging in der Inflation unter. Auch in Argentinien und Chile und so gut wie überall in Südamerika hatten die Militärs geputscht. Zugunsten der brasilianischen Generäle lässt sich sagen, dass ihnen die Landesentwicklung wichtiger war als die restlose Vernichtung ihrer vermeintlichen Feinde.

1984 zogen sich die Generäle in die Kasernen zurück, es folgten wieder **zivile Präsidenten.** Der erste, *Tancredo Neves,* starb vor dem Amtseid, sein Vize, *José Sarney,* übernahm und scheiterte nach mehreren Versuchen daran, die Staatsfinanzen in Ordnung zu bringen. Sein Nachfolger, der agile, junge **Fernando Collor,** versuchte das mit einem finanziellen Karateschlag: Er ließ alle Konten der Brasilianer (bis auf seine eigenen und die seiner Freunde) einfrieren. Die von ihm intendierte Politik der ökonomischen Öffnung kam in Verruf, als sich herausstellte, dass *Collor* und sein Clan an fast allen öffentlichen Aufträgen mitverdient hatten.

Dass *Fernando Collor,* der sich als radikaler Saubermann und Retter der Nation feiern ließ, schließlich 1992 vom Volk beschimpft und vom Kongress aus dem Amt gejagt wurde, war ein Zeichen für die Stärke der brasilianischen Demokratie. Sein Vize, *Itamar Franco,* übernahm die Geschäfte, konnte aber die Inflation nicht bändigen.

Und dann begann mit dem *Plano Real* eine neue Zeitrechnung. Als der damalige Finanzminister **Fernando Henrique Cardoso** im März 1994 damit herauskam, da staunten die Leute so ähnlich, wie sie in Deutschland anno 1948 gestaunt haben müssen: Das neue Geld, der „Real", war ja tatsächlich etwas mehr wert als der Dollar! Die Teuerung sank von 1.000 auf zwei Prozent, auf einmal konnten sich selbst die Armen mehr als schwarze Bohnen mit Reis auf den Teller schaufeln.

Cardoso gewann mit seinem Konzept die Wahlen im Jahr 1994 haushoch. Als Präsident warnte er dann immer wieder vor der extremen Abhängigkeit seines Landes vom Zufluss ausländischen Kapitals, den Bank-

Präsident Lula genießt vor allem bei den Armen hohes Ansehen – hier eine besonders junge Anhängerin

rott von Mexiko 1994/95 vor Augen. Gleichwohl schlitterte die Regierung in Brasília blindlings in das gleiche Desaster und es kam zur **Währungskrise 1998/99.** Brasilien rappelte sich aus der Krise allerdings mit eigenen Kräften wieder empor. Die Inflation kehrte nicht zurück, die Wirtschaft wuchs weiter - doch mit dem Ende der zweiten Amtsperiode von *Fernando Henrique Cardoso* zogen durch die Weltrezession und das Debakel beim Nachbarn Argentinien neue dunkle Wolken über Brasilien auf. Immerhin gelang es dem Präsidenten, die politische Kultur des Landes durch seine Seriosität zu prägen.

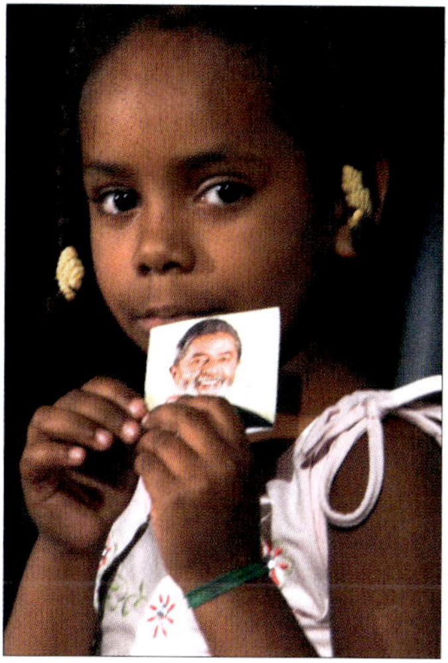

061kb Foto: cg

Dem Professor folgte ein Proletarier im Amt: Bei den Wahlen im Oktober 2002 wurde **Luiz Inácio Lula da Silva,** kurz genannt *Lula*, als neuer Präsident gewählt.

„Dass ein Mann aus dem Volk, dass ein Schlosser ohne Abitur - dass also ich zu Ihnen als Präsident spreche - dass kann ich kaum glauben. Das erfüllt mich mit Stolz und mit Hoffnung. Von nun an soll jeder Brasilianer morgens seinen Kaffee trinken, mittags ein Mahl einnehmen und abends ohne Hunger einschlafen ...". *Lula* konnte die Tränen kaum ersticken. Die Nation heulte vor Rührung mit.

Das war schon eine Revolution, dass in diesem im Grunde tief konservativen Land ein Metallarbeiter und Ex-Gewerkschaftsführer, den die Bürger lange Zeit als „roten Teufel" gefürchtet hatten, an die Spitze gelangen konnte. Auch die internationale Finanzwelt wollte ihn zunächst nicht: Je günstiger die Umfragen für *Lula* ausfielen, desto tiefer sanken die Ratings für Brasilien auf dem Finanzmarkt. Mit *Lula* war Brasilien gebucht auf Bankrott. Drei Monate später rissen sich die Bosse um einen Termin mit ihm, in Davos und anderswo. Brasilien-Bonds stiegen von 70 auf 100 - und der Dollar sank von 3,90 Real auf 2,90 Real. Woher dieser Wetterwechsel? *Lula* hatte sich nur an sein Skript gehalten. „Die Violine nimmt man mit der Linken, aber mit der Rechten streicht man sie."

Lulas Wirtschaftsminister *Antonio Palocci* steuerte von Anfang an den Kurs der Offenmarktpolitik weiter. Ökonomisch gesehen steht Brasilien so stark da wie lange nicht. Aber die Hoffnungen der Massen, dass mit dem Sozialisten, wie versprochen, die überfälligen Reformen vorankämen und mit dem „Null-Hunger"-Programm die Armut beseitigt würde, wurden schon bald enttäuscht. *Lulas* Regierung hatte Erfolg dort, wo man es nicht erwartete, und wo man kraftvolle Aktionen erhoffte, da enttäuschte sie.

Aber die allergrößte Enttäuschung wartete dann im Juni/Juli/August 2005 auf die Brasilianer, als nämlich herauskam, dass die Topfunktionäre von *Lulas* Arbeiterpartei PT mit schwarzen Kassen gearbeitet hatten und mehrere Dutzend Abgeordente mit Schmiergeldern bestochen hatten. Das gesamte System, dem Präsidenten im Kongress eine relative stabile Mehrheit zu sichern, beruhte auf Geldgeschenken. Und das Geld holten sich die PT-Parteibosse mit überhöhten oder fingierten Regierungsaufträgen über Werbefirmen, PR-Agenturen und halbseidene Mittelsmänner wieder herein. Ausgerechnet die PT, die sich jahrzehntelang als Gralshüter der politischen Moral aufgeführt hatte, war dabei erwischt worden, wie sie im bislang größten Umfang Volksvertreter bestochen und eingekauft hatte! Und Präsident *Lula* soll davon nicht gewusst haben?

Weder nach dem Selbstmord von *Getulio Vargas* 1954 noch nach dem Militärputsch 1964 oder der Absetzung von Präsident *Collor* 1992 war Brasilien in eine solch tiefe Sinnkrise geraten. Die demokratischen Institutionen des Landes erwiesen sich als morsch und mürbe, und für die meisten Brasilianer bestätigte sich nun das, was viele schon immer gesagt hatten: Die Politik ist ein schmutztiges Geschäft, und wer regiert, der schmiert.

Tatsächlich legte der Skandal um die PT und *Lula* offen zutage, was man als einen „Webfehler" der brasilianischen Präsidialdemokratie bezeichnen muss. In ihr wird der Präsident zwar vom Volk gewählt – aber er muss wie ein zahnloser Diktator auf Zeit immer mit einem Kongress regieren, der sich nicht als Partner oder Gegner verhält, sondern als Fallensteller. Noch niemals hatte ein brasilianischer Präsident eine sichere Mehrheit in beiden Häusern, und keiner wird sie je haben, solange die Verfassung nicht geändert wird. Der Kongress besteht nämlich längst nicht mehr aus Volksvertretern, sondern aus Berufspolitikern mit ihren Seilschaften, die primär daran interessiert sind, ihre Freunde in politischen Spitzenpositionen mit reichlichen Pfründen unterzubringen oder durch opportunistischen Einsatz ihrer Stimme so viel wie möglich herauszuholen.

Lula hatte also ganz recht, als er, noch als Abgeordenter, seine Kollegen als „Strauchdiebe" und „Abstauber" kritisierte. Die Tragik seiner Präsidentschaft liegt darin, dass ausgerechnet seine Parteigenossen, die er allzulange gewähren ließ, sich nicht anders verhielten.

Lula hat zwar 2006 die Wahl wieder gewonnen, diesmal im zweiten Wahlgang, aber er ist an die Seilschaften im Kongress gefesselt. Er muss mit wechselnden Mehrheiten regieren – und selbst die sind nicht sicher. Was als großer euphorischer Aufbruch begonnen hat, endet kläglich im politischen Sumpf.

Die brasilianische Identität

Ethnische und kulturelle Vielfalt

Schon die ersten Bilder, Geräusche und Gerüche sind von der starken Art. Pastellfarben, leise Zwischentöne, Geruchskiller – Kleinkram der nördlichen Breiten. Brasilien ist das **Land des Kolorits und der Kontraste.** Schauen Sie doch den Menschen in die Augen! Alle Farben des Regenbogens lachen zurück! Jeder Teint ist erlaubt! Die Farbskala der brasilianischen Haut reicht von fast violett-schwarz über rot und gelb bis zu kalkweiß. Kaum ein anderes Land der Erde besitzt einen solchen ethnischen Reichtum.

Der Synkretismus, also die Vermischung der Rassen und Religionen, der Traditionen und Kulturen, zeichnet Brasilien aus. Dieses tropische Riesenreich ist wahrlich eine **multikulturelle Gesellschaft.** Von den Nachfahren deutscher Einwanderer, polnischer Siedler, italienischer Fabrikanten, spanischer Abenteurer, japanischer Kaffeepflücker, koreanischer Schneider, syrischer Händler, afrikanischer Sklaven bis hin zu den Kindern der Yanomami-Indianer, die soeben zum ersten Mal in ihrem Leben einen Mann mit Bart gesehen haben, spannt sich der Bogen. Und alles das im fünftgrößten Land der Erde, in das Europa leicht hineinpasst und das vom Bergland Guyanas bis in die Pampa reicht, von den Anden bis an das Amazonasdelta, genauer gesagt: von 5 Grad nördlich des Äquators bis 34 Grad südlicher Breite und von 35 bis 74 Grad westlicher Länge.

Während „oben" am Amazonas und auch in Rio de Janeiro das Thermometer leicht auf 40 Grad klettert, melden einige Bergstationen in den südlichen Bundesstaaten Paraná und Santa Catarina schon mal Raureif und Schneeglätte. Den **klimatischen und landschaftlichen Kontrasten** entsprechen die sozialen. Je weiter man nach Süden zieht, umso europäischer erscheint Brasilien.

O sul maravilhoso, **„der herrliche Süden",** sagen die Brasilianer, da „unten", meinen sie, ist die Welt noch in Ordnung. Rio Grande do Sul, Santa Catarina und Paraná – diese drei Bundesstaaten haben ihr eigenes, anderes Gewicht und Gesicht, sodass man gelegentlich daran zweifeln kann, ob sie überhaupt noch zu Brasilien gehören. Was den Brasilianern so außergewöhnlich am Süden erscheint, kommt dem europäischen Besucher manchmal wie eine vergilbte Kopie seiner eigenen Heimat vor. Ordentlich verläuft hier das Leben, und sauber. Statt Apfelsinen werden Äpfel angeboten, statt schwarzem Kaffee brauner Mate-Tee. Draußen stehen schwarz-bunte Kühe auf den Weiden und nicht mehr die gewohnten Zebu-Rinder. Kirchtürme künden die Dörfer an, die Namen tragen wie *Freiburgo* oder *Nova Veneza.* „Hotel Schröder" oder „Panaderia Müller" können Sie im Vorbeifahren gerade noch entziffern.

Neben der engen Welt der deutschen, italienischen und polnischen Krauter in Paraná und Santa Catarina herrscht die Freiheit der Erde auf dem Sattel der Pferde. Die **gaúchos** sind die Herren der Pampa. Sie sprechen anders, sie leben anders und ziehen die Stiefel kaum aus. Ihre Nahrung besteht aus Bergen von Fleisch *(churrasco)* und sie schlürfen von morgens bis abends den *chimarrão,* den Mate-Tee, mit einem Silberrohr aus einer Kalebasse. Richtige *gaúchos* tragen Reitstiefel, Stulpenhosen, eine breite Leibbinde, in der ein Hirschfänger steckt, ein kariertes Hemd, einen schwarzen Hut und die Gitarre. Silberketten, Halstücher und weit ausladende Schnurrbärte unterstützen das verwegene Aussehen dieser brasilianischen Cowboys.

Der **Wilde Westen** Brasiliens beginnt jenseits der Küstenkordillere. Je weiter man der untergehenden Sonne entgegenfährt, umso einsamer wird das Land und umso karger der rotbraune Boden, den meist nur schüttere Macchia bedeckt. Bis aus diesem Landmeer eine Fata Morgana aufsteigt: Brasília, die künstliche Hauptstadt, der Schreibtisch in der Steppe. Tausend Kilometer weiter nach Westen der Pantanal, das größte Sumpfgebiet der Erde, tausend Kilometer weiter nach Norden der Amazonas, das gewaltige Flusssystem, eine amphibische Landschaft, die der Mensch an ihren Rändern schon schwer geschädigt hat.

Amazonien ist so groß und gewaltig, dass jeder Reisende daraus mit einem Gefühl der Ehrfurcht vor der Natur zurückkommt. Mehr als die Hälfte aller bekannten Lebensformen finden sich im tropischen Regenwald Amazoniens, darunter über 50.000 verschiedene Blütenpflanzen. In jedem Hektar Regenwald können bis zu sechshundert verschiedene Baumsorten wachsen. Die üppige Vegetation der *Hylea* täuscht Fruchtbarkeit vor, dabei ist sie nur eine Folge des biologischen Gleichgewichts in einem äußerst komplexen System. „Von außen gesehen, gleicht der amazonische Urwald einer Anhäufung erstarrter Blasen, einem Turm grüner Schwellungen; es hat den Anschein, als litte die Flusslandschaft allenthalben unter einer pathologischen Störung. Doch sobald man die

Haut durchsticht und ins Innere dringt, verändert sich alles: Von hier aus gesehen, erscheint diese wirre Masse als ein monumentales Universum. Der Wald ist keine irdische Unordnung mehr; eher könnte man ihn für die neue Welt irgendeines Planeten halten ..." (*Claude Levi-Strauss*, „Traurige Tropen").

Der **Nordosten** Brasiliens dagegen ist ein wüstes, archaisches Land. Ein Land des weiten Himmels und der kargen Erde. Das Land der *coronéis* („Obersten"), der Honoratioren, Großgrundbesitzer und Viehbarone, der strengen Herrscher über Dorf, Hof und Gesinde, das Land der *doutores,* der Advokaten und Ärzte, die aus Gier, Tradition oder Langweile um die Posten würfeln, das Land der Rebellen und Banditen, der Viehdiebe und der Wanderprediger, der Heiligen und der Huren, das Land der Ärmsten der Armen, der kinderreichen Landarbeiter, der landlosen Tagelöhner. Der schwere Mühlstein des Lebens, die Dürre und Hitze haben die Menschen geformt.

Wer ist Brasilianer?

Woran erkennt man Brasilianer? An der Hautfarbe, der Sprache, der Religion? Sicher nicht allein. An den Gesten, der Kleidung, dem Blick? Schon eher.

Wer ist überhaupt Brasilianer? Genau genommen ist Brasilianer derjenige, der in Brasilien geboren wurde. Seine Eltern mögen kanadische Eskimos oder chinesische Fischer gewesen sein: Wer im brasilianischen Staatsgebiet oder auf einem Schiff brasilianischer Flagge das Licht der Welt erblickt, ist **brasilianischer Staatsbürger,** punktum. Abstammung oder Religion spielen keine Rolle. In Brasilien gilt das „jus solis", das Territorialprinzip (Artikel 12 der Verfassung). Wer in Brasilien geboren wurde, bekommt den grünen Pass mit dem Staatsemblem unter dem Kreuz des Südens, mag er auch kein einziges Wort brasilianisches Portugiesisch radebrechen.

Aber ist ein brasilianischer Staatsbürger deswegen schon Brasilianer? Wird er wegen des grünen Passes als **brasilianischer Landsmann** angesehen? Wohl kaum. Brasilianer ist man eben nicht nur aus Gründen des Staatsrechts. Doch was macht einen Brasilianer aus? Was unterscheidet ihn von seinen südamerikanischen Nachbarn oder von Deutschen, Franzosen, Japanern und Yankees? Was hält diese Nation im Innersten zusammen? Ist es das gemeinsame Schicksal eines verfolgten Volkes – wie bei den Armeniern etwa? Ist es eine Staatsreligion wie bei den Juden, eine jahrtausendealte Kultur (Chinesen), der Pathos einer Grande Nation (Frankreich), das ehemalige Empire einer grossen Seemacht (England), der Tenno (Japan), das Trauma zweier verlorener Weltkriege (Deutschland), die Kastengesellschaft (Indien) oder der Verfassungspatriotismus mit dem Glauben an die Machbarkeit der Dinge – wie in den USA?

Nichts dergleichen kann Brasilien vorweisen. Und doch sehen sich Brasilianer als Angehörige einer einzigen, großen, jungen Nation.

Weder Rasse noch Religion, weder Krieg noch Frieden, weder Papst noch Popen, weder Kasten noch Klassen – allenfalls eine gemeinsame Sprache, das brasilianische Portugiesisch mit seinen wenig ausgeprägten regionalen Dialekten, und eine Art Lebensgefühl verbinden die Brasilianer. Diese **Bindung der Brasilianer** ist aber so stark, dass Brasilien seit seiner Unabhängigkeit so gut wie keine wirklich einschneidenden separatistischen Abspaltungen erlebt hat. Auch keinen Bürgerkrieg (wie die USA), keine Revolution, keinen staatlich gesteuerten Rassenwahn und keine Religionskriege hat das Land je erleiden müssen.

Die innere Uhr Brasiliens

Es ist schwer, Brasilien mit dem gängigen Instrumentarium der Sozialwissenschaften zu erfassen. Nach Auffassung des bekannten Soziologen *Roberto DaMatta* lässt sich Brasilien nicht über objektive Kategorien wie Geschichte, Verfassung oder einen common sense, also einen unausgesprochenen Gesellschaftsvertrag, erfassen. Die innere Logik Brasiliens sei **nicht festgeschrieben, sondern fließend.** Und sie bewege sich zwischen den Polen Tradition und Moderne, wolle sich aber weder auf das eine noch das andere festlegen. Brasilien versuche tagtäglich sozusagen die Synthese, das **Unvereinbare miteinander zu vereinen,** ja zu verschlingen. Dieses Bedürfnis, alles zu umarmen oder zu verschlingen, Konflikten aus dem Weg zu gehen, alles in einen Topf zu rühren und an die prinzipielle Lösbarkeit des Unlösbaren zu glauben – dies sei der Stil und die Handlungsweise der Brasilianer. Dies zeichne die Nation Brasilien aus, so *DaMatta*. Keine Ideen, keine Theorien, keine Gesetze, an die man sich hielte – bloß der nicht endende **Optimismus** und der **Glaube an sich selber.** Das ist Brasilien. Das Wort „Unmmöglich!" werden Sie dort kaum hören.

„Mir san mir" – dieses **selbstbewusste Identitätsgefühl** der Bayern trifft auch auf die Brasilianer zu. Sie haben weniger Minderwertigkeitskomplexe als alle ihre lateinamerikanischen Nachbarn, und gegen den großen Bruder im Norden, die Yankees, hegen sie keine Ressentiments. Das abschätzige Wort „Gringo", das sonst in Lateinamerika so gut wie jeden Ausländer, besonders aber die Nordamerikaner trifft, ist in Brasilien wenig gebräuchlich, und wenn, dann eher als spöttisch-liebenswerte

Charakterisierung. „Gringo" ist für den Landbewohner am Amazonas auch ein Brasilianer aus dem Süden. Ausländerfeindlichkeit liegt den Brasilianern fern.

Aber wer von den Brasilianern kennt schon das Ausland? Bis auf wenige Betuchte leisten sich Brasilianer keine Reise ins **Ausland.** Über das, was da draußen in der Welt vorgeht, machen sich die meisten Brasilianer keinen Begriff. Sie sind der festen Überzeugung, einer großen Nation anzugehören, ohne deswegen Nationalisten zu sein. Von innen aus gesehen, erscheint Brasilien riesig (was es rein physisch ja auch ist). Die Brasilianer sind dann immer ganz überrascht, wenn sie erfahren, dass man „draußen" Brasilien kaum zur Kenntnis nimmt. In den europäischen Medien taucht Brasilien mit Sicherheit seltener auf als die meisten seiner viel kleineren lateinamerikanischen Nachbarländer – was sicher auch damit zu tun hat, dass Spanisch eben eine Weltsprache ist, Portugiesisch hingegen nicht.

Gleichwohl, es gibt es eine grobe **geistige Weltkarte** in den Köpfen der Brasilianer. Wenn man sie so zeichnen würde wie der berühmte amerikanische Karikaturist *Steinberg* die Sichtweise der New Yorker, dann tauchten auf dieser Zeichnung jenseits des Zuckerhuts, der Beton-Pizza von São Paulo und jenseits des blauen Ozeans nur zwei Kontinente auf: Nordamerika und Europa nämlich. In Nordamerika gibt es zwei oder drei Fixpunkte: Miami/Florida (Einkaufen, Disneyland), Washington und New York – die Westküste fehlt. Europa ist vertreten durch Rom (der Papst), Paris (die Mode), London (die City) und Lissabon (Nostalgie). Berlin, Stockholm oder Moskau fehlen, von Kairo, Neu Dehli, Peking oder Tokio ganz zu schweigen – was selbstverständlich bei Nippo-Brasilianern oder den ebenfalls zahlreichen Brasilianern arabischer oder deutscher Herkunft anders sein mag. Afrika fehlt auf dieser geistigen Landkarte Brasiliens – obgleich der afrikanischen Brüder und Ahnen politisch korrekt immer wieder gedacht wird: Eine „back-to-the-roots"-Mode wie in den USA oder eine politisch klar artikulierte Black-Power-Bewegung hat es in Brasilien aber nie gegeben.

Und über das **portugiesische Erbe** macht man sich eher lustig. „Manuel", der Portugiese, ist in Brasilien eine Witzfigur, so wie der Ostfriese oder Österreicher in Deutschland, über dessen Trotteligkeit man gerne lästert. Etwa so: „Wir haben das Rad perfektioniert. Die Portugiesen nutzten in ihrer Kolonie nur quadratische Räder. Wir Brasilianer haben dann im Laufe der Zeit die Ecken abgerundet und schließlich das Rad auf seine heutige, kreisrunde Form gebracht."

Mit anderen Worten: Die Brasilianer fühlen sich den Portugiesen haushoch überlegen. Anlässlich des 500-Jahrestages der „Entdeckung" Brasiliens durch *Cabral* haben die Festredner natürlich gebührend auf die Blutsbruderschaft und die historisch gewachsenen herzlichen Beziehungen zum alten Mutterland (im Unterschied zu Kolumbien oder Kuba spricht man aber nicht von „la madre patria" – in beiden Fällen ist Spanien gemeint) pompöse Lobreden gehalten. Was aber die Wirklichkeit betrifft, so schrieb der brasilianische Autor *Mário Prata* bissig: „Die Bevölkerung Portugals ist das Produkt von 800 Jahren Inzucht. Das führte zu einer „reinen Rasse" ohnegleichen – jeder Portugiese gleicht frappant dem anderen, jeder hat die gleichen Manieren und Marotten. Und das macht genau den Unterschied zu uns Brasilianern aus. Die Portugiesen kennen nur eine Logik, und wir haben eine Mischung aus afrikanischer, indianischer, portugiesischer, italienischer, deutscher, und weiss was ich für eine Logik! Wir haben mit den Portugiesen nichts gemein. Sie sind völlig von uns verschieden. Portugal mag Albanien näher liegen als meinethalben Bahia. Seit 500 Jahren sind wir keine Brüder mehr."

Das ist so richtig wie falsch. Brasilien hat sich längst vom einstigen Mutterland emanzipiert – doch die „Spitzen der Gesellschaft" tragen portugiesische Namen und sehen auch nicht so ganz anders aus als die sehr entfernten Vettern und Cousinen in Lissabon. „In der Stunde des Zusammenbruchs vermachte uns Portugal großzügigerweise seinen höchsten Adel", lästerte der Kulturphilosoph *Darcy Ribeiro.* Er spielte darauf an, dass der portugiesische Hof ja vor *Napoleon* in die Kolonie geflohen war und dass von jeher die Krone bevorzugt adlige Taugenichtse nach Brasilien abgeschoben hatte.

„Das Schlimmste daran ist", so kommentierte *Darcy Ribeiro* ironisch, „dass wir nicht nur ein Mestizenvolk sind und von daher minderwertig und unfähig zu jedem Fortschritt, sondern dass wir darüber hinaus noch ein tropisches Volk sind. Und tropisch, das geht auf keinen Fall mehr! Zivilisation in den Tropen ist einfach unmöglich! ... Mestizen, Katholiken und Portugiesen, das haut jeden Elefanten um."

Brasilien hat viele Gesichter, sie über einen Kamm zu scheren, wird nicht gelingen. Brasilien ist ein wenig **so wie das Nationalgericht,** die *feijoada,* ein Sud aus schwarzen Bohnen, weißem Reis, gelbem Maniokmehl, Orangen und Schweinsohren und den vielen weiteren Zutaten in den irdenen Töpfen, aus denen man sich auf den Teller schöpft.

Brasilien **gleicht auch dem tropischen Regenwald.** Ein Biotop mit recht komplizierten Nahrungsketten und Kreisläufen und einer außerordentlichen biologischen Vielfalt, die zur Illusion verführt, man habe es hier mit einer reinen Prachtentfaltung der Natur zu tun. In Wahrheit sprießt alles auf mageren Böden und ist alles so haargenau aufeinander abgestimmt, dass schon die Beseitigung von wenigen Pflanzen aus dem

Dickicht den ganzen Wald vernichtet. Zum Regenwald gehören eben nicht nur die Baumriesen, sondern ebenso die Pilze und Flechten und Ameisen und das ganze Geflecht der Fauna und Flora.

Brasilianische Namen

Doch bevor wir den Wald vor lauter Bäumen aus den Augen verlieren, halten wir uns an ganz prosaische Dinge. Fangen wir einfach mal mit den Namen der Brasilianer an. Da stellt sich jemand als *Jefferson Pedro da Silva* vor oder eine junge Frau als *Maria Socorro de Souza* – sehr brasilianische Namen. Man kann aber durchaus auch auf einen *Senhor Hitler Mussolini Pinto de Almeida* treffen, auf einen *Hans Böhmer* und einen *Henry Zilberstyzn* oder auf eine *Fatima Farraqh Monteiro.* Was soll daran bemerkenswert sein?

Andere Länder, andere Namen. In Russland und Skandinavien heißen sehr viele Leute *Iwanowitsch* oder *Olofson* – Sohn des Iwan oder des Olof. Solche Namen signalisieren Geschichte, Abstammung, Sippschaft, Familie. In Deutschland oder Japan heißen Mann oder Frau beispielsweise *Braunschweig* oder *Nakashima* („mitten auf der Insel"), ihre Namen sind also Ortsnamen. Oder sie tragen Berufsbezeichnungen wie *Smith, Müller* oder *Meier.* Gerne tauft man auch das Kleinkind auf den Namen eines verehrten Ahnen, nach Großvater *John* (Jr.) oder Onkel *Karl* beispielsweise.

Wie wichtig ist uns Deutschen doch unser Name, wie eifersüchtig wachen wir darüber, dass er richtig geschrieben wird! Es gibt Romane, in denen der Eigenname einer Person und seine Schreibweise ein Leitmotiv sind, etwa „Mephisto" von *Klaus Mann.* Man erkennt daran den geradezu tierischen Ernst, mit dem man hierzulande die eigene unverwechselbare Persönlichkeit gewürdigt wissen will – eine Erbschaft des bürgerlichen Zeitalters mit seiner Hochschätzung von Selbstzucht und Selbstgestaltung.

Nichts von alledem in Brasilien. Da gibt es keine Söhne oder Töchter, die das Familienerbe im Namen mitschleppen, und Ortsnamen sind kaum üblich, ebenso wenig wie Berufsbezeichnungen.

Viele Nachnamen deuten auf vermeintlichen **portugiesischen Ursprung** – wie etwa *da Silva,* der Mann aus dem Wald, oder *Pereira,* der Birnbauer. Die Nachkommen aus Europa haben ihre Namen ja kaum geändert. Aber **afrikanische Namen** wie *Kabila, Mobutu* oder *Nkruma* wird man lange suchen müssen. Kein Wunder – die Afrobrasilianer sind samt und sonders Nachkommen von Sklaven – und die bekamen die Namen ihrer Herren aufgedrückt. Und auch die **indianischen Ureinwoh-**

008kb Foto: cg

ner wurden von den fleißigen Missionaren schnell auf *Paul, Pedro* und *Maria* getauft – dazu als Kennung noch der Namen des Stammes wie *Paiakan, Xavante* oder *Potiguara*.

Da heißt also ein Brasilianer im Vornamen *Jefferson* oder *Newton* oder *Demósthenes*. Keine Rede davon, dass der Namensträger ahnt, wer jener Philosoph in der Tonne Altgriechenlands war, was *Jefferson* angestellt hat oder wer die Gesetze der klassischen Mechanik entwickelte.

In der Buntheit der brasilianischen Namen tritt mehreres zutage. Zum einen Desinformation. Zum anderen aber auch eine Lust am Spiel, ja an der Travestie. Und eine **unbekümmerte Haltung** gegenüber der eigenen und fremden Identität. Manche Eltern finden es wichtig, dass alle ihre Kinder mit demselben Buchstaben anfangen, etwa mit A oder mit M. Es kommen auch reine Fantasienamen vor wie *Xerox-Kopie* oder sogar obszöne wie Vagina, Pimmel *(Bimba)* und Schlimmeres. Der Philosoph *Jens Soentgen* schilderte sein Erstaunen, im Polizeichef seines Wirkungsortes Goiânia einen *Hitler-Mussolini Pacheco* kennen zu lernen. „Niemand störte sich daran, am allerwenigsten er selbst."

Den Standesämtern reicht als Anerkennung eines Namens, dass man ihn schreiben kann (H@ns gibt es noch nicht, könnte aber noch kommen) und dass er irgendwo und irgendwann schon mal vergeben worden ist. In Brasilien ist der Name also eher Anlass für ein unverbindliches Spiel. Die Travestie, das **Spiel mit der eigenen Identität,** ist ein Kennzeichen Brasiliens – weil der hybride genetische Hintergrund, den viele Brasilianer haben, zu einer entspannteren Haltung gegenüber sich selbst zu führen scheint.

In Brasilien sind Vornamen also Schall und Rauch, und beim **Nachnamen** geht es auch lässig zu. Jeder kann sich seinen Namen ändern, wie er will, das ist ein kleiner Verwaltungsakt. Meistens jedoch schiebt man Mutter- und Vaternamen zusammen und verbindet sie durch ein *de,* ein von-und-zu sozusagen, das macht sich ganz nett, hat aber mit Adel meist nichts zu tun. (Die Kaiser *Pedro I.* und *II.* gaben verdienten Schranzen Namen wie „Baron von Ipateninga", das waren aber eher „Berufsbezeichnungen". Natürlich haben die Nachkommen dann den Titel in den Namen eingebaut.) Oft lässt sich aus den Nachnamen schon die Mischung ablesen, wenn etwa ein japanischer mit einem portugiesischen Namen kombiniert ist oder ein deutscher mit einem portugiesischen.

Die Assimilation der Namen und Personen ins Brasilianische verläuft so schnell wie das Wachstum einer Bananenstaude. Die **Namen sind Träume** – man folgt der Mode und der Liebe – nicht aber herkömmlichen Traditionen. Und weil man viele Träume hat, hat man manchmal auch viele und ellenlange Namen. Ahnenforscher scheitern in Brasilien schon nach wenigen Generationen. Man hat einen Namen, und basta.

Aber oft ist der Amtsname nicht einmal engsten Freunden bekannt, denn man redet sich in Brasilien mit **Vornamen oder Spitznamen** an. *O gordo,* „der Dicke", *a careca,* „die Glatze", so führt selbst die Polizei ihr Register guter Kunden. Auch im Hotel sind die Gäste nach ihrem Vornamen aufgelistet, und sogar im Parlamentsverzeichnis der Abgeordneten und Senatoren geht es nach den Vornamen – von *Adalberto* bis *Zuleide.*

Im brasilianischen Namenseintopf schwimmen sie alle, die *Nelsons* und die *Wellingtons,* ob *da Silva* oder *de Aragão.* Aber man ist nicht auf Du und Du, beileibe nicht. Da mag einer vornehm heißen, ist aber nur Wärter in einer Großgarage. Am Namen erkennt man das nicht. Die Kraft des portugiesischen Adels hat sich in Brasilien erschöpft. Brasilien war stärker als jede europäische Tradition – und seine Fähigkeit, die disparaten Teile einzuschmelzen in einen **Tigel der Rassen und Klassen,**

Indianerjungen bemalen sich für die Kamera

hat sich immer wieder erwiesen. Eine Rassendemokratie ist Brasilien deswegen nicht. Und auch keine Freiheitsstatue hat je den Einwanderern in dieses tropische Riesenreich eine bessere Zukunft versprochen. Statt der Freiheitsstaue mit ihrer Fackel brennt auf dieses Land die tropische Sonne nieder. Statt der geistigen Glut haben die plutonischen Kräfte letztlich in Brasilien eine Nation gebacken, die man einzigartig nennen darf.

Das brasilianische Portugiesisch

Das brasilianische Portugiesisch **unterscheidet sich stärker von der alten Muttersprache** als das Amerikanische vom Englischen und als das Kubanische vom Spanischen. Ein Mann aus Lissabon braucht nur einen Satz zu sprechen, und jeder Brasilianer wird sofort wissen: Aha, ein Ausländer, ein Portugiese – bereits am Telefon beim ersten Wort: *„Talá?"* fragt der Portugiese, *„Alô?"* der Brasilianer.

„Wer ist da?" oder „Hallo?" – das könnte schon einen passenden Einstieg in die vergleichende Sprachanalyse zwischen hier wie dort abgeben. Die Portugiesen bleiben beim Alten und Umständlichen, die Brasilianer schleifen ab und vereinfachen. Doch nicht nur das. Ebenso wie bei der „Logik" (s.o.) hat die Sprache in Brasilien viel mehr **fremde Elemente aufgesaugt** und eingebaut als in Portugal. Indianische Begriffe und Worte, afrikanische Wendungen, spanische Splitter, zwei deutsche Worte („Blitz" für Polizeikontrolle und „Chopp" für ein Glas Bier), französische Modismen (einst) und amerikanischen Slang (jetzt) beispielsweise.

Und dann gibt es noch eine Tendenz im brasilianischen Portugiesisch, die sozialpsychologisch aufschlussreich ist, nämlich die geradezu zwanghafte Manie, alles und jedes zu **verniedlichen.** Aus einem Haus wird ein Häusle, aus einem Bub ein Büble usw. In Brasilien werden sogar Adjektive und Adverbien verkleinert, man sagt „Tschüssle", nimmt *agorinha* („sofortchen") ein „Bähnle", das *rapidinho,* also „schnellchen", fährt und „so Gott will" – *se deus quiser* – irgendwann ankommt. Wenn etwas sehr, sehr schwierig zu lösen ist, also im Grunde unmöglich erscheint, dann sagt man höchstens: „Es wird nicht leicht sein", ... aber vielleicht gibt es einen *jeitinho,* einen „kleinen Ausweg".

Die zahlreichen Diphthonge und Flexionen machen das Portugiesische für mitteleuropäische Ohren schwierig, so wie das Französische ja auch weniger vertraut klingt als das harte Spanisch. Das brasilianische Portugiesisch wird **breiter gesprochen** als das in Lissabon, man singt es eher wie das Italienische, aber man verschluckt dabei nicht die Hälfte der Vokale. Auch **vereinfachen** die Brasilianer, indem sie auf komplizierte grammatische Konstruktionen – etwa auf die 2. Person Singular – und auf gestelzte, einst höfische Redewendungen verzichten, die hingegen in der Amtssprache auf beiden Seiten des Atlantik weiterleben.

Gleiche Worte, ungleiche Bedeutungen, andere Worte, andere Aussprache, am Telefon fängt es mit den **Schwierigkeiten zwischen den Portugiesen und den Brasilianern** an, im „Aufzug“ *(ascensor - elevador)* geht es weiter, im Restaurant kommt man sich näher, redet sich mit „Du“ *(tu - você)* an, bestellt die „Speisekarte“ *(ementa - cardápio),* ordert vielleicht „Garnelen“ *(gambas - camarões),* trinkt ein gut eingeschenktes „Bier“ *(impérias - chopp),* bestellt ein *prego* (einen „Nagel“, denkt der Brasilianer, gemeint ist aber ein kleines Stück Rindfleisch), wandert hernach ins „Apartment“ *(andar - apartamento),* zieht, weil es heiß ist, die „Unterhose“ aus (*calcinha - cueca,* wobei die brasilianische Unterhose des Mannes sprachlich dem Damenslip Portugals entspricht und umgekehrt!), und vielleicht will man Liebe machen (hier treffen exotische Sprach-Welten zusammen!) und nimmt zur Sicherheit ein Präservativ dazu. *Durex* heißt das in Lissabon - in Brasilien meint man damit ein Klebeband -, das richtige brasilianische Wort heißt *camisinha,* damit bezeichnet man in Portugal aber wiederum ein Hemdchen. Und nun steuern wir auf den Höhepunkt zu - das betreffende weibliche Primärorgan heißt in Brasilien *xoxota* (x wird wie sch gesprochen) - was in Portugal „Damenhandtasche“ bedeutet. In diesem entscheidenden Augenblick dürfte die angestrebte Völkerfreundschaft an den Sprachenklippen im Bett zerschellen, und einer der Liebenden nimmt reißaus, sagt: *„Adéus!“* bzw. *„Tschau!“.*

Genug der Abenteuer zwischen Portugiesisch Ost und West! Was Portugal und Brasilien unterscheidet, ist, in Anlehnung an den Satiriker *Karl Kraus* zu sprechen, die gemeinsame portugiesische Sprache.

Die Staatsflagge

Wenn von Brasilien, dem „Land der Zukunft“, die Rede ist, empfiehlt sich der Blick in den Himmel bzw. auf den Fahnenmast.

Denn unter den Sternenbannern ragt eine Flagge heraus, die wahrhaft astronomisch ist: die Fahne Brasiliens. Sie zeigt einen Ausschnitt aus dem südlichen Sternenhimmel, der durch ein **Spruchband** umgürtet ist, so ähnlich wie eine Zigarre durch die Bauchbinde. Auf dem Spruchband steht: *Ordem e Progresso* - „Ordnung und Fortschritt“ - und das ist eine Maxime der positivistischen Staatsphilosophie, die der Franzose *Auguste Comte* Anfang des 19. Jahrhunderts aufgestellt hat. Die junge brasilianische Republik, durch einen Militärputsch gegen den Kaiser *Pedro II.* am 15. November 1889 ins Leben gerufen, schmiss die alten, monarchischen Insignien auf den Müllhaufen der Geschichte und suchte ihre eigenen Symbole.

Zuerst nähte man an einer Flagge, die der nordamerikanischen so sehr glich, dass man vier Tage später doch den Entwurf eines gewissen *Dêcio Vilares* bevorzugte. Wir brauchen die weiteren heraldischen Details nicht zu verfolgen. Doch eines bleibt festzuhalten: Die brasilianische Flagge zeigt exakt, allerdings seitenverkehrt!, das **Sternbild über Rio de Janeiro** am 15. November 1889 um 8.30 Uhr früh, just zu dem Zeitpunkt, da in dieser Stadt die Republik Brasilien proklamiert wurde. Deshalb ist die brasilianische Flagge so etwas wie eine astronomische Uhr, die stehen geblieben ist.

Und was sehen wir auf dem Zifferblatt dieser Uhr: natürlich das Kreuz des Südens, die Sternbilder Wasserschlange, Großer Hund (mit Sirius), Südliches Dreieck und Skorpion. Insgesamt 27 **Sterne** sind zu erkennen – so viele, wie Brasilien heute Bundesstaaten hat. Und es ist ja wohl auch klar, dass die wichtigsten Bundesstaaten wie der Regierungsdistrikt Brasília, São Paulo, Rio de Janeiro, Minas Gerais und Bahia dem Kreuz des Südens zugeordnet werden. Sollte im Laufe der Zeit noch der eine oder andere Bundesstaat neu entstehen und hinzukommen, wird ihm natürlich ein weiterer Stern angeheftet, so wie es die Amerikaner und Europäer (EU) mit ihren Flaggen auch machen.

009kb Foto: cg

Die hohe Kunst des Lebens – das brasilianische Lebensgefühl

Auswege und Überlebensstrategien

„Baden auf eigene Gefahr!" – ein solches urdeutsches Schild wird man in Brasilien vergeblich suchen. In Brasilien lebt man nämlich **„auf eigene Gefahr".** Da helfen keine Reichsversicherungsordnung, keine Haftpflicht und keine Verkehrsregeln. Man muss sich schon auf seine eigenen Augen und Ohren verlassen.

Kein Wunder, dass die Brasilianer zum Überleben hochsensible Instinkte und listige Auswege entwickelt haben. Eine solche Lebenskunst ist der berühmte *jeitinho brasileiro,* der Kniff, der **Trick,** die geglückte **Improvisation,** die Geschmeidigkeit, mit der man Vorschriften oder Hindernisse umgeht, kurz das unglaubliche Talent der Brasilianer, mit den Unbilden des Alltags fertig zu werden und drohende Katastrophen spielerisch zu umdribbeln.

Brasilianer pflegen zäh an die Zukunft zu glauben. Ihr **Enthusiasmus** kann Berge versetzen – so wie es eine Sambaschule im Karneval 1999 vorgemacht hat: Welche Katastrophe, vier Wochen vor dem Karneval! Sechs Prunkwagen der Sambaschule „União da ilha" gehen in Flammen auf! Jede Hilfe kommt zu spät. Schluchzend stehen die Bewohner der Favela vor den rauchenden Trümmern. Aus der Traum! Der teure Glitzerschmuck und die unzähligen Nächte, in denen sie mit Hingabe die Kostüme genäht und die Fahnen gestickt haben, waren umsonst. Das darf doch nicht wahr sein: Die Sambaschule wird am Karnevalsonntag nicht durch das Sambodrom von Rio de Janeiro defilieren können – oder doch?

Nebensächlich? Nicht für die Brasilianer. Für die Leute in der Wall Street vielleicht. Die zittern um Milliarden Dollar, die ihnen Brasilien schuldet. Der Crash der achtgrößten Industrienation droht an diesen Tagen den amerikanischen Kontinent zu erschüttern. Seit Jahresbeginn 1999 sind viele Milliarden Dollar aus Brasilien abgeflossen. Das Land ist so gut wie zahlungsunfähig. Die Börse fährt Achterbahn, der Real, die brasilianische Währung, ist nicht mehr zu halten. Nach Asien und Russland nun Brasilien, das hat gerade noch gefehlt.

Ob Dona Macabea wohl eine Lizenz für ihre Freiküche hat?

Für die Sambatänzer der „União da ilha" ist ein Traum zerplatzt, für Investoren sind Vermögen zerronnen. Zeitungen lesen die Leute in der Favela nicht. Worte wie Defizit, Moratorium, Wechselkurs sagen ihnen nichts. Die meisten haben noch nie einen Dollar gesehen. Wo die Wall Street liegt, wissen sie nicht. Was das alles bedeutet, ahnen sie nicht. Sie werden es spüren, sehr bald. Das Schicksal hat zugeschlagen, und sie trauern um ihre Prunkwagen.

Ein paar hundert Meter weiter von der Brandstelle hocken die Menschen dicht gedrängt wie auf der Hühnerleiter im eiskalten Wartesaal der Citibank, in der Rua da Assembléia 100. Der Mann am Schalter soll sie von der „Schwarzen Liste" streichen. Sie haben ihre Raten nicht gezahlt, die Bank hat ihnen Briefe mit immer höheren Forderungen geschickt und droht, die Kreditkarte einzuziehen. Nach Weihnachten ist der Wartesaal immer voll, aber diesmal ganz besonders.

Ja, Weihnachten, das war ein Bombengeschäft, versichern die Händler. Selbst auf der Fifth Avenue in New York sah man sie in Scharen, die Butterflieger aus Brasilien, die *muambeiros,* der Schrecken der Stewardessen. Mit ihren Tragetaschen und Pappkartons hatten sie die Kabinen wie eine Gans gestopft. Als hätten sie geahnt, dass es die letzte Einkaufsreise werden würde.

„Der Kater kommt bestimmt, aber vorher nehmen wir noch einen Schluck aus der Pulle": So war es doch immer schon. Zu Karneval ebenso wie bei den Währungsreformen, die Cruzeiros in Cruzeiros Novos, dann in Cruzados, Cruzados Novos und schließlich wieder in Cruzeiros verwandelten: Ein paar Nullen gestrichen und neue Banknoten gedruckt, fünf Währungen in acht Jahren, und jedesmal hatte die Inflation einen neuen Anlauf genommen.

Das war die Zeit, als die Taxifahrer mit hastig hektografierten Korrekturtabellen hantierten, weil die Taxameter der Teuerung hinterherliefen – so wie in Deutschland 1923. Das war, als die Verkäuferin im Kramladen nichts verstand: Ein Sparschwein wolle der Kunde kaufen? „Hören Sie, Senhor", kam der Geschäftsführer hinzu, „in Brasilien frisst das Sparschwein sich doch selber auf! Bevor Sie das Sparschwein mit Münzen gemästet haben, hat das Geld doch längst seinen Wert verloren! So etwas führen wir schon seit Jahrzehnten nicht mehr."

Es war eine üble Zeit? – Das galt keineswegs für alle. Die Banken verdienten üppig, wer Kapital besaß, strich Zinsen „über Nacht" ein, und selbst die Lohnempfänger konnten damit rechnen, dass ihre Tüte zum Monatsende immer praller wurde, wenn sie auch nicht mehr dafür kaufen konnten. Nun gut, die Armen wurden ärmer, aber das waren sie ja gewohnt.

010kb Foto: me

Wenn man aber verstehen will, wie Brasilien überlebt, sollte man einen wie *Nelson Soãres de Oliveira* kennen. Der hat noch nie seine Miete pünktlich gezahlt. Das heißt, er zahlt sie ja nicht selber, sondern lässt sie von einem Dritten zahlen, der wiederum *Nelson* Geld schuldet, und soweiter und sofort. *Empurrar com barriga*, die **Probleme „mit dem Bauch vor sich herschieben“**, nennt man das. Vielleicht ist auch der Besuch einer Eckkneipe, Imbissstube oder Bäckerei ganz informativ: Da sitzt die Kassiererin hinter Glas und kann kaum herausschauen. Die Scheiben sind mit geplatzten Schecks der Kunden verklebt, als handele es sich um Ansichtskarten aus den Ferien.

Die Schlitzohrigkeit gegenüber den Oberen liegt den Brasilianern seit der Sklavenzeit im Blut. Und: „Wer keine Flasche hat, will wenigstens am Glase nippen.“ Was morgen kommt, weiß man nicht, was gestern war, hat man lieber vergessen. Jeder Brasilianer tauscht den **Vorteil des Augenblicks** gegen eine bessere Zukunft. Das Grimmsche Märchen vom „Hans im Glück“ könnte aus Brasilien stammen. Aber die nordische, protestantische Ethik mit ihrer moralischen Buchhalterei liegt himmelweit weg. „Ich habe nicht verloren“, meint trotzig ein bankrotter Kartenspieler, „das Geld hat momentan nur ein anderer“.

Im Schnäppchenmarkt von Rio - die „Sahara“

Zum Jahresende 1998 schrammte Brasilien über den finanziellen Treibsand. Der Real besaß keine Deckung mehr, ihn zu stützen kostete die Brasilianer jeden Tag mehr. Der Internationale Währungsfonds sollte die Kastanien aus dem Feuer holen. Als der Beistandskredit über 41,5 Milliarden Dollar unterschrieben wurde, war er schon Makulatur. Denn das Sparprogramm, das Präsident *Cardoso* als Gegenleistung versprach, scheiterte schon im ersten Anlauf an den Volksvertretern.

Das ist nun schon Geschichte, und die wird in Brasilien so schnell vergessen wie die Blamage beim Endspiel der Fußballweltmeisterschaft 1998 in Paris. „Wir sind alle ärmer geworden", titeln die Blätter, als wäre das ganz normal. Von Sparplänen wollen die Politiker auch nach dem Absturz des Real nichts wissen. Brasilien steht jetzt auf der Schwarzen Liste, na und?

Sempre dá um jeito – „es gibt immer einen Ausweg", nichts ist unmöglich. Der Beruf der Brasilianer ist die **Hoffnung,** und: „Wer keine Hunde hat, jagt mit den Katzen!". Die Fans der Sambaschule „União da ilha" haben sich nicht unterkriegen lassen, auch nicht, als nach der Feuersbrunst noch ein Unwetter das Kostümlager überschwemmt hatte. Sie haben Tag und Nacht den Schaden repariert und sind unter dem Applaus der Menge durch das Sambodrom getanzt. Und Brasilien hatte sich ein Jahr nach seiner Währungskrise zum Erstaunen der Finanzwelt wieder ökonomisch berappelt. Ein Beweis mehr für die **Vitalität** dieser Nation.

Vitalität gepaart mit **Schlitzohrigkeit,** könnte man sagen. In São Paulo schuften die Leute ums Leben, in Rio de Janeiro leben die Schufte, meint der Volksmund, jedenfalls der in São Paulo. Die Mega-Metropole ist stolz auf ihren Ruf, die Lokomotive Brasiliens zu sein. Ohne São Paulo liefe nichts, und alles laufe über São Paulo. Aber wer hält sich dort schon gerne länger auf? Wer den Koffer auf dem Airport lassen will, der muss länger suchen. Gut versteckt in einer Ecke der Abfertigungshalle ein Schalter mit zwei Dutzend Schließfächern. Die Dame am Tresen kaut verträumt am Bleistift und über dem Kreuzworträtsel. Für einen Real schiebt sie gelangweilt eine *ficha* zu, jene Münze, mit der das Schließfach gefüttert werden will. Aber halt!, die *ficha* reicht nur für 24 Stunden, und mehr als eine Münze schluckt der Schlitz nicht. Was nun? Die Dame mit dem Bleistift hat solche Gedanken erraten. Wenn man das Schließfach länger als 24 Stunden belegen wolle, müsse man halt noch eine Münze zusätzlich kaufen. Ja, aber wohin damit? Ganz einfach – die zweite, dritte oder vierte Münze möge man neben den Koffer in das Schließfach legen. Wenn die Uhr abgelaufen sei, öffne sie das Fach, entnehme eine Münze und schließe für die nächsten 24 Stunden ab. Warum kommt ein Gringo nicht darauf?

Dem *jeitinho,* dem Alleskönnergriff des Lebenskünstlers, entspricht spiegelbildlich die **Tranigkeit,** die ölige **Muffigkeit,** mit der Brasilianer Dinge, die sie nun partout nicht machen wollen, abwehren. Weil es ihnen einfach zu anstrengend ist, weil sie müde sind, weil die Hitze unerträglich ist. *„Não tem",* „Hammwa nich!", ist die maulfaule Antwort der Verkäuferin, wenn sie eine Ware lange suchen müsste. *„Não dá."* – „Es geht nicht." Was geht nicht? Nun, der Kunde will Brötchen kaufen, hat aber nur einen großen Schein. Und der Verkäuferin fehlt Wechselgeld. Immer fehlt Wechselgeld in Brasilien. Und kein Mensch kommt auf die Idee, für den Kunden welches zu besorgen. *Não dá.*

Geht es wirklich nicht? Gibt es wirklich aussichtslose Situationen in Brasilien? Es kommt darauf an, ob man daran glaubt oder nicht. Brasilianer glauben nicht daran, sie haben immer einen *jeitinho* zur Hand.

Der jeitinho

Brasiliens Sozialforscher *Roberto DaMatta* sieht im *jeitinho* (Verkleinerungsform von *jeito* = „Ausweg") den Grundbegriff zum Verständnis seiner Heimat. Der *jeitinho* sei sozusagen die **Synthese der Unvereinbarkeit.** Brasilien sei hin und hergerissen zwischen den äußeren Gesetzen und Normen der Zivilisation und zwischen den Bedürfnissen der privaten Personen. Und mit dem *jeitinho* versuche man immer wieder diesen Abgrund zu überbrücken. In Nordamerika oder in Nordeuropa, so *Roberto DaMatta,* gebe es gesellschaftliche Regeln, Verbote und Gebote – und die werden beachtet. Was verboten ist, ist verboten – oder anders ausgedrückt: Was nicht verboten ist, ist erlaubt. Punkt, aus. In Brasilien gilt wohl eher: Es ist alles erlaubt, solange es nicht ausdrücklich verboten ist – und wenn es verboten ist, gibt es vielleicht einen *jeitinho,* das Verbot zu unterlaufen?

DaMatta erläutert die **Wirkungsweise des jeitinho** an einem Idealfall: Ein Brasilianer kommt in ein Amt und macht ein Eingabe. Dem Amtsinhaber ist der Antragsteller unbekannt. Seine erste Reaktion ist Ablehnung, Verzögerung. Ganz nach dem deutschen Beamtenmotto: Haben wir nicht, kennen wir nicht, haben wir nie gemacht. Und im übrigen gälten die Gesetze und Bestimmungen, das sei alles kompliziert und dauere ewig. Am besten wäre es, der Antragsteller nähme seinen Antrag zurück oder gehe zu einem anderen Amt.

Auf diese Reaktion hat der brasilianische Antragsteller nur gewartet. Er wendet nun den *jeitinho* an, und der besteht im Wesentlichen darin, die Gegensätze aufzulösen, die Konturen zu verwischen und vor allem die harte **Konfontration zu entschärfen.** Das geschieht meist durch die Suche nach einem „kleinsten gemeinsamen Nenner“ mit der Amtsperson. Zum Beispiel könnte der Petent herausfinden, dass der Beamte den gleichen Namen trägt, aus der gleichen Ecke Brasiliens stammt, den gleichen Wagen fährt, ebenfalls Anhänger seines Fußballvereins ist oder der Fan seiner Sambaschule usw. Ist ein solcher **kleinster gemeinsamer Nenner** erst einmal gefunden, kommt man schon weiter. Antragsteller und Amtsinhaber kommen sich näher, sind am Ende fast so etwas wie verwandt, haben die gleichen Hobbys, Schicksale oder Krankheiten. Wunderbar! Darüber kann man reden – und nebenher auch mal auf diese verdammte, leider etwas missliche, im Grunde lästige Eingabe zurückkommen.

Ein Wort gibt das andere, ein *cafezinho* kommt dazu, man kommt so recht ins Plaudern und das **brasilianische Gefühl der Nähe und Gemeinsamkeit** stellt sich ein. Dann ist der Antrag, der Stempel, die Unterschrift nur noch eine Formalität – Gesetze hin oder her. Man hat es doch mit einem *amigo,* Kollegen, Landsmann zu tun! Mit einem Wort: In Brasilien ist es wichtiger, (wichtige) Leute zu kennen als die Gesetze.

Wer sich nicht zutraut, in solche „Verhandlungen“ einzutreten, die Sprache und die sehr subtilen Codes einer solchen Unterhaltung nicht versteht, der mietet sich am besten einen *despachante,* einen Eisbrecher auf zwei Beinen, der professionell das Geschäft mit dem *jeitinho* betreibt. Ein solcher *despachante* betreibt im Extremfall *malandragem,* sozusagen berufliche Gaunerei. Der *malandro,* der **Gauner,** der sich mit

011kb Foto: cg

mehr oder weniger faulen Tricks durchs Leben schlägt, der ist ein durchaus angesehener Zeitgenosse in Brasilien.

Der liberale Ökonom und Ex-Senator *Robert Campos* meint, der *jeitinho* sei weder eine legale noch eine illegale Sache, sondern *paralegale.* Ist das eine Erklärung oder nur ein intellektueller *jeito?*

Der *jeitinho* ist übrigens auch der Kirche nicht fremd. „Südlich des Äquators gibt es keine Sünde" - damit half man sich in der Kolonie weiter. Und über 3.000 Meter gelte das Papstwort nicht mehr - da sei man dem lieben Gott und seiner Gnade schon näher.

Die Hoffnung stirbt als Letztes. Brasilianer, Beruf: Optimist. *O jeito de ser brasileiro,* heißt es: „der Trick, ein Brasilianer zu sein". Doch der **Optimismus** der Brasilianer ist ein anderer als der der Yankees. Denn im Grunde glaubt kein Brasilianer an die Machbarkeit der Welt, er glaubt nur daran, sich erst mal vor dem Unheil zu retten. Das reicht. Denn wer weiß schon, was morgen kommt?

Das ist nicht die Lebensphilosophie eines jungen Volkes, denn darin steckt die Erfahrung von Niederlagen. Der *jeito brasileiro* ist purer Existentialismus, die **Erkenntnis, dass man am Lauf der Welt nichts ändern kann.** Was bleibt, ist die Suche nach einer provisorischen Lösung, nach einer ruhigen Nische. Die Nische seiner Existenz ist der *jeito,* in ihr fühlt sich der Brasilianer zu Hause.

Es ist die Weisheit der Sklaven, die im Blute der Brasilianer steckt. Der Aufstand, die Revolte gegen den Zustand der Welt führt zu nichts. Aber der Widerstand im Geringen, im Kleinen, die schweijksche Dummerhaftigkeit, die Schlauheit, Gebote und Befehle zu unterlaufen, die **Partisanentaktik des Alltags** - sie öffnen dem kleinen Mann den Freiraum, den er durch Aufbegehren nicht bekommt. Der *jeito* ist die Schmiere, die Brasilien vor dem sozialen Kolbenfresser bewahrt.

Der *jeitinho* läge ziemlich genau in der Mitte zwischen dem persönlichen Gefallen, den man einer anderen Person tut, aber dabei keinen unmittelbaren Vorteil erwartet - und der Bestechung, die auf einen **handfesten Vorteil** zielt. In dem sehr amüsanten autobiografischen Buch des Österreichers *Peter Kellemann* aus dem Jahr 1946 „Brasilien für Anfänger" (nur in Portugiesisch aufzutreiben), schildert der Autor seine erste Begegnung mit dem *jeitinho. Kellemann* bemüht sich um ein Einwanderungsvisum für Brasilien und gibt seine Berufsbezeichnung korrekt als „Arzt" an. Der brasilianische Konsularbeamte aber macht aus ihm per Federstrich einen „Agronom", denn Brasilien braucht Landwirte, und nur als Agronom kriegt *Kellemann* das Visum. Der brave Antragsteller wundert sich: Er habe von Ackerbau und Viehzucht keine Ahnung. Das mache nichts, meint der Konsularbeamte, die eigene Bürokratie produziere täglich soviel Blödsinn, da käme es auf einen falschen Agronomen auch nicht drauf an. Tatsächlich braucht *Kellemann* nach seiner Einwanderung kein einziges Diplom vorzulegen. Der so großzügige Beamte dürfte mit seinem *jeitinho* aber wohl eine „Kopfprämie" für die Anwerbung eines Agronomen gewonnen haben.

Man sieht: **Beim jeitinho profitieren immer zwei,** aber der Dritte ist der Dumme. Meistens sind es die Gesellschaft, der Staat oder die Kommune, Institutionen, die für Brasilianer so gut wie nichts bedeuten.

Es gibt zahlreiche wissenschaftliche Untersuchungen über den *jeitinho* und seine Mechanismen. Interessant sind auch dessen **linguistischen Aspekte.** Wie festgestellt, zielt der *jeitinho* darauf ab, den kleinsten gesellschaftlichen Nenner zwischen Personen mit gegensätzlichen Interessen herauszufinden, um zu einem Kompromiss zu gelangen, der beiden Seiten das Gesicht wahrt, aber nicht unbedingt den gesellschaftlichen Gesetzen und Regeln entsprechen muss.

„Mein Bruder", „Kollege", „Herzchen" oder „Herr Nachbar" – solche Anreden verraten sofort, dass der sie Aussprechende einen *jeitinho* plant oder sich zumindest „anmeiert", um etwas zu erreichen. Wer aber formale Anreden wie „Herr Doktor da Silva" oder „Sehr geehrter Herr Präsident" wählt, der ist auf Konfrontation aus, der signalisiert damit Kampfbereitschaft bis hin zur physischen Aggression. Einen *jeitinho* geht man so nicht an. Reden, reden, reden, um nicht entscheiden zu müssen, vor allem aber auch, um das Gesicht zu wahren, um „in Verhandlung" zu bleiben. Wer redet, sündigt nicht.

Brasilianer machen keine Fehler – sie korrigieren sie bloß

Brasilianer **machen keine Fehler.** Das lässt schon ihre Sprache nicht zu – das afrikanisierte, moderne Portugiesisch. Es gibt die Unterlassung, die *omissão,* den technischen Defekt, die *falha,* die Fehleinschätzung *juizo falso* und den *erro humano,* das menschliche Versagen. Der Mensch macht Fehler, gewiss, aber schon das Wort „Fehler" hätte ein viel zu schweres Gewicht für die Brasilianer. Fehler sind Unaufmerksamkeiten oder kleine Schwächen – aber doch keine Sünden.

Regeln zu beugen ist ein brasilianischer Volkssport. Ob im Straßenverkehr oder bei der Steuererklärung, im Parlament oder bei der Polizei – pausenlos **werden Regeln verletzt** und unterlaufen. Wer will sich schon einschränken lassen? Steht nicht der Mensch, die Person über den Vorschriften und Gesetzen? Außerdem: Brasilien war jahrhundertelang eine Nation von Sklaven und Sklavenhaltern. Einen Fehler zu bekennen, konnte für den Sklaven tödlich sein – und der Patron hätte sich mit einem *mea culpa* vor seinesgleichen lächerlich gemacht. Gibt Gott etwa Fehler zu?

Geben Politiker oder Unternehmer in Brasilien Fehler zu? Keine Rede. **Das Floriansprinzip** („Lieber Sankt Florian, verschon' mein Haus, zünd's andere an!") wird kultiviert. Oder das Aussitzen, das man hier „die Probleme mit dem Bauch vor sich herschieben" nennt. Aus politischer Verantwortung hat noch niemals ein Minister in Brasilien seinen Hut genommen. Sie leugnen und lügen so lange, bis durch die öffentliche „Frittierung" der Kollegen, Parteifreunde, der rachsüchtigen Ehefrauen und gekränkten Geliebten, der ehrgeizigen Reporter, der heimtückischen Detektive und der geprügelten Dienstboten Blut fließt. Die Politik kommt ohne großes Spektakel nicht aus: Das Publikum erwartet es. Was wäre ein Fernsehabend ohne einen neuen Skandal? Es ist doch herrlich, sich über „die da oben" zu ärgern und gleichzeitig damit anzugeben, die Autoversicherung zu betrügen.

Der Bürobote *Ronaldo* macht das, was ihm seine Chefs vorleben. Eben hat er noch lautstark darüber lamentiert, dass der Bürgermeister Rio de Janeiro verkommen lässt – um sodann seine Hilfe dabei anzubieten, die Grundsteuer einer Immobilie zu drücken (er sagt: „anzupassen"), wenn man ihm nur ein paar hundert Real oder Dollar mitgäbe, die er an seine Freunde in der Stadtverwaltung verteilen würde. Zwischen den Schlaglöchern auf der Straße und den Löchern in der Verwaltung sieht *Ronaldo* keinen Zusammenhang. Das eine sind echte Schäden – das andere ja nur weite Maschen in einem abstrakten Regelwerk.

Der Fußball hätte deshalb niemals in Brasilien erfunden werden können, bemerkt der Soziologe *Roberto DaMatta* spitz. Man nehme nur einmal die **brasilianische Verfassung mit ihren 268 Artikeln,** die mit jedem Jahr mehr und unübersichtlicher werden, und an die sich im Übrigen niemand hält. Die Regeln, so der „Nestbeschmutzer" *DaMatta,* würden in Brasilien immer nur dazu gemacht, Unübersichtlichkeit und Chaos herbeizuführen, sodass sich nur diejenigen im Paragrafendschungel zurechtfänden, die ihn ins Werk gesetzt hätten. Hatte nicht Präsident-Diktator *Getúlio Vargas* einst gesagt: „Für meine Freunde alles – für meine Feinde das Gesetz"?

Aber beim Fußball ist alles anders, stellt *Roberto DaMatta* fest. Erstens: klare Regeln, zweitens: sofortige Strafen bei Regelverletzung, drittens: ein unparteiischer Schiedrichter, viertens: ein Leistungswettkampf, ein Kräftemessen, aber kein Krieg. Eine reale Utopie auf dem Grünen Rasen.

013kb Foto: cg

DIE KULTURELLE LANDKARTE

„Wenn Gott Brasilianer ist,
dann ist der Papst Carioca
(Bewohner von Rio)".

(Papst *Johannes Paul II.* 1997
bei seinem Besuch
in Rio de Janeiro)

Raum und Zeit

Größe des Landes

Brasilianer haben viel Platz und viel Zeit. **Viel Platz** - genau 8,5 Millionen Quadratkilometer. Das ist mehr als die USA ohne Alaska und natürlich viel, viel mehr, als Argentinien hat! Und auf dieser immensen Fläche, in die Europa leicht hineinpassen würde und in der Deutschland 24-mal Platz hätte, leben nur 185 Millionen Menschen. Statistisch heißt das, dass Brasilien zu den dünn besiedelten Ländern gehört. Aber eben nur statistisch, denn zwei Drittel aller Brasilianer wohnen an der Küste oder in Küstennähe.

Besonders statistikgläubig ist man in Brasilien - auch wenn die Herkunft der Zahlen oft nebulös bleibt. So ist auf wundersame Weise rechtzeitig zu Weihnachten 2000 die **Bevölkerung** um drei Millionen Bewohner gewachsen: Nicht 167 Millionen Brasilianer, sondern 170 Millionen Bewohner des Landes traten in das neue Jahrtausend ein.

Der erstaunliche Bevölkerungszuwachs ist ein rein rechnerischer - das brasilianische Amt für Statistik und Geografie hat nämlich bei seiner jüngsten Volkszählung zur eigenen Überraschung feststellen müssen, dass seine Prognosen voll danebenlagen. Die letzte Volkszählung liegt zehn Jahre zurück, damals, 1991, will man rund 147 Millionen Köpfe gezählt haben. Der Bevölkerungszuwachs in der vergangenen Dekade betrug durchschnittlich 1,63 Prozent im Jahr - eine höchst moderate Ziffer. Bloß, die Rechenfehler im Amt seien nun auch weniger geworden, und deshalb die kleine Korrektur von drei Millionen nach oben.

Mit Statistik kann man bekanntlich alles beweisen, und so sind denn auch die jüngst veröffentlichten Zahlen eher mit Vorsicht zu genießen. Immerhin, so behauptet das Amt, gehe daraus hervor, dass die **Verstädterung** weiter zugenommen habe. Rund vier von fünf Brasilianern lebten in „Städten". Nach der brasilianischen Definition ist aber eine Stadt schon eine Ortschaft mit mehr als 1.000 Einwohnern.

Tatsache ist jedoch, dass **Metropolen** und Millionenstädte wie São Paulo und Rio de Janeiro in den vergangenen Jahren weniger gewachsen sind, der Zuzug vom Lande ist wohl in die kleineren Provinzstädte geflossen. Die weitaus wichtigste Provinz Brasiliens ist und bleibt allerdings die von São Paulo, wo mit 37 Millionen so viele Menschen leben wie in Argentinien, aber fast ein Drittel mehr an Gütern, Waren und Dienstleistungen produziert werden.

Brasilien ist eine mobile Gesellschaft, sowohl was den sozialen Auf- und Abstieg als auch die Fortbewegung von einem Ort zum nächsten betrifft. **Reisen** über tausend Kilometer mit dem Bus oder dem eigenen Auto sind nichts besonderes in Brasilien. Viele Bewohner der großen Städte haben draußen auf dem Land ihren *sítio* (die brasilianische Version einer Datscha), vielleicht auch eine Farm oder eben nur ein Ferienhäuschen im Grünen oder im abgeschlossenen *condomínio.* Solche Wochenend-Immobilien liegen manchmal Hunderte von Kilometern vom heimischen Herd entfernt. Mal schnell über 200 oder 300 Kilometer hinausfahren oder Verwandte besuchen – das ist kein Akt. Die Hausangestellten in Rio de Janeiro oder São Paulo sind meist *nordestinos,* sie kommen also aus dem Nordosten Brasiliens, aus Ceará, Piaui oder Maranhão beispielsweise. Wenn diese Hausangestellten ihren Jahresurlaub nehmen, brauchen sie drei bis vier Tage für die Fahrt in ihre alte Heimat, und ebenso lange dauert natürlich die Rückfahrt. Das wäre so, als ob ein Sizilianer, der in Stockholm arbeitet, Heimaturlaub nimmt.

Brasilien erstreckt sich in Luftlinie über rund 4.000 Kilometer von Nord nach Süd und über ebenfalls rund 4.000 Kilometer von Ost nach West. Entsprechend ist das Land in vier **Zeitzonen** eingeteilt. Wo die genau verlaufen, weiß kein Brasilianer. Und fast regelmäßig bei der Umstellung von der Sommer- auf die Winterzeit entflammen die Diskussionen über den Sinn und Unsinn der Zeitumstellung und Zeitzonen. Die brasilianischen Bundesstaaten haben ihre eigene Uhr, manche Städte (wie in Europas Mittelalter) auch. Da ist es schon vorgekommen, dass die Bürgermeister von Recife oder von Rio de Janeiro eigensinnig auf eine spezielle Rathauszeit bestanden – was allerdings nur ein paar Wochen durchzuhalten war. In Belém gab es sogar schon zwei Zeiten zugleich – die des Flughafens und die der Stadt.

Brasilianer wissen, dass sie Bürger eines großen Landes sind, dass südlich des Äquators kein Land größer ist als Brasilien, die Nummer fünf weltweit. Und weil das Land so groß ist, liegt die **Außenwelt weit entfernt.** Von allem, was sich außerhalb Brasiliens befindet, macht man sich kaum einen Begriff. Es ist kein Witz, wenn der Fremde tief in der Provinz schon mal staunend gefragt wird, wie lange er denn aus Europa mit dem Bus gebraucht hat, um in dieses Zentrum der Welt zu gelangen. Dass man auch etwas anderes als Portugiesisch spricht auf diesem Globus, will vielen Brasilianern nicht so recht einleuchten. Sich überhaupt mit fremden Kulturen abzugeben, fällt selbst vielen gebildeten Brasilianern nicht leicht. Es gibt aber auch den Trend, dass unter jungen Leuten mit guter Bildung das Interesse wächst, Fremdsprachen zu lernen und mehr über andere Länder zu erfahren. Dennoch beherrschen vergleichsweise wenig Menschen in Brasilien wirklich fließend eine Fremdsprache, wozu auch? Und selbst in Rio de Janeiro, der Touristenhochburg des Landes, wird man kaum einen Taxifahrer finden, der Englisch spricht.

Von innen gesehen, erscheint Brasilien riesig. *Tem de tudo,* „es gibt doch alles", heißt es oft – und damit wurde denn auch die Abholzung des Regenwaldes geduldet. Selbst brasilianische Journalisten sind ausgesprochen irritiert, wenn man ihnen erzählt, dass Brasilien zwar groß sein

Immer geradeaus nach Norden – irgendwann erreicht man den Äquator

mag, aber im Welthandel (und Welttourismus) nur eine marginale Rolle spielt (nur ca. ein Prozent des Welthandels entfällt auf Brasilien), und dass ökonomische Riesen in Brasilien von draußen gesehen nur Zwerge sind.

Die Größe des Raums dimensioniert indirekt das Denken der Menschen: Brasilianer sind großzügig. Und sie erwarten diese **Großzügigkeit** auch von Fremden – übrigens auch Großzügigkeit im Umgang mit der Zeit.

Umgang mit Zeit

Der amerikanische Psychologe *Robert Levine* („Eine Landkarte der Zeit") will festgestellt haben, dass **Brasilien zu den „langsamsten" Ländern der Welt zählt** (neben Indonesien und Mexiko), die Schweiz, Irland und Deutschland gehören dagegen zu den schnellsten. *Levine* kam zu diesem Ergebnis, nachdem er verschiedenste Maßstäbe angelegt hatte – so wie etwa die durchschnittliche Gehgeschwindigkeit, der Trab des Amtsschimmels, die Schneckenpost in der Bürokratie, die Schnelligkeit, mit der man in Geschäften bedient wird usw. Seine Forschungsteams schwärmten in 31 Länder aus, um das Lebenstempo zu messen. Dass Brasilien, Indonesien und Teile von Mexiko zu den tropischen Lebensbereichen gehören, ist sicher Teil der Erklärung für den dortigen trägen Lebensrhythmus. Doch das ist nicht alles.

Man hat Zeit oder man hat sie nicht. Der Umgang mit der Ressource Zeit sagt, so *Levine,* ungemein viel über die kulturelle Identität eines Gemeinwesens aus. Als der amerikanische Zeitforscher seine Gastdozentur in Brasilien antritt, erlebt er einen **Kulturschock angesichts des großzügigen Umgangs der Brasilianer mit Zeit,** den er sehr lebendig schildert: „Als ich an dem Tag aus dem Haus ging, fragte ich jemanden nach der Uhrzeit. Es war 9.05 Uhr, sodass ich reichlich Zeit hatte, um zu meinem Seminar um 10 Uhr anzukommen. Nach schätzungsweise einer halben Stunde schaute ich auf eine Uhr, an der ich gerade vorbeikam, sie zeigte 10.20 Uhr an. Von Panik ergriffen, setzte ich mich in Trab und stürzte in Richtung Seminarraum, wo mir freundliche Zurufe wie *‚Alô professor'* und *‚Tudo bem, professor?'* von gemächlich gehenden Studenten nachklangen, die sich später als meine eigenen entpuppten. Atemlos kam ich an und fand einen leeren Raum vor. Verstört rannte ich wieder hinaus und fragte einen Vorübergehenden nach der Zeit. ‚9.45 Uhr' lautete die Antwort. Das konnte nicht sein. Ich fragte einen anderen: 9.55 Uhr ... Die Uhr eines nahe gelegenen Büros zeigte 15.15 Uhr an. Ich hatte meine ersten beiden Lektionen erhalten: Brasilianische Uhren gehen prinzipiell falsch, und außer mir schien das niemanden zu stören."

Verblüfft registriert der Amerikaner, wie die Studenten irgendwann zwischen 10 und 12 Uhr, der vorgesehenen Seminarzeit, eintrudeln, ohne sich nur irgendwie zu erklären. Sie bleiben auch länger sitzen, machen keine Anstalten zu gehen, wenn die Zeit abgelaufen ist. Ebenso kommt und geht die Sekretärin des Professors, wann und wie sie will, ihre „dringenden anderen Termine" sind aber genauso wenig klar definiert wie die, die sie versäumt. Der Psychologe *Levine* macht seinen Kulturschock zum Forschungsgegenstand: Nach welchen Regeln wird die kulturelle Zeit gemessen?

Wo darf man also wie **zu spät kommen?** Extremster Fall: Gar nicht zu einer Verabredung zu erscheinen ist nach brasilianischem Verständnis einfach ein extremer Fall von Verspätung und durchaus akzeptabel.

Und in Brasilien sind die **Gefühle der Menschen wichtiger als korrekte Informationen.** Sollten Sie beispielsweise auf den letzten Drücker am Airport erscheinen, die Maschine ist dabei abzulegen, so fangen Sie um Gotteswillen nicht damit an, Ihre eigene Wichtigkeit oder die des Termins, den Sie verpassen könnten, herauszustreichen. Behaupten Sie einfach, Ihre Geliebte oder Ihre alte Mutter warte sehnsüchtig auf Sie. Eine solche Geschichte überzeugt jeden Brasilianer, und er oder sie wird alles tun, damit Sie Ihr Flugzeug doch noch bekommen.

Pünktlichkeit ist die Höflichkeit der Könige? Ein frommer Wunsch. *Levine* hat interkulturell einige **soziale Zeitregeln** aufgestellt:

- Wir schätzen das, worauf wir warten.
- Der Status bestimmt, wer wartet.
- Je länger die Menschen auf Sie warten, desto höher ist Ihr Status.
- Geld verschafft einen Platz vorne in der Schlange.
- Der Mächtigere kontrolliert, wer wartet.
- Warten kann ein wirksames Kontrollinstrument sein.
- Zeit kann als Geschenk gegeben werden.
- Wenn man sich in einer Schlange drängelt, sollte man es hinten tun.

Schlangestehen

Die Brasilianer haben ein besonders inniges Verhältnis zum Schlangestehen. Schlangen bei der Post, Schlangen beim Einchecken, Schlangen vor dem Bankschalter. Und diese **Schlangen haben ihr eigenes Leben ...**

Hat es Sinn, in dieser Schlange hier zu warten? Oder sollte man nicht besser einen Jungen von der Straße holen, damit der sich für ein paar Münzen in die Schlange einreiht und man derweil ein Bier trinken gehen kann? Diese Fragen gehen wohl jedem durch den Kopf, der in Brasilien Schlange steht.

Geduld, **Geduld!** Die Schlange windet sich in den dafür am Fußboden markierten Bahnen. Sie schrumpft regelmäßig, wenn auch nicht kontinuierlich um einen Kopf, also eine Person, die vor einen der drei geöffneten Schalter gerufen wird. Was die Menschenschlange vorne verliert, setzt sie hinten wieder an, nun stehen schon fünf Personen hinter mir. Dieses „Stirb“ und „Werde“, dieses Abnehmen und Anwachsen vollzieht sich in der Schalterhalle ohne große Aufregung, obgleich mindestens 80 Personen die Bank bevölkern, die Kassierer, die Bankbeamten und die bewaffneten Aufpasser in ihrem Drillich mit einberechnet.

Es geht um ein paar Zentimeter voran. Wenn jetzt **Bankräuber** kämen, die hätten es schwer. Sie müssten ja eine ziemliche Menschenmenge in Schach halten. Und wer weiß, wie viele Kunden heute schon mit größeren oder kleineren Geldbeträgen die Bank verlassen haben? Es würde sich vermutlich nicht lohnen, jedenfalls wäre es logistisch ziemlich schwierig, diese Bank jetzt zu überfallen.

In Rio de Janeiro wird so gut wie jeden Tag eine Bank überfallen. Die Polizei empfiehlt, nicht an den üblichen Rentenzahltagen oder den Tagen zur Bank zu gehen, wenn Steuerfristen und Zahltermine ablaufen. Aber die Brasilianer schieben ja alles vor sich her.

Mein Gott, es geht weiter! Interessant ist die Beobachtung, dass der Menschenwurm wie eine Klapperschlange an seinem **Ende** lebhaft schnattert, aber umso mehr verstummt, je näher seine Glieder an den Schalter rücken. Die Hoffnung, nun doch zum Einzahlen oder Abheben vorgelassen zu werden, verschlägt den Wartenden geradezu die Sprache. Während hinten „auf den Rängen“ Witze gerissen werden, weiß man sich vorn „auf den Logenplätzen“ unter den Blicken der Bankbeamten sehr wohl zu benehmen.

Ganz vorne, **am Schalter,** sehen wir die Kunden, die mit zitternden Knien und hilflosen Ruderbewegungen ihre Papierbündel haltend vor dem Beichtstuhl der Bank Abbitte leisten oder die Dinge richtigstellen wollen. Sie werden von dem gelangweilten Finanzpopen meistens auf einen kleinen Ablasskasten verwiesen, dem sie ihr Mantra, ihre Parole, ihren Geheimcode eingeben dürfen.

Warten ist mehr als abwarten, vor allem in Brasilien. Sich mit anderen Menschen in eine Schlange einzureihen, ist Ausdruck von **Solidarität** und übrigens auch von Stil. Wer möchte schon gerne ein Sonderling sein? Das Leben mag ein Warten auf den Tod sein, doch vorher amüsieren wir uns!

Der dritte Bankbeamte kommt von der Brotzeit zurück. Oh, jetzt geht es aber schnell voran! Jedenfalls ist eine Ende abzusehen. Ein bitteres Ende? Wie man will, Brasilien rückt voran, aber die **Schlange wächst nach.**

Man könnte natürlich ein paar Schalter mehr öffnen. Dann ginge die Bedienung schneller. Ob das weiterhilft? Die Brasilianer könnten das als Einladung auffassen, nun noch mehr Zeit in der Schalterhalle zu verbringen. Geld abzuheben oder einzuzahlen: Darum geht es auf der Bank offensichtlich nur am Rande.

Frömmigkeit und Glaube

Die Brasilianer, so meint die Psychologin *Marlene Porto,* seien weniger religiös als **mystisch** veranlagt. Sie stritten sich nicht um den rechten Glauben, um Dogmen und Lehren, sondern begnügten sich damit, das eigene Seelenheil und die rechte Frömmigkeit zu finden – das aber mit Inbrunst. Und auch mit **Toleranz** gegenüber den Anhängern anderer Riten und Religionen. Ihre Toleranz gehe soweit, dass viele Brasilianer sowohl fromme Katholiken als auch Adepten afrikanischer Kulte in einer Person sind – und vielleicht sogar noch spiritistisch angehaucht dazu. An Wunder glauben so gut wie alle.

Wunderglaube

Die **Kammer der Klosterkirche „Nossa Senhora da Penha"** beherbergt die Offenbarungen und Gelübde des Volkes; Berichte von Unfällen, Krankheiten und Katastrophen, die durch Gottes und der Heiligen Hilfe abgewendet oder überwunden wurden. Erschütternde Dokumente des Glaubens und der Frömmigkeit, in Schönschrift ohne Punkt und Komma geschrieben. Dossiers von Hunger und Durst, von menschlicher Ohnmacht und einfacher Glaubensstärke, von Menschen, denen nichts gehört als der Himmel.

Nicht Salamis und Schinken hängen von der Decke, sondern unzählige Bandagen, Krücken, Köpfe, Hände und Prothesen, die nach den Besuchern zu greifen scheinen. Die Wände des Raumes sind vom Boden bis zum Deckengewölbe mit Papierzetteln bepflastert, sodass es in der Dunkelheit aussieht, als hänge die Tapete in Fetzen herunter. In den Ecken des düsteren Gemäuers stehen Holzbeine und Gehgerüste, sind Perücken und Porträtbilder, Korsagen und Plastikblumen zu „Müllhaufen" geschichtet.

Ein Zettel unter den Tausenden an der Wand, nur ein Fetzen liniertes Papier, aus einem Schulheft gerissen. Ein Foto klebt darauf und zeigt eine Mumie in Mullbinden. Ungelenk steht darunter geschrieben: „Gelobt sei Jesus Christus! Gott hat mich durch ein Wunder gerettet! Ich war bereits tot, als die Engel mich vom Motorrad-Unfall ins Leben zurückholten. Ich, José da Silva, bekenne hiermit das Wunder, das an mir vollbracht wurde."

Fünfzehn Stunden auf der Ladefläche eines klapprigen Lastwagens lagen hinter *Maria Socorro* und *Mathéus;* sie hatten mit vierzig anderen Menschen aus ihrem Dorf in der Nähe von Maceió eine **Pilgerfahrt zu Padre Cicero nach Juazeiro do Norte** unternommen. 600 Kilometer Schlaglochstrecke und Staubpiste mussten sie erdulden. Nun waren sie am Ort der Verheißung angekommen. Die Pilger hatten sich auf der Pritsche des Lasters häuslich eingerichtet. Auf kleinen Holzfeuern bereitete man sich Bohnen und Reis, und des Nachts schlief man auf zwischen den Holzbänken verknoteten Hängematten. *Maria* und *Mathéus* hatten ein Gelübde zu erfüllen, ihr jüngstes und siebtes Kind betreffend, das durch die Anrufung des heiligen *Padre Cicero* von schwerer Krankheit genesen war.

Die Sonne brannte unbarmherzig auf die Pilger herab. *Maria* und *Mathéus* waren an der Stelle des Kreuzweges angekommen, wo lebensgroß und in Beton dargestellt war, wie Jesus Christus das Kreuz nach Golgatha schleppte. Die Pilger knieten ergriffen und erschöpft vor diesem Denkmal, das von Sonne und Regen so mitgenommen war. Sie hatten die drei Kilometer steilen, spitzsteinigen Weges an den Votivtafeln und Lehmhütten vorbei mit frommen Liedern und Gebeten zurückgelegt. Aber nun fühlten sie sich wie der Heiland am Ende ihrer Kräfte und schauten im-

015kb Foto: cg

mer sehnsüchtiger hoch zur Bergspitze, auf der die 25 Meter hohe Statue des *Padre Cicero* aufragte. Dort oben stand er nun schon ein paar Jahrzehnte, so wie ihn der einheimische Bildhauer gegen alle modernen Stile dargestellt hat: aufrecht und ernst, auf den Hirtenstab gestützt, die Knopfreihe seines Ornats kerzengerade unter dem kantigen Querschädel, auf dem der Pfaffenhut sitzt.

Nach diesem Modell sind alle Statuen des Padre gehalten, die man in Dutzenden von Devotionalienläden der Stadt kaufen kann; ob streichholzklein oder mannshoch – es ist immer die gleiche zugeknöpfte, steife Gestalt wie der 25-Meter-Cicero oben auf dem Berg, dessen weißer Kalkanstrich ihn ein wenig „verzuckerte" und aus der Entfernung wie einen Gartenzwerg erscheinen lässt.

Juazeiro do Norte war ein Weiler mit zwei dutzend Hütten in der weiten Trockensteppe von Süd-Ceará, als *Padre Cicero Romão* im April 1872 das Pfarrhaus bezog. Der Dorfgeistliche verrichtete seine Ämter nach der gewohnten jahrhundertealten Liturgie seiner Kirche. Doch dann geschah am 6. März 1899 ein Wunder: Die Hostie im Mund der *Maria de Araújo* verwandelte sich in Christi Blut. Wie ein Lauffeuer verbreiteten sich die Nachrichten von der Messe des Padre, der nun auch Lahme laufen, Blinde sehen und Stumme sprechen machen konnte. Die Behörden und Bischöfe waren alarmiert. Hatte nicht der Fanatiker *Antônio Conselheiro,* nur wenige Jahre zuvor und nur ein paar hundert Meilen entfernt, das Land verhext? Drohte erneut die Flamme des religiösen Wahns, die Herrschaft der Eiferer und der Rosenkreuzler, die die Armen und Obdachlosen um sich scharten, die weder Eigentum noch Leibeigenschaft respektierten und die erst nach mehreren Strafexpeditionen und der Vernichtung aller ihrer zehntausend männlichen Anhänger ausgelöscht werden konnten?

Doch *Padre Cicero* predigte nicht Feuer und Flamme gegen das Elend dieser Welt und weissagte nicht den Garten Eden auf Erden. Er heilte durch Handauflegen und fromme Gebete. Die Behörden waren beruhigt, die Bischöfe neidisch. *Padre Cicero* sollte nun nicht mehr die Messe lesen dürfen. Also predigte der sture Geistliche vom Fenster seines Pfarrhauses für das Volk und zelebrierte im Hinterzimmer die Messe für den Landadel. Er wurde zum geistlichen Beistand der Großgrundbesitzer, die ihn mit Land und Vieh alimentierten. Das Volk glaubte an seinen *padim,* und er entzog sich diesem Glauben nicht.

Vale de Amanhecer: die Anhänger einer Sekte bei Brasília

Was kümmere es das Volk, dass die Bischöfe die Wunder *Padre Ciceros* nicht anerkennen wollen? Auf das Grab des Padre legen sie Gipsstandbilder, damit er sie segne, oder Kleidungsstücke, Bildchen und Geld, viel Geld. Das anzunehmen scheut sich die Kirche in Juazeiro nicht. Padre Murilo de Sa, Vikar der Pfarrei Schmerzensreiche Maria: „Es war doch die Kirche, die jahrhundertelang von den Wundern sprach. Das Volk kennt es so. Auf dem Land ist die Frömmigkeit noch ungebrochen. Und da Gottes Hilfe nicht sinnlich erfassbar ist, sucht sich das Volk einen Heiligen, einen Zeugen. Padre Cicero ist so einer."

Glaubensgemeinschaften

Protestantische Glaubensrichtungen

Die Wege des Glaubens sind verschlungen. Hinter dem Rücken des segnenden Christus auf dem Corcovado-Berg, zwischen Schrottplätzen, Müllkippen und stinkenden Abwasserkanälen, weitab von den hell erleuchteten Vierteln wächst die Schar der Gläubigen; aber sie gehören nicht mehr der katholischen Kirche an, und einen Kardinal haben sie nie gesehen. Ihre Gotteshäuser sind armselige Schuppen, nicht anders als die Baracken ringsum. Doch die Armut wird durch die Inbrunst der Gebete wettgemacht. Die protestantischen Pfingstkirchen und Erweckungssekten **breiten sich so schnell aus wie die Elendsviertel.** Die katholische Kirche aber verliert an Terrain.

Zu diesem Ergebnis kommt das Institut für religiöse Studien, das im Auftrag der katholischen Kirche die Lage der Gemeinden im Großraum Rio de Janeiro untersucht hat. In den Vorstädten und Favelas ist die katholische Kirche auf dem Rückzug, dort bekennen sich bereits ein Fünftel aller Christen als *evangélicos,* als Anhänger der protestantischen Glaubensrichtungen. Während der Erzbischof von Rio in drei Jahren nur eine neue Kapelle geweiht hat, sprossen im gleichen Zeitraum 673 protestantische Kirchen aus dem Boden.

Die große Mehrheit der protestantischen Glaubensgemeinschaften gehört nicht zu den tradtionellen evangelischen Richtungen wie den Lutheranern, Presbyterianern oder Methodisten, sondern zu **Pfingstkirchen** und zur **Erweckungsbewegung.** Ihre Laienprediger fragen nicht nach dem Gebetbuch; nur die religiöse Hingabe zählt. Die Gegenwart des Heiligen Geistes beschwören sie nicht durch lateinische Litanei, sondern durch inbrünstige Lieder und laute Gebete.

Der **emotionale Rausch** und die **religiöse Intimität** unterscheiden die Pfingstgemeinden vom erstarrten Ritus der Hochkirchen. Auch deshalb, so haben die Religionsforscher festgestellt, finden sie so viel Zuspruch.

Vor allem aber **leben die Laienprediger unter den Ärmsten** und teilen ihr Brot. Wann kommt schon einmal ein Priester in die Favela? Die offizielle katholische Kirche hat sich trotz der Theologie der Befreiung längst in ihr Ghetto zurückgezogen. Zur Kindtaufe und zur Hochzeit mag man noch vor den Altar treten – aber sonst kommt die römische Botschaft den Armen und Ärmsten so weltfremd und unverständlich vor, dass sie lieber fernbleiben.

Die Abwendung der Massen vom traditionellen Katholizismus hat viele Ursachen. Eine davon ist die Landflucht. Die Kirche blieb im Dorfe – aber die Menschen wanderten in die Städte ab. In die Favelas und Vorstädte, die **Auffangbecken der Landflüchtlinge,** folgte die Kirche nur zögernd. Längst hatten sich dort in einfachen Hütten und Hallen die neuen Sekten etabliert. Ihre Prediger kommen aus dem Volk und sprechen die Sprache des Volkes. „Wes des Herz voll ist, dem geht der Mund über" – bei den Pfingstlern darf jeder seine Sünden rausschreien. Sagt nicht die Bibel, dass der Gläubige unmittelbar mit dem Heiligen Geist kommunizieren kann?

Wenn das Wachstum dieser neuen Religionsgruppen weiter so anhält wie bisher, wird in zehn Jahren die Mehrheit der Brasilianer nicht mehr katholisch getauft sein.

Die **„Universalkirche von Gottes Reich"** ist die jüngste Heilskirche, die über Brasilien gekommen ist. An ihrer Spitze herrscht „Bischof" *Edir Macedo* mit der gleichen Unfehlbarkeit wie der Papst. Dieser *Edir Macedo* ist ein gerissener Geschäftmann und ein begnadeter Prediger zugleich. Er wuchs in ärmlichen Verhältnissen auf, war zeitweise Lotterie-Vertreter und gründete 1977 die „Universalkirche", die sich seither explosionsartig ausbreitet. Inzwischen zählen sich 3,5 Millionen Brasilianer zu den Adepten des Bischofs. Die „Universalkirche" hat Milliarden Dollar gehortet, ihr gehören der Fernsehkanal „Record", 35 Radiostationen im In- und Ausland, über 2.000 Tempel, zahlreiche Immobilien und selbst eine eigene Bank.

Der selbst ernannte „Bischof" *Edir Macedo* füllt Fußballstadien mit seinen Anhängern und Plastiksäcke mit Spendengeldern: Münzen und Scheine der Ärmsten der Armen. Wie die anderen Heilskirchen – die größte ist die **„Versammlung um Jesus"** mit 13 Millionen Adepten – rekrutiert die „Universalkirche" ihre Gläubigen aus dem Millionenheer der Favela-Bewohner und sozial Geächteten.

In die Tempel der protestantischen Sekten – ausgediente Kinos, Sportstadien und Turnhallen – strömen die Benachteiligten und Beladenen, um die sich weder der Staat noch die katholische Kirche kümmern. Erweckungspredigten, Wunderheilungen, religiöse Fieberausbrüche und

Massenbekenntnisse schweißen die **Anhängerschaft** zusammen. Natürlich tummeln sich in diesem Dunstkreis Scharlatane und Taschenspieler wie der „Bischof" *Macedo*. „Doch die Sekten geben ihren Anhängern ein Gefühl der Zusammengehörigkeit und der Zuwendung, die ihnen die rituell erstarrte Hochkirche oder die politisierte Befreiungstheologie der katholischen Kirche nicht zu geben vermag", kommentiert der Religionssoziologe *Jefferson Barcelar* das Vordringen der neuen Sekten.

Römisch-katholische Kirche

Der Glaube hat im „größten katholischen Land" der Erde eine feste Stätte, und kein Mensch glaubt an Gebote und Dogmen. Die **Lithurgie** ist auf das Nötigste vereinfacht, das Kirchenlatein hatte ja nie so richtig Eingang in die Gotteshäuser gefunden. Vom **einstigen Reichtum** des Klerus zeugen nur noch die barocken Kapellen in Minas Gerais und Bahia – heute kann sich die römisch-katholische Kirche keinen Prunk mehr leisten. Die Menschen kommen nicht zu ihr, sie muss zu den Menschen kommen. Nur noch vier Prozent der Katholiken im Lande gehen regelmäßig zur Messe. Die katholische Kirche versucht fast verzweifelt, ihre Stellung zu halten. Und sie setzt dabei auf Charismatiker wie *Padre Rossi*.

Dieser **Padre Marcelo Mendonca Rossi** füllt die Hallen und die Fußballstadien wie kein anderer mit seiner religiösen „Gymnastik". Der schlaksige 1,94-Meter-Mann ist ein Medienstar – und seine Anhänger im Großraum São Paulo sind kaum noch zu zählen. Der junge Priester und Sohn einer Familie mit italienischen Vorfahren hatte als Animateur auf Kindergeburtstagen und als Sportlehrer sein Brot verdient, bis ihn der Unfalltod eines Cousins aus der gewohnten Bahn warf. Er fand im Glauben Trost, und er wurde Priester. Aber was für einer! Seine wöchentlich fünf Messen, die er vor mindestens jeweils 10.000 Frommen hält, sind alles andere als in lateinischer Liturgie erstarrte Riten. *Rossi* tanzt und springt, singt und lacht. Er animiert die Gemeinde, mit ihm den Herrn Jesus zu preisen, lautstark, springend und schwingend. „Religiöse Aerobic" nennt das *Padre Rossi* selber. Zu sozialen oder politischen Fragen äußert sich der jungenhafte *Rossi* nicht – das sei nicht Aufgabe des Klerus. Seine Anschauungen sind orthodox – aber seine Auftritte spektakulär. Seine Schallplatten mit den frommen Gesängen, aber auch der Nationalhymne, verkaufen sich wie warme Semmeln. *Padre Rossi* könnte mehrfacher Millionär sein. Aber *Rossi* geht es natürlich nicht um Geld. Er hat es in

Kathedrale von Vitoria – der Prunk täuscht über die Armut des Klerus hinweg

016kb Foto: cg

São Paulo geschafft, die Kirchen wieder zu füllen – jedenfalls, wenn er die Messe hält.

Das vernachlässigte Hinterland der Nation ist bis heute eine Herzkammer der Märchen und Mythen und tiefer Volksfrömmigkeit geblieben. *Frei Damião,* **Bruder Damian,** wird für immer seinen Platz im großen Himmel der kleinen Leute einnehmen. Der aus Italien stammende Kapuzinermönch (bürgerlicher Name: *Pio Gianotti*) war im hohen Alter von 98 Jahren verstorben. Sein Tod löste in ganz Brasilien eine Welle der Trauer und gläubigen Inbrunst aus. Staatstrauer wurde angesagt – aber es hätte dessen nicht bedurft: Die Schlange der Frommen, die vom Wunderheiligen und Wanderprediger in Recifes Kathedrale Abschied nahmen, zog sich acht Kilometer über das Straßenpflaster.

Bruder Damian war schon Zeit seines Lebens ein Volksheiliger. Der gebrechliche Geistliche predigte 66 Jahre lang unerschrocken mit alttestamentarischer Strenge, bis ihm die Kirche die Kanzel entzog und ihn in den Beichtstuhl abschob; seine zürnenden Strafpredigten passten nicht mehr so recht in die Theologie nach dem Zweiten Vatikanischen Konzil. Mit Priestern im Rollkragen wollte der knorrige *Bruder Damian* schon gar nichts zu schaffen haben.

Himmel und Hölle, Engel und Teufel, Sünden und Sakramente wusste der Kapuziner klar auseinander zu halten, und wer zu ihm kam, seine Sünden zu beichten, den nahm er sich zur Brust. Wer keine Sünde zu bekunden hatte, sollte dann eben seine alten erneut bereuen. Ehebrecher hatten von ihm keine Gnade zu erwarten, wer nicht abließ vom sündigen Tun, der wurde auch schon mal verdammt, mit Eselszungen zu sprechen – und siehe da, die Missetäter wurden bald im Dorf dabei beobachtet, dass es ihnen die Sprache verschlagen hatte und sie nur noch lallen konnten. Alle Laxheit und Libertinage waren dem Bruder zuwider, besonders den kurzen Röcken der Weiber und den Schnapsflaschen der Männer galt sein heiliger Zorn.

Der inzwischen verstorbene Papst *Johannes Paul II.,* der Brasilien dreimal besuchte, hatte einst gegenüber Kardinal *Arns* geklagt, das größte katholische Land halte sich doch sehr zurück, wenn es um eigene Heilige gehe. Der Kardinal verstand den päpstlichen Wink und 1998 konnte man das Dossier mit 30.000 Bekenntnissen und 1500 Seiten über die **Wunderwirkung von Bruder Galvão,** *Antônio de Santana Galvão,* vorlegen. Entscheidend waren die Aussagen der Eltern von *Daniela Cristina da Silva,* die mit vier Jahren an lebensgefährlicher Hepatitis erkrankt und inzwischen von den Ärzten aufgegeben worden war. In ihrer Verzweiflung gab die Mutter der Kleinen eine geweihte selbstgedrehte Pille des Bruders und betete um Genesung. Die prompt eintrat. Der Vatikan erkannte dieses Wunder im Jahre 1998 an.

2006 kam der neue Papst *Benedikt XVI.* nach Brasilien und **sprach Bruder Galvão heilig.** Er ist nun der erste „nationale" Heilige, endlich. Einen Papst hat Brasilien zwar noch nicht hervorgebracht – aber an Wundern ist es reich.

Geistheiler

Wunderglaube, Aberglaube und Glaubenskraft, die sich nicht selten aus Verzweiflung nährt, machen sich „Geistheiler" zunutze. Einer der ganz großen „Geister" in Brasilien ist der **Geist des „Doktor Fritz".** Die Menschen, die auf seine Wunder harren, hat das Schicksal geschlagen. Lahme und Blinde sind darunter, ausgemergelte Gestalten und von Geschwüren Gezeichnete. Da warten sie nun ergeben, wie sie ihr Leben lang ergeben gewartet haben, und hoffen auf ein Wunder. Draußen vor der niedrigen Tür der Hütte brennt die Sonne erbarmungslos auf die aufgeplatzte Erde, ein räudiger Köter humpelt in den Schatten der Baracke, hagere Hühner scharren im Sand. Die Totenstille im kahlen Wartesaal wird nur vom Schluchzen einer alten Frau unterbrochen. Wann kommt der Doktor? Wann öffnet sich endlich die Tür zum Behandlungsraum, in dem nichts weiter zu finden ist als ein blecherner Abfalleimer, ein Stuhl und ein Tisch, auf dem neben Wattebäuschen Scheren und Küchenmesser liegen?

Auf Krücken haben sie sich hierher geschleppt, auf dem Grauschimmel sind sie geritten, oder man hat sie im Handkarren am Straßenrand aufgesammelt. **„Doktor" João Texeira,** wer kennt ihn nicht? Die Landarbeiter auf den *fazendas* und die Barackenbewohner am Stadtrand raunen sich immer dieselben Geschichten zu: *O Doutor Texeira* holt mit einer Schere Geschwüre aus der Nase, öffnet mit den bloßen Händen den Bauch und entfernt faustgroße Tumore; die Augen schneidet er mit dem Messer auf, damit sie wieder sehen können. Aber es ist nicht *João Texeira,* der die medizinischen Wunder vollbringt, sondern der Geist des deutschen „Doktor Fritz". Das ist bewiesen, denn der Heiler murmelt, wenn er in Trance fällt und ihm die „Heilkraft" die Hände führt, unverständliche, offenbar deutsche Worte.

Doktor Adolph Fritz: Keiner hat ihn je gesehen, aber im Hinterland Brasiliens und in den Favelas am Rande der Städte zählt er zu den bekanntesten Deutschen. Auf ihn berief sich auch *José Pedro de Freitas,* im Volksmund **Zé Arigó** genannt, „der Heiler mit dem rostigen Küchenmesser", und er kurierte Tausende, die in den fünfziger und sechziger Jahren in das Nest Congonhas do Campo in Minas Gerais gepilgert waren. Sogar Prominente wie der Fussballkönig *Pelé* oder der Schlagersänger *Roberto Carlos* waren darunter. Ohne Betäubung und Desinfektion – aber auch ohne je einen Heller zu verlangen – schnitt und schnipselte *Zé Arigó* durch die Haut, griff in den Leib hinein wie ein Metzger beim Ausweiden – und wenige Minuten später sprangen seine Opfer geheilt und munter ins Freie. Wie konnte *Zé Arigó* Bezahlung verlangen, wo doch nicht er, sondern ganz allein der Geist des „Doktor Fritz" das rostige Messer führte?

Der Geist von „Doktor Fritz" blieb nie lange heimatlos. Immer wieder tauchte er auf und führte die Hände der Heiler, nicht nur unter einem einzigen Namen: „Doktor Frederick Kempler", „Doktor Adolph Fritz Dutzold", „Doktor Hans Friedrich Goldmann", „Doktor Josef Gleber", „Doktor Otto Kurtz", „Doktor Frederick von Stein" – eine stattliche Galerie deutscher Ärzte bemächtigte sich der Gehirne und heilenden Hände. Warum ausgerechnet Deutsche? Warum keine japanischen, arabischen oder einheimischen, brasilianischen Geister?

Der amerikanische Anthropologe *Sidney Greenfield* ging dieser Frage nach. Die Deutschen, so stellt der Amerikaner fest, genießen in Brasilien einen legendären Ruf fachlicher Kompetenz, eiserner Disziplin und harscher Herrschaft: streng, aber gerecht – so wie der ideale *Patron,* der Patriarch und Großgrundbesitzer, eine Autorität, mit der die Landarbeiter rechnen und an die sich die Landflüchtlinge in den städtischen Slums noch gut erinnern können.

Aber da ist auch eine dunkle Seite: „Adolph Fritz", „Josef Gleber", „Frederick Kempler" – alle diese Herren Doktoren sollen zwischen dem Ersten und dem Zeiten Weltkrieg praktiziert haben – so wie der leibhaftige Doktor *Josef Mengele* auch. Sie haben ja wohl nicht nur Gutes getan, damals, unter *Adolf Hitler.* Die Bestien im weißen Kittel sind durch amerikanische Fernsehserien dem Publikum in Brasilien so vertraut wie Graf Dracula. Diese deutschen Genies haben eine Schuld abzutragen. Deshalb geistert „Doktor Fritz" durch die Lüfte; sein Astralleib muss für die Sünden der Vergangenheit durch gute Werke büßen.

Spiritismus und Schamanismus

Der Glaube an Reinkarnation und Geister ist bei weitem nicht auf das einfache Volk beschränkt. In Brasilien gibt es eine spiritistische Gemeinde, die rund 20 Millionen Menschen umfasst. Und der **Aberglaube blüht nicht nur in armen Hütten.** Präsident *Janio Quadros* war wegen „okkulter Mächte" zurückgetreten, Präsident *José Sarney* trug keine braunen Anzüge und ging niemals durch eine andere Tür heraus, als durch die er hereingekommen war; er legte seine Termine nach astrologischer Beratung fest. *Leda Collor* beauftragte den deutschen *Padre Joseph* als Exorzisten gegen den bösen Einfluss der politischen Feinde, ihr Sohn, Präsident *Fernando Collor de Mello,* ließ sich regelmäßig von einer „Seherin" beraten und soll außerdem schwarze Messen abgehalten haben – jedenfalls behauptete das sein Bruder. Der einflussreiche Politiker *Mário Covas* bekannte sich offen als Anhänger des Spiritismus, so wie zahlreiche Schauspieler, Professoren und Generäle es auch tun; wieviele Parlamentarier halten spiritistische Sitzungen ab?

Macumba, Candomblé und Umbanda sind in Brasilien weit verbreitete, ursprünglich afrikanische Formen des Schamanismus. In jeder brasilianischen Stadt finden sich Geschäfte, in denen die Macumba-Anhänger ihre Devotionalien erwerben können: Opferschalen, Gipsfiguren der Liebesgöttin Yemanja, des Hl. Georg, der Sklaven-Märtyrterin Anastácia, der Figur des Alten Negers, dazu Kerzen, Perlenketten, Muscheln, Räucherstäbe, Bongos und Rasseln, Schnaps und Kräuter. Und niemand in

Brasilien ist überrascht, an einer beliebigen Straßenecke unter einem Baum, vielleicht vor dem eigenen geparkten Wagen, eine Opferschale vorzufinden, in der zwischen Reis und Bohnen und einer halbleeren Schnapsflasche eine Kerze flackert. Wer diese Opfergaben da platziert und die Kerze entzündet hat, bleibt im Dunkel. So gut wie nie wird man jemanden dabei entdecken. Denn zur Magie gehört die Heimlichkeit. Und die Magie dieser Opfergabe soll zum Beispiel bewirken, dass der Mann aus dem Haus seiner Geliebten endlich zu seiner Frau zurückkehrt oder dass der Autofahrer sich bei der nächsten Kreuzung den Schädel einrammt. Es gibt viele Brasilianer, die an so etwas glauben, jedenfalls würde auch der ärmste Bettler sich scheuen, die Opferschale und die Schnapsflasche zu leeren. Ein Katholik plündert ja auch nicht den Opferstock.

Die Hinterlassenschaft der *macumbeiros* ist, bei aller religiösen Toleranz, oft ein ziemlicher Müll, der ausgerechnet an den schönsten Wasserfällen und Quellen die Umwelt belastet, und so manche Opferkerze hat denn auch schon einen schönen alten Baum versengt. Trotzdem faszinieren die afrobrasilianischen Kulte gerade die Europäer. Der Deutsche *Hubert Fichte („Xango“)* hatte sich als Schriftsteller zuletzt ganz dem Schamanismus verschrieben, und dem Franzosen *Pierre Verger* verdanken wir eine ausführliche ethnografische Dokumentation über die brasilianischen Afro-Kulte und ihrer Wurzeln im schwarzen Mutterkontinent.

Gleichwohl spielen diese Kulte im Brasilien von heute bloß noch im Hinterland von Bahia eine wichtige Rolle im Leben der Menschen. In den Metropolen, wie etwa in Rio de Janeiro, wird Macumba parallel zu anderen Formen der Religiosität praktiziert, ganz besonders zum Jahresende, wenn in den lauen Nächten die feierlich weiß gekleideten Adepten am Strand den Göttern opfern und sich mit Zuckerrohrschnaps und monotoner Trommelei in einen Zustand der Entrücktheit versetzen. Das ist dann aber auch meist alles. Die Afro-Kulte werden sozusagen bloß noch dekorativ gefeiert.

Der Spiritismus mit seinem **Glauben an einen durch Medien vermittelten Verkehr mit Geistern** ist allerdings eine junge, europäische Erfindung. Sie geht auf *Alain Kardec* zurück, der Mitte des 20. Jahrhunderts in Paris mit seinem „Buch der Geister“ eine Bibelexegese betrieb, die als eine Gegenbewegung zum damals herrschenden Materialismus und Positivismus den „Geist“ ins Spiel brachte. Gegen Ende das Jahrhunderts hatte der Spiritismus in Frankreich seinen Höhepunkt überschritten. Aber in Brasilien breitete sich die Mode unter allen Ständen aus – vielleicht auch hier als Kompensation zur offiziellen Staatsdoktrin von „Ordnung und Fortschritt“.

Es gibt immer etwas zu feiern

Ein „Land der Morgenstille“ (Korea) ist Brasilien wahrlich nicht. Es gibt immer etwas lautstark zu feiern. Eigentlich kommen Brasilianer immer nur zu diesem Zweck zusammen. Feiern – das heißt, sich des Lebens zu freuen. Dazu braucht es **keinen Anlass.** Aber man braucht zum Beispiel eine alte Autofelge oder einen Gitterrost, ein wenig Kleinholz, einen Fetzen Fleisch oder ein paar Bratwürste, eine Flasche Schnaps und viel Bier. Und schon haben wir den schönsten **churrasco,** dessen Qualm sich vom Balkon, aus dem Hinterhof, der Straßenecke, dem Spielplatz oder vom Strand in die weitere Umgebung verbreitet und neugierige Gäste anlockt. Heissa! Es wird gefeiert. Schon parkt neben dem Grill ein Auto, der Kofferraum sperrangelweit auf, damit die eingebauten Lautsprecher ihre volle Wirkung entfalten können. Kein Mensch stört sich an Qualm- und Lärmentwicklung, ganz im Gegenteil. Nur Bösartige können schlecht darüber denken. Die Polizeistreife feiert mit.

Die Pfarrer wissen um die Feierleidenschaft ihrer Schäfchen. So sind denn auch die **Patronatsfeste,** auf denen es nicht anders als auf allen anderen Festen zugeht, Höhepunkte im Kirchenkalender. Gottlob gibt es viele Heilige zu feiern, und jeder Weiler hat ja seinen guten Fürsprecher im Himmel.

017kb Foto: kw

Karneval

Doch das **Fest der Feste** ist natürlich der Karneval.

„Der Karneval, das ist das Regiment der Verrücktheit und der Liebe. Und die Leidenschaft, die ein ganzes Jahr lang hinter der Maske von Wohlanständigkeit aufgestaut war, entlädt sich nun wie eine Flutwelle über die Gesellschaft ....“ schreibt bereits anno 1893 die brasilianische Zeitung „Gazeta de Notícias“.

Der Karneval, oder die Welt als Theater und Vergnügen – im Karneval sieht *Roberto DaMatta* gewissermaßen das **pulsierende Herz Brasiliens.** Jede Gesellschaft lebt natürlich im Wechsel und in der Spannung von Alltag und Feier, von Arbeit und Vergnügen. Doch in Brasilien ist der Karneval wahrlich eine eigene Jahreszeit.

Wenn es etwas gibt, was Brasilianer wirklich ernst nehmen, so ist es der Karneval. Aber auch hierbei gelten Ausnahmen – im Süden Brasiliens etwa kennt man den Karnerval nicht. Da haben selbst am Rosenmontag die Geschäfte geöffnet. Die **Hochburgen** des Karnevals sind, wie kann es anders sein, Rio de Janeiro, Salvador und Recife – also just die Regionen Brasiliens, in denen Plantagenwirtschaft und Sklaverei die Gesellschaft am tiefsten geprägt hatten.

Die einst vielleicht vorhandenen christlichen Spuren des Karnevals sind in Brasilien gänzlich getilgt. Weder hat der brasilianische Karneval etwas mit dem heidnisch-alemannischen Mummenschanz zu tun, noch mit den höfischen Maskenbällen und der theatralischen Commedia dell'Arte Italiens. Er hat auch nie eine politische Note besessen, so wie der rheinische Karneval mit der Verhöhnung staatlicher Autorität (gegen die einstigen Besatzungsmächte Frankreich und Preußen) oder der Männlichkeit (Weiberfastnacht). Und dem närrischen Kehraus des Münchner Faschings gleicht er auch nicht.

Nein, der brasilianische Karneval ist die Umkehrung aller Normen, der Ausbruch des Chaos, das Auf-den-Kopf-Stellen der gesamten Gesellschaft, in der „jeder seinen Platz hat“. Der brasilianische Karneval ist die Explosion des vermeintlichen Glücks, die **Sprengung aller gesellschaftlichen Fesseln.**

Bezeichnenderweise trägt man im brasilianischen Karneval keine Verkleidung oder Masken, sondern *fantasias,* Fantasiegebilde. Der *luxo* ist angesagt, und das ist nicht als „Luxus" zu verstehen, sondern eher als **Überfluss.** Überfluss an allem, an Essen, an Liebe, an Lebensfreude.

In Rio de Janeiro

Der Karneval in Brasilien hat durchaus die orgiastischen Züge altrömischer Bacchanale. Und so macht es auch Sinn, dass der **König Karneval,** der *Rei Momo,* ein dicker Barockengel ist. Die Regel lautet: 110 Kilo Lebendgewicht und nicht weniger, das ist das Mindeste, was ein künftiger König Karneval einbringen muss! Ja, schon, das ist die Regel, aber da hat sich doch dieser närrischen Tage die „Gesellschaft zum Studium der Fettleibigkeit" gemeldet und ihr Präsident, Doktor *Walmir Coutinho,* hat ganz öffentlich moniert, dass die Karnevalisten sich wohl über die Korpulenz lustig machen, wüssten sie denn nicht, dass Fettleibigkeit eine schwere Krankheit sei?

Das wusste man bislang nicht. Ganz im Gegenteil – Körperfülle zeugte von Gesundheit und Wohlstand. So war es bei den alten Germanen, so gilt es auf den Tonga-Inseln noch heute. Und der *Rei Momo,* der Karnevalskönig, soll man sich den als hageren Hänfling vorstellen? Unmöglich! Hatten nicht schon die alten Griechen ihren Gott Bacchus und die Römer ihren Saturn, der, fett wie ein Buddha, über den ausgelassenen Orgien thronte?

Die Jecken von Rio behaupten nämlich allen Ernstes, ihr König Karneval, ihr runder *Rei Momo,* stamme geradewegs aus der mediterranen Mythologie. Dabei tauchte, und das ist amtlich, der dicke Dynast erst im Jahre 1933 auf der Avenida Central auf – und das auch nur in Pappmachee. Erst seit 1949 gibt es König Karneval in Fleisch und Blut, von da an aber heftig. Die Erwartungen an die Körperfülle eines *Rei Momo* waren so hochgesteckt, dass sich die Kandidaten vor der Auswahl zusätzliche Pfunde anfraßen, so wie japanische Sumo-Ringer.

Rios Karnevalkönig *Rei Momo Alex* regierte dreimal: 1999, 2000 und 2001. Der Architekt *Alex de Oliveira* hatte 1999 mit 220 Kilo angefangen, im Jahr 2000 brachte er nur noch 180 Kilo auf die Waage, nahm aber während der närrischen Tage glatt wieder um 40 Kilo zu. Da half auch kein Silicon-Verschluss am Mageneingang, der den Hunger unterdrücken sollte. Denn der Hunger kommt bekanntlich mit dem Appetit – und so ein König Karneval muss jede Nacht unglaubliche Mengen an Feuchtem und Festem in sich hineinschütten, tanzen braucht er ja nicht.

018kb Foto: cg

Nach dem letzten Karneval hat *Alex de Oliveira* auf den Rat der Ärzte sagenhafte 68 Kilo abtrainiert. Und sich die schlaffe Haut absäbeln lassen. Was weiter aus ihm geworden ist, verrät keine Kolumne. Aber eines ist sicher: Karneval kann Körperverletztung sein. Nicht für das Fußvolk, aber für den König.

Der Höhepunkt des Rio-Karnevals sind die beiden Nächte vom Sonntag und Rosenmontag, wenn die **14 besten Sambaschulen der Stadt durch das Sambodrome defilieren.** Die grösste Show der Welt beginnt gegen 21 Uhr und endet jeweils erst nach Sonnenaufgang gegen acht Uhr morgens. Jede einzelne dieser Sambaschulen mit ihren oft Dutzenden Prunkwagen und den zwei- bis dreitausend kostümierten Tänzern würde für einen Super-Umzug in Köln oder Düsseldorf reichen. Doch hier sind es jede Nacht sieben Sambaschulen, die unter den pausenlosen Refrains ihrer bevorzugten *enredos,* also Karnevalsliedern, an den Tribünen vorübertanzen. Wer das einmal mitgemacht hat, der weiß, was Schwerstarbeit ist.

Die Kostüme, die Lieder, die Choreografie der einzelnen *blocos* (Scharen), der Rhythmus der Tanzgruppen, die Popularität einzelner Stars und Starlets, die sich im Evakostüm zeigen, der Enthusiasmus der Sambaschüler (die alle aus der Vorstadt stammen) – alles das wird von einer Jury bewertet – und auch, ob der Glitzer-Lindwurm die vorgesehene Parade-Zeit auf die Minute einhält. Die drei bestplatzierten Sambaschulen können dann eine Woche nach dem Karneval erneut durch das Sambodrome defilieren.

Selbstverständlich überträgt das Fernsehen live und rund um die Uhr die größte Show der Welt, und vorzugsweise richten sich die Zooms der Kamera auf die freizügigsten Kostüme.

Karneval in Rio, ein Volksvergnügen – vielleicht, aber vor allem auch ein **Bombengeschäft.** In der Karnevalswoche werden mehr als eine Milliarde Dollar auf den Kopf gehauen. Flüge und Busse in die Samba-Metropole sind restlos ausgebucht, die Hotels an der Copacabana natürlich auch. Die Hoteliers knöpfen den Touristen ohne mit der Wimper zu zucken Beherbergungspreise ab, die so gesalzen sind, dass selbst Hektoliter von Bier nicht hinreichen würden, den schlechten Geschmack von üblem Wucher hinunterzuspülen. Selbst für ein Rattenloch darf der „Gast" während der Karnevalstage rund 1.000 Dollar hinblättern. Unter fünf Zwangs-Übernachtungen – das nennt sich „Karnevals-Paket" – wird keine Reservierung abgeschlossen. Eine Kreuzfahrt auf einem Luxusdampfer nach Rio de Janeiro kommt da billiger.

So zielstrebig wie das Hotelgewerbe in Rio de Janeiro seinen angeschlagenen Ruf „verschlimmbessert", so hartnäckig versuchen natürlich auch die Taxifahrer, Schuhputzer und Bordsteinschwalben ihre Dienste zu vergolden. Und natürlich müssen die Fernsehsender, die Bier- und Limonadenfabrikanten und alle anderen Unternehmen, die bei der größten Show der Welt dabei sein wollen, vier- und fünstellige Summen an die „Liga der Sambaschulen“ zahlen. Eine Eintrittskarte für gewöhnliche Touristen in das Sambadrome kostet hingegen nur wenig mehr als ein Besuch in der Mailänder Scala, mag man sich als Zuschauer auf den Plastiksesseln trösten.

Längst haben sich die Sambaschulen und die Karnevalsorchester in eine **Unterhaltungsindustrie** verwandelt; warum auch nicht? „An der Armut ergötzt sich nur der Reiche. Die Armen wollen Luxus sehen“, hat der Karnevalskünstler *Joãozinho Trinta* treffend bemerkt. Dass nicht wenige Millionen in diesem Geschäft aus dunklen Quellen stammen, kann kaum verwundern, denn Unternehmen, die bereit sind, Geld zu geben, sind nicht gerade reich gesät.

Ein Kostümzwang besteht im Karneval von Rio nicht – eher das fadenscheinige Gegenteil. Prüde Gemüter mögen sich angesichts des **massenhaften Exhibitonismus** mit Grausen wenden oder, wie die nordamerikanischen Fernsehsender, die fehlenden Textilien durch schwarze Balken auf dem Bildschirm ersetzen. Die Appelle des Erzbischofs, die Zügellosigkeit nicht zu weit zu treiben, zeigen regelmäßig die entgegengesetzte Wirkung, was man von der großflächigen Reklame für Präservative nicht behaupten kann, sie lässt ja auch kaum Fragen offen.

Ob sich die moralische Verworfenheit bei 40 Grad Tages- und 30 Grad Nachttemperatur in der Nacktheit zeigt, wie die Kirchenoberen beklagen, mag dahingestellt sein. Dass aber nun alle **Gangster,** die das illegale Glücksspiel betrieben und die einmal hinter schwedische Gardinen kamen, wieder auf freiem Fuß sind, um erneut mit ihren dunklen Geschäften die Fäden beim Karneval zu ziehen, ist eine Tatsache. Sie regt keinen mehr auf, denn im Karneval ist alles erlaubt, und in Rio de Janeiro beginnt am Aschermittwoch nur eine neue Saison.

In Salvador da Bahia

Während in Rio de Janeiro die größte Show der Welt im Sambodrome abläuft, ist dagegen der Karneval in Bahia ein **Straßenfest** geblieben. Und was für eins!

Karnevals Himmelfahrt: mit dem „Lacerda“-Aufzug geht es von Salvadors Hafenbecken 70 Meter senkrecht hoch geradewegs in den **karnevalesken Hexenkessel.** Die Luft gärt in einer Wolke aus Bierdunst und Schweiß, in die die Blitze der *Trio Elétricos* mit ohrenbetäubendem Rhythmus schlagen. Am besten ist man bloß mit einer Badehose bekleidet, hat das Geld in den Schuhen versteckt und lässt sich mit der „Menschenlava" treiben; gegen den Strom zu rudern, ist sinnlos.

Das Denkmal von *Castro Alves,* dem Dichter der Sklavenbefreiung, mag als rettender Felsen dienen. Ihm zu Füßen die schwarze Magma. Es hüpft und wogt und tobt. Die **ohrenbetäubende Musik** aus den Lautsprecherbatterien der *trio elétricos* wirkt wie Adrenalin auf die zuckenden Leiber. Die Droge wird mit 100.000 Watt verabreicht. Die Trios schieben sich langsam durch die aufgepeitschte See. Es sind haushohe Lastwagen-Elefanten, vollgestopft mit Elektronik und Verstärkern, die den Phonpegel von Presslufthämmern erzeugen. Auf dem Dach der buntbemalten Ungetüme malträtieren ein Dutzend delirierende Gestalten Gitarren und Trommeln bis zur äußersten Materialbelastung.

Das Bier ist schneller ausgeschwitzt als getrunken. Es wird gekifft und geschnüffelt. Reihum drückt man sich Damenbinden *(lolos)* mit ätherischen Dämpfen getränkt an die Nase. Der Verkauf von hartem **Alkohol** ist verboten. Also bringen die Bahianos ihre *batidas* mit. Das Zeug, hochprozentiger Zuckerrohrschnaps mit Fruchtsaft verschnitten, wird aus Spüli-Plastikflaschen geschluckt, und deren Inhalt reicht aus, um ein Gehirn auszuknipsen. Doch keiner taumelt und wankt, denn alles ist Rausch und Delirium.

Ungerührt hocken die schwarzen **Köchinnen** vor ihren Feuerstellen inmitten der Menge. Im siedenden Fett kullern die pikanten Pfannkuchen und die gepfefferten Fische. Aststarke Arme rühren im Brei. Ihre Trägerinnen sind in weiße Spitzen gekleidet. Sie sehen aus wie aus der Pralinenschachtel gepflückt. Gleich daneben brutzeln Fleischspieße auf dem Rost und Bierdosen dümpeln im Eis. Ihr Inhalt reicht für gut zehn Meter Tanz. Danach wird die Dose wieder zu plattem Blech unter den stampfenden Füssen.

Den *trio elétricos* folgen die *blocos,* die **Karnevalsvereine,** die entschlossen ihr Territorium mit Tauen abgrenzen. Nur die organisierten Jecken tragen Kostüme. Die Volksmassen kommen in T-Shirt und Badehose. Karneval in Salvador da Bahia ist Karneval der Straße.

Die Reisebüros schicken die Touristen lieber nach Rio, wo sie auf Tribünen sitzend das lärmende Volk im sicheren Abstand vorüberziehen lassen. Der Karneval von Salvador da Bahia verzichtet auf Sambaschulen, Glamour und Prunk. Die Trommeln Afrikas donnern.

Die Menschenmauern werden schier undurchdringlich. Aber nicht nur auf dem Pflaster, auch über den Köpfen türmen sich die Hindernisse. Es sind die Telefon-, Licht- und Starkstromkabel, die den Weg der Trios versperren. Die **Kabelspaghetti** hängen bedrohlich tief, aber die Jungen oben auf dem Musik-Mammut greifen beherzt und mit beiden Händen zu, heben die schlappen Kabel an, als würden sie ihre Hose hochziehen, und dann kriecht der schwere Mercedes-Laster mit angemessener Lautstärke und Langsamkeit darunter durch. Statt der zu erwartenden Blitze und Elektroexekutionen brechen nun wieder Schlagzeug-Gewitter los. Kann es sein, dass die Babys in Bahia vor dem Krabbeln tanzen lernen? Es muss so sein.

Im Karneval von Salvador da Bahia werden „die kollektive, ethnische Identität und die gemeinsamen Werte und Traditionen wiederbelebt und bestätigt" – so die klugen Anthropologen, die sich den Kopf über die afro-brasilianischen Kulte zerbrechen. Bis wir es ganz genau wissen, aber werden noch viele Bierdosen plattgewalzt.

Südlich von Rio de Janeiro

Natürlich versucht man auch im neureichen **São Paulo** Karneval zu feiern, und mit jedem Jahr wächst die Anzahl der Narren, die durch das dortige Sambodrome defilieren. São Paulo will ja immer Erster sein. Doch ein bisschen erinnert dieser Eifer daran, wie die Berliner glauben, Karneval feiern zu müssen.

Kurz und gut, südlich von Rio de Janeiro versickert der Karneval, und in Curitiba ist er schon nicht mehr zu sehen. **Brasília** hat natürlich auch keinen Karneval (das politische Theater dort entschädigt reichlich, meinen Zyniker), und im ernsten Bergland von Minas Gerais geht es so sittsam zu wie beim Basler Mummenschanz. Aber in **Recife** ist man stolz auf das Millionenheer, das zu Karneval im schrägen Frevo-Rhythmus über die Straßen hüpft. Und sage keiner, es gäbe in Amazonien keinen Karneval ...

Der Amazonas-Karneval in Parintins

Parintins ist mit seinen 40.000 Seelen ein **verschlafenes Nest** am mittleren Amazonas, auf halber Strecke zwischen Manaus und Belém gelegen. Aus diesen Metropolen trägt das Postboot den Passagier in einer oder zwei Tages- und Nachtreisen in den Weiler, den höchstens Viehhändler, Steuerbeamte oder Missionare aufsuchen, wenn sie es nicht vermeiden können.

Doch einmal im Jahr, in den letzten Tagen im Juni, wenn das Wasser hochsteht und die Hitze auf erträgliche 30 Grad abebbt, erwacht Parintins aus dem tranigen Trott und das brüchige Pier vermag die Barken und Einbäume kaum zu fassen. Parintins schmückt sich zum größten Fest von Amazonien, der **Farra Boi-Bumba,** die Hektoliter von Bier und so viele Besucher ins Städtchen schwemmen, dass jede Pritsche und Hängematte mehrfach belegt werden muss.

019kb Foto: cg

Es kommen schon mehr Gäste, als Parantins Einwohner zählt. Und jedes Jahr werden es noch mehr sein, die sich das farbenfrohe Spektakel, eine Art Amazonas-Karneval, nicht entgehen lassen wollen. Alles dreht sich in diesen drei Tagen und drei Nächten um zwei Stiere, genauer gesagt um **zwei rivalisierende karnevaleske Truppen, die einer Stiermaske hinterhertanzen.** *Bumba-meu-Boi* (wörtlich: „Hau den Stier!") ist ein vielfältig variiertes Mysterienspiel, das auf das 18. Jahrhundert zurückgeht und in den Dörfern des dürren Nordostens entstanden ist; mittelalterliche, christliche Symbolik und die Traditionen der Viehtreiber sind in ihm verschmolzen. Nach Amazonien ist das Spiel mit den Kautschuksammlern und Landarbeitern gekommen.

In Parantins lautet die **Legende für den Wettkampf der Stiere** vereinfacht folgendermaßen: Es war einmal die schwangere Gutsbesitzerstochter *Catarina,* die gelüstet es, eine Ochsenzunge zu verspeisen. Ihr Gatte, der tapfere *Francisco,* weiß sich keinen besseren Rat, als dazu den besten Stier des Gutes zu schlachten. Doch dafür wird er vom Schwiegervater bestraft und nur durch die Zauberkraft eines Priesters und eines Medizinmannes aus der Gefangenschaft befreit – denn die können das Rind wieder zum Leben erwecken. Aber bis es soweit ist, tauchen so viele schräge Figuren auf, dass sich das Spiel gehörig in die Länge zieht, nicht jedoch mit getragener Langeweile, sondern mit einem bunten Zauber von Tänzen und Prozessionen. Nur ethnologisch beschlagene Fachleute verstehen die einzelnen Schritte zu interpretieren – unter dem Einfluss der Hitze und der hochprozentigen Getränke bricht der Zirkus immer wieder in ein herrliches Chaos zusammen.

Die *Farra Boi-Bumba* bietet den rechten Anlass, aus der provinziellen Langeweile auszubrechen und **alles auf den Kopf zu hauen.** Wo immer man steht und liegt oder das Gassengeviert durchpflügt oder endlich Zutritt zur Freilichtbühne gefunden hat, hämmert die monotone Sertaneja-Musik, eine Art brasilianisches Hilly-Billy, auf die Köpfe ein, deren schwitzende Leiber auf der Stelle hopsen bis zum Umfallen. Für hygienebewusste gestresste Mitteleuropäer mag es die Hölle sein, auch nur eine Stunde an Land zu gehen – doch für abenteuerlustige Touristen mit leichtem Gepäck mag das Bad in der Menge doppelt dafür entschädigen, dass wegen Hochwasser alle Strände im Schlamm und nach drei Tagen und drei Nächten auch die Menschen im Kater versunken sind.

Dass sich nach jeweils neun Monaten die Bevölkerung von Parintins deutlich erhöht, ist, nebenbei gesagt, eine andere **Spätfolge** des Festes. Die Einwohner führen das auf die Flussdelfine zurück, die, von den Lichtern angelockt und als jugendliche Galane verkleidet, die unschuldigen Amazonen verführen …

Saufgelage in Südbrasilien

Dreitausend Kilometer weiter im Süden und drei Monate darauf steigt in Blumenau ein Fest, das den meisten Brasilianern wohl genauso exotisch vorkommt wie der Amazonas-Karneval – das Oktoberfest.

Oktoberfest, Kegelfest, Schützenfest – selbst ein „Nationales Entenfest" verzeichnet der Kulturkalender von Südbrasilien. Wenn in der alten Heimat die Herbststürme heranziehen, geht es dort unten, im Bundesstaat Santa Catarina, pünktlich zum Frühlingseinzug erst richtig los. Kaum eine Gemeinde lässt sich lumpen, die **Traditionen der Altvorderen** feucht-föhlich hochleben zu lassen, selbst wenn die *Müller, Meier, Schulzes* außer „Prost" kein Deutsch mehr sprechen und Vornamen wie *Julio, Carlos* oder *Guilherme (Wilhelm)* tragen.

Das allergrößte **Oktoberfest** nach dem Münchner Original ist das von Blumenau, und es findet tatsächlich auch im Oktober ganze siebzehn Tage lang statt. Und jedesmal neue Saufrekorde! „Bierkampf" ist angesagt: die Kinder tragen Wichtelmann-Kostüme, ein „Choppmotorrad" zieht gefährliche Reklame-Pirouetten übers Pflaster und am aufgeklebten Fachwerk vorbei, bayerische Kapellen geben lautstark Gastkonzerte – bloß echte Bayern fehlen. Die Ureinwohner von Blumenau kamen vor 150 Jahren aus Niedersachsen, Pommern und Sachsen.

Zweihundert Kilometer weiter nördlich, in Joinville (früher: Dona Berta), will man den Blumenauern in nichts nachstehen, auch dort ist im Oktober große Bierschwemme. Wie viele Oktoberfestas in Südbrasilien sprießen, ist nicht genau bekannt, mehr als ein Dutzend werden es schon sein. Zur Abwechslung lädt man deshalb in Jaraguá do Sul zum **Schützenfest** ein – oder in Rio do Sul zum **Kegelfest,** das ebenfalls rekordverdächtig ist.

Wer nach so viel flüssiger Nahrung immer noch Hunger verspürt, sollte sich nach Brusque fahren lassen. Dort hat das **Entenfest** eine gewisse Berühmtheit erlangt – 350.000 Brasilianer haben es 1994 beispielsweise besucht. Vom 5. bis 22. Oktober gibt es in Brusque hauptsächlich Ente mit Rotkohl auf dem Teller. Deshalb der gute Rat an alle Enten: Meidet Brusque im Oktober!

Religiöse Feste

Ostern

Nicht alle Feste in Brasilien sind ein guter Vorwand, Bier in rauen Mengen die Kehle hinunter zu stürzen. Es gibt auch Feste, bei denen fromme Gefühle ihren freien Lauf nehmen. In der Osterwoche, der *Semana Santa,* geht es eher besinnlich zu. In den kolonialen Bergwerkstädtchen ziehen fromme **Prozessionen** durch die Gassen, deren Kopfsteinpflaster mit Blumenteppichen geschmückt sind. Besinnlich heißt in Brasilien nicht introvertiert – auch der Glaube muss gebührend gefeiert werden.

Zum Beispiel bei den **Passionsspielen in Neu-Jerusalem.** Passionsspiele gehören in allen Provinzstädten Brasiliens zum Osterfest. In Nova Jerusalem, mitten im menschenleeren Sertão, wurde das größte Freilicht-Spektakel daraus. Aus Rio und Recife, São Paulo und Salvador pflügen die Touristenbusse durch die Steppe in das Tal der Fazenda Nova. Im Schatten der dunklen Felsen hat man dort eine Art religiöses Hollywood aufgebaut.

Die Mauer von Jerusalem, prächtige Paläste und antike Tempel umringen den Kalvarienberg. Römische Legionäre regeln unter Pappmacheepanzern schwitzend den Touristenstrom. Nach Einbruch der Nacht flam-

Festa Junina in Pirenópolis: Die Kuh wird es überleben

020kb Foto: cg

men die Scheinwerfer auf und beleuchten die Freilichtbühne. Das Leben Christi wird vorgestellt: die erste Szene spielt in Bethlehem. Ochs und Esel und das Kind in der Krippe sind echt. Nur die getragene Musik kommt vom Band – und Gottes Sprüche auch. Jesus, Maria und Josef werden auch diesmal von fernsehbekannten Schauspielern dargestellt. Das Volk ist ergriffen.

Für die Heerscharen der Komparsen und Knappen sind die Passionsspiele in Nova Jerusalem eine nicht zu verachtende Einnahmequelle. Das Geschäft des Jahres wittern auch die Wirte und Händler. Am Rande der künstlichen Tempelstadt haben sie ihre Zelte aufgeschlagen. Zwei Stunden frommer Litanei machen die Kehle durstig. Bier und Zuckerrohrschnaps fließen nun doch in Strömen, Fleischspieße und Maiskolben brutzeln über dem Feuer. Jesus, Maria und Josef trinken und tanzen noch lange nach der anstrengenden Kreuzigung. Nur Judas hat sich ins Dunkle verdrückt.

Pfingsten

Das Osterfest ist sicher der Höhepunkt im religiösen Festtagskalender, zu Pfingsten werden hie und da (am prächtigsten in Pirenópolis bei Brasília) **Reiterspiele** zwischen den „Mauren" und den „Christen" aufgeführt – schwache Reminiszenzen an die Zeit der *Reconquista,* als der Islam von der iberischen Halbinsel vertrieben wurde.

Círio de Nazaré

So nennt sich in Brasilien das **größte religiöse Fest,** das seit 1793 gefeiert wird. Es geht auf die Legende von der wundersamen Auffindung einer kleinen Marienfigur mitten im Urwald zurück. Die Heilige Mutter von Nazareth ist die Patronin der Fischer und der Einwohner von Belém. Die Prozession beginnt am zweiten Oktobersonntag - seit mehr als 200 Jahren wiederholt sich das Ritual: Auf dem Platz vor der Kathedrale sammeln sich die Wallfahrer um einen Schrein, in den nach dem ersten Hochamt die kleine Statue der Gottesmutter gestellt wird. Langsam setzt sich der Zug im ersten Morgenlicht über die sechs Kilimeter lange Vida Sacra in Bewegung. Religiöse Hymnen steigen auf, durch Lautsprecher bis zur Unkenntlichkeit verplärrt. Bis zu zwei Mio. Menschen sind auf den Beinen und versuchen, ein kilomterlanges Seil zu berühren, das wie ein langer Schwanz der Marienfigur folgt.

Nach sechs Stunden erschöpfender Prozession ist die heilige Statue wieder dort angekommen, wo sie vor 250 Jahren von einem Jäger in einem Urwaldrinnsal gefunden worden war. Heute erhebt sich an dieser Stelle die Basilika „Unsere Liebe Frau von Nazareth", eine Minikopie von Sankt Peter in Rom.

Weihnachten

Um Weihnachten aber machen die Brasilianer kein großes Aufheben. Gewiss, auch in diesem tropischen Riesenreich ist der Geburtstag Christi ein **Fest der Familie.** Und man tauscht Geschenke aus. **Weihnachtsbäume** gibt es auch - die allermeisten aus Plastik. Und das nicht wegen ökologischer Bedenken - sondern weil es heiß ist, echte Tannen halten die Hitze nicht aus.

Weniger voll sind die Kirchen, überfüllt die **Strände.** Da vollziehen nachts die Macumba-Anhänger ihre magischen Riten, opfern der afrikanischen Göttin Yemanja tote Hühner und reichlich Schnaps.

Die besser Betuchten aber sitzen um den **Weihnachtsputer.** Der kommt tiefgefroren gleich in die Mikrowelle. Und wenn er gar ist, geht die Pfeife los, die in dem Brustfleisch steckt. Doch der wahre Weihnachtsbraten in Brasilien ist der **Dorsch.** Jawohl, der Dorsch, der *bacalhau,* der Fisch aus arktischen Fanggründen, den *Papaí Noêl* auf seinem Schlitten bringt. Die Leidenschaft für den *fiel amigo,* den „treuen Freund" unter den Schuppentieren, haben die Brasilianer von den Portugiesen geerbt - was schwer genug zu verstehen ist. Aber so ist es halt: Neben der Sprache haben die Portugiesen den Dorsch in Brasilien gelassen. Was vor allem die Norweger freut, denn da kommt der luftgetrocknete oder gesalzene Weihnachtsbraten her.

Nicht fehlen darf die Weihnachtsansprache des Heiligen Vaters, die per Satellit um ein paar Stunden zeitversetzt empfangen werden kann.

Indianische Feste

So fremd den Carajas-Indianern am Araguaia die TV-Botschaft aus dem fernen Rom vorkommen mag, so exotisch muten den Weißgesichtern die indianischen Feierlichkeiten und Feste an, die unter dem Druck der „Zivilisation" mehr und mehr der **Vergessenheit** anheimfallen. Gewiss, die Indianerdörfer im Xingu-Gebiet werfen sich für hohen Besuch - etwa vom englischen Popstar *Sting* - schon mal in Schale, tätowieren sich mit rotem Urucum und stampfen Kriegstänze oder feiern das Mondfest Quarup. Das ist **Folklore,** aber nicht mehr für den Hausgebrauch.

Rodeos

Überrascht wird der Brasilien-Besucher aber sein, wenn er zur Winterszeit, also im August, in das Hinterland von São Paulo gelangen sollte. Dort nämlich werden die **größten modernen Volksfeste** gefeiert, die kaum in einem Reiseführer auftauchen: Rodeos, richtige Rodeos in einer Art und Weise, die die Yankees neidisch machen könnte.

Der Koloss stampft, stößt, stöhnt. Der **Stier** rammt die Hörner in das Holz, er presst die Flanken an die Planken, er spannt den Körper bis zum Platzen an, er keilt und kocht vor Wut. Eine Tonne Muskeln, Hufe, Horn und Zorn. Über seinem Schädel dröhnt und brummt ein Bienenschwarm. Irgendwer will ihm ans Fell, krallt sich an den Hals, reizt ihn bis aufs Blut. Basta! Tor auf!

Der Stier tobt. Er steigt und stürzt, er bockt und buckelt. Er schlägt die Hufe in die Luft, er schleudert, schäumt und schüttelt. Ihm sitzt ein „Tier" im Nacken. Ein Menschlein klein. Ein mieser Zeck, und der muss weg! Wie von der Tarantel gestochen stürmt der Bulle durch die Arena und **versucht den Reiter abzuschütteln** oder ihm das Rückgrat zu brechen. Der Veitstanz dauert eine Ewigkeit, und doch bloß bestens zehn Sekunden. Dann liegt der Mensch im Staub und glaubt noch, er sei Sieger.

Jedesmal wenn die Helden dort unten im Hexenkessel ihre Knochen riskieren, stockt den **Zuschauern** einen Herzschlag lang der Atem. Und dann brüllen sie los, schwenken ihre Sombreros, greifen zur Schnapsflasche, jubeln, jauchzen und tanzen auf den Tribünen des Stadions, das wie ein gigantisches Hufeisen im Licht der Scheinwerfer glänzt. Die Nachtluft kocht von Kuhdung, Pferdemist und Holzbrand über. Rodeo: Rinder, Rösser, Reiter, Churrasco, Machos, Mädchen und Macheten.

Rodeo in Brasilien? Mag sein, dass kein Texaner davon etwas ahnt. Aber erstens richtet man in Brasilien seit 40 Jahren Rodeos aus, zweitens züchten die Brasilianer nach den Yankees die meisten Rinder der Welt, und drittens gilt als Cowboy-King aller Rodeos *Adriano Moraes* – der kam in Matão auf die Welt, und das liegt hier um die Ecke.

Von São Paulo aus an der aufstrebenden Millionenstadt Campinas vorbei nach Nordwest – immer geradeaus durch die Korn- und Fleischkammer Brasiliens. Wer will, kann schon auf dem Weg zum Rodeo seinen Hunger mit saftigen Rindersteaks stillen – an fast jeder Tankstelle und Mautstation (zehn sind zu überwinden!) locken prächtige Fleisch-Paläste.

400 *coubois* („Cowboys") und Stiere und 1.200 Pferde treten in Barretos an, wie viel Hektoliter Bier und *pinga* (Zuckerrohrschnaps) getrunken werden, erfahren wir nicht. Alle international anerkannten **Rodeo-Disziplinen** – vom Bullriding über das Zureiten wilder Pferde bis zum Einfangen junger Rinder mit dem Lasso – werden prämiert. Aber natürlich hat das Rodeo in Barretos, wie der brasilianische Fußball, seinen eigenen, **ausgelassenen Stil:** mit Pausenclowns, der Mutter Maria, dem reitenden *Padre Pedro,* den sentimentalen Schnulzen der *Musica Sertaneja.*

Sitzfleisch, Gelenkigkeit und ein zäher Durchhaltewille sind die Mindestvoraussetzungen, die ein **Rodeo-Reiter** braucht, um sich auf den wildgewordenen tonnenschweren Muskelpaketen zu halten, die Namen tragen wie „Blitz", „Schwarze Mamba" oder „Killer". Acht Sekunden oben zu bleiben, kann eine Ewigkeit dauern. Wer es länger schafft, sammelt Punkte. Den Stier müde zu reiten, hat noch keiner geschafft, vielmehr landen alle Reiter früher oder später unsanft im Sand. Fünf Tote pro Jahr und jede Menge Arbeit für die Knochenflicker im modernsten Hospital von Barretos – das ist die Bilanz der Vermessenheit. Die „Verlierer" von Barretos aber werden wir demnächst auf dem Teller wiedersehn.

Silvester

In den letzten Stunden des Jahres zieht es die Bewohner von Rio de Janeiro wie die Lemminge zum Meer. Bereits bei Sonnenuntergang ist der Verkehr vollständig zusammengebrochen. Die letzten Stunden des Jahres feiern zwei Millionen *cariocas* (Bewohner von Rio) in einer **Massenorgie auf dem Strand von Copacabana.** Im Kegel der Flutlichtlampen verwandelt sich die fünf Kilometer lange Meeresbucht in eine gigantische menschliche Brutkolonie. Der weltberühmte Strand ist voller Menschen, die sich wie zum Picknick niederlassen. Sie stellen Kerzen in den Sand, breiten Blumen und Früchte aus und bauen Strandburgen aus Bierkästen und Schnapsflaschen. Aus den turmhohen Lautsprecherbatterien tönt getragene Konzertmusik.

Kurz vor Mitternacht beginnt mit andächtiger Stille der Countdown. *„Cinco, quatro, trés, dois ..."* Zwei Millionen Menschen halten den Atem

Das Band von Bahia

Das Mädchen mit den Rastazöpfen nimmt sanft die Hand und dann das blaue Seidenband, legt es ums Handgelenk, knüpft das Band am Puls zusammen. Einen Knoten für die Götter, einen Knoten für das Geld und einen für das Glück. Es werde alles in Erfüllung gehen, was man sich wünscht - solange bis das Band sich von selbst löst. Wie in der Liebe, kichert sie, kirschrot der Mund und sahneweiß die Zähne. Und ihre Haut ist Schokolade - wie ihr Herz?

Der schwarze Engel wirft längst die Augen anderen zu: Noch jeder Fremde wird in Bahia verbandelt. Vielleicht steckt ja doch eine geheime magische Kraft in diesen *Fitinhas do Senhor Bonfim,* den Bändchen „Unseres Herrn Jesus der Gnaden"? Die ihm geweihte Wallfahrtskirche ragt wie ein Zweimastschoner von der Höhe Boa Vistas, über die Toppen geflaggt und mit Lichterketten geschmückt. In der zweiten Woche nach dem Dreikönigstag treibt es die Menschen dorthin. Nicht in besinnlicher Einkehr und stillem Gebet kommen sie, nein, sie tanzen und toben, sie folgen dem Trommelschlag der großen *Bumba,* den *blocos* vom Karneval, und vor allen den *bahianas,* die sich wie Brummkreisel drehen - 500 Frauen, eine jede in Petticoats verpackt, kettenbehangen und turbangekrönt.

Lavagem de Bonfim - des „Herren Jesu Haus" wird gewaschen und von Unflat befreit! Das hatten die Zuckerbarone ihren Haussklaven aufgetragen. Und so kommen sie seit 1754 aus den *mucambas,* den Sklavenquartieren und später den Favelas, die Mütter Afrikas, gewickelt, gewandet in weißen Kattun. Denn Weiß ist die Farbe von *oxalá,* dem afrikanischen Zeus. Eine jede trägt auf dem Kopf oder in die Hüfte gestemmt eine Karaffe mit dem von *oxum,* dem Gott der Quellen, gesegneten Wasser. So waschen und wässern sie die Freitreppe der Kirche. Hinein dürfen sie nicht, die Tore sind verrammelt. Erst am Sonntag zur Prozession wird der Padre sie öffnen, wenn der Schabernack der schwarzen Magie vorüber ist.

Mit *bonfim* im Januar beginnt die Zeit der Feste - und am Aschermittwoch endet sie nicht. Jeder Tag hat einen Heiligen und jedem ist eine Kirche geweiht in Bahia, so heißt es. Aber die Götter sind überall, in der Luft, in der Erde, im Schatten der Katzenkopfgassen, in den Hütten der Favelas ...

an. Dann bricht ein Urschrei aus ihren Kehlen heraus, ein kollektives Stöhnen und Brüllen, das lauter ist als die donnernde Brandung und das Gedröhn der Lautsprecher und Trommelwirbel der Karnevalsmusik. Schon beginnt das **Feuerwerk** zu knattern. Leuchtraketen tauchen den Atlantik und das Menschenmeer in bengalisches Licht, gleißende Lava fließt von den Wolkenkratzern herab, grelle Lichterblumen steigen in den nachtschwarzen Himmel, Kanonenschläge und Donnerblitze explodieren über den Köpfen, und Querschläger zischen heulend in die staunende Menge.

Nun setzen die *batukadas* mit ihren dumpfen Trommelschlägen ein. Auf den Sandaltären brennen die Kerzen, die ganze Bucht ist jetzt ein wogendes Lichtermeer. „O, Mutter Yemanjá, Herrscherin der salzigen Wasser, o Mutter Yemanjá, steig herab zu mir, gib Deinen Rat! Odóia!"

Längst haben sich die **Macumba-Priesterinnen** in Trance gesungen. Wie betrunkene Hühner hüpfen sie im Sand, paffen dicke Zigarren und nehmen hin und wieder einen tiefen Schluck aus der Pulle.

Zu Silvester nehmen die afrikanischen Götter vollständig von Brasilien Besitz. Es ist die **Stunde von Yemanjá, der Göttin des Meeres,** des Engels der Fischer, der Maria der Liebenden. Lebt sie nicht, festlich in Satin gekleidet und mit Perlenketten behängt, in ihrem prächtigen Palast auf dem Grund des Meeres? Holt sie nicht wie Loreley einen jeden, den sie liebt, zu sich hinab in den kühlen Grund? Den Göttern gilt es zu opfern. Ganz in Weiß wie Brautpaare und Hochzeiter zieht man zum Wasser, taucht hinein zur Taufe, wasserschluckend, prustend, versinkend. Nehmen die Götter die Gaben an? Blumensträuße, Schalen mit Bohnen und Reis, Früchte und Flaschen werden dem Meer übergeben. Werden sie von der Brandung verschlungen oder tragen, oh böses Omen, die Wellen alle Opfergaben zurück?

Besser nicht den Blick richten auf das Morgen. **Am Morgen danach** ist die malerische Meeresbucht von Rio de Janeiro ein einziger Müllhaufen. Die Putzkolonnen räumen mit dem Unrat auf und vertreiben die Schnapsleichen auf dem Strand. Aber die „schwarzen Zungen" der Abwässer, die von den Favelas hinunter ins Meer lecken, die Algenpest, die Dengue-Viren und das schleichende Gift der gesellschaftlichen Zersetzung können sie nicht per Schaufel und Besen beseitigen.

021kb Foto: me

Strandfete

Zugegeben, nicht überall ist Strand in Brasilien. Aber fast! Denn erstens leben zwei Drittel aller 170 Millionen Brasilianer in höchstens 100 Kilometer Entfernung zum Atlantik mit seinen fast 8.000 Kilometern Küstenlinie, zweitens spielt das Badevergnügen auch in Amazonien eine zentrale Rolle, und drittens braucht der Strand keinen Sand zu haben. Genau genommen ist die *praia* (der „Strand“) überall dort, wo sich Leute treffen, ratschen und Bier trinken.

„Ich ging im Walde so still für mich hin“ oder: „Wenn der Berg ruft“, das rührt an die tiefsten Seelensaiten nordischer Menschen. Kein Brasilianer käme auf die Idee, die Küste aufzusuchen, um ein Zwiegespräch mit der Natur zu führen. Beileibe nicht. Mit einsamen Stränden mag man sonnenhungrige Europäer locken, den Brasilianern sind sie zuwider. Sie suchen nicht die Natur, sondern die Geselligkeit.

Gewiss, man darf auch ins Wasser gehen, schwimmen sogar, wers kann (die wenigsten können es), aber das sind nun wirklich Nebensächlichkeiten. Strandkörbe, diese geflochtenen Nester der Stubenhocker oder Strandburgen, sorgsam abgegrenzte Reviere, die mit Ingrimm vor den Fremden verteidigt werden – das müsste man den Brasilianern erst erklären, und sie verstünden es dann immer noch nicht.

Ein kühles Bier, einen *churrasco* auf dem Grill, Koffer- oder Autoradio voll aufgedreht: Ey! Superkrass!

In ihrem Büchlein „How to be a Carioca“ („Wie wird man ein Carioca“, also Bewohner von Rio) hat die amerikanische Journalistin *Priscilla Ann Goslin* eine amüsante ethnografische Feldstudie betrieben, die jedem Gringo zu empfehlen ist – sie liegt in den meisten Buchhandlungen Rios aus. Selbstverständlich ist Rio de Janeiro nicht Brasilien, gleichwohl prägt die alte Hauptstadt die Sitten im Lande.

Wer zum Strande geht, der vergesse folgende Regeln nicht. Das Auto parken: Hier wartet schon der erste Fallensteller, der meist kindliche „Parkwächter“. Man muss ihn mit der Aussicht auf ein fürstliches Trinkgeld bei Laune halten, vielleicht auch eine kleine Anzahlung leisten. Wer das unterlässt, sieht sein Auto nie wieder, oder auf Plattfüßen eingeknickt. Seien Sie großzügig gegenüber kleinen Leuten!

An den Strand kommt man mit Badekostüm, mag es noch so winzig sein. Wer sich am Strand unter Zuhilfenahme eines Handtuchs umzieht, gilt als Sittlichkeitsverbrecher. In nassen Badeklamotten Omnibus zu fahren ist hingegen guter Stil.

Zur Ausrüstung des Strandbesuchers gehören: Badelaken oder Liegematte, Sonnenschirm, eine Familienflasche Sonnenöl, eine wasserdichte Phiole, die um den Hals hängt, und in der das Geld steckt, ein kleiner Eimer, so wie ihn Kinder im Sandkasten haben.

Mehr braucht man nicht. Mit dem Eimer können Sie von Zeit zu Zeit ans Wasser gehen und eine rituelle Köperdusche vornehmen. Es zeugt von guter Erziehung, wenn Sie das kühle Nass beispielswiese einer alleinliegenden Nachbarin anbieten. Sie wird dankbar annehmen und auch das nachfolgende Angebot einer Einölung (Familienflasche!) nicht abschlagen. Und schon sind Sie, mein Herr, nicht mehr allein.

Junge Damen aus Europa, wie die Herren unschwer an der vornehmen Käseblässe zu erkennen, brauchen nur zu warten, sie werden am Strande nicht verhungern. Denn wer am Strand allein bleibt, der hat etwas falsch gemacht.

Stadt und Land

Landwirtschaft

Augen, groß und weiß wie Tischtennisbälle, starren aus dem Dunkeln. Auf Stroh, dicht aneinander gepackt in einer stinkenden Höhle, hocken sie: zahnlose Alte, Schwangere, Säuglinge, Kinder und stämmige Burschen. Lappen, Windeln, Laken und Kleider, Körbe, Koffer und Kartons türmen sich meterhoch; Federvieh liegt zu Bündeln gefesselt am Boden. 53 Menschen, zehn Köter, drei Dutzend Hühner und ein Schwein auf der Ladefläche eines Mercedes-Benz, Typ 1513, hinter der Zeltbahn versteckt. Irgendwo bei Altamira wird *Florisvaldo,* der Rotbart hinter dem Steuer, die Fracht ausladen und an den Rand der Transamazônica „kippen". In Bahia gab es für sie weder Arbeit noch Brot. In Amazonien soll es anders sein, hoffen sie stumm.

Die unerwartete Begegnung an einer Tankstelle im Norden Brasiliens weckt Erinnerungen an die **Sklavenzeit.** Wie auf dem Lastwagen so muss es damals im Innern der Galeeren ausgesehen haben, mit denen die Afrikaner nach Brasilien und dann auf die Zuckerrohrplantagen von Pernambuco und Paraíba verschleppt worden waren. Zucker! Europa leckte sich die Finger danach. In Kuba, der Karibik und Brasilien war damit ein Geschäft zu machen – wenn nur genügend schwarze Sklaven geliefert wurden. „Herrenhaus und Sklavenhütte": Das waren die Fundamente Brasiliens.

Erst vor einhundertzwanzig Jahren hatte es mit der **Sklaverei in Brasilien offiziell ein Ende.** Den Kaffee von São Paulo pflückten nicht mehr schwarze Sklaven, sondern italienische Einwanderer und japanische Gastarbeiter. Weiter im Süden förderte die Regierung die Ansiedlung von Bauern aus Preußen und Polen. So entstand dort eine kleinbäuerliche, mittelständische Landwirtschaft, während der Nordosten Brasiliens in der archaischen Welt der *coronéis* und *rancheiros,* der Zuckerbarone und Rinderzüchter, verharrte.

Nach Rohrzucker und Baumwolle, dem Kautschuk und Kakao war es der **Kaffee,** mit dem Brasilien auf den Weltmarkt drängte, bis es an der reichen Ernte fast erstickte. Um den Preis zu halten, wurden viele tausend Tonnen Rohkaffee während der Weltwirtschaftskrise erst verbrannt und dann ins Meer geschüttet. Auch dieser Boom war wie eine Seifenblase zerplatzt.

Im Gegensatz zu den Pilgervätern in Nordamerika waren die Portugiesen nicht nach Brasilien gekommen, um sich eine neue Existenz aufzubauen, sondern um das Eldorado zu suchen. Die **Grundbesitzer** und

Landlords betrachteten die Erde Brasiliens als ihre Goldmine. Sie dachten nicht daran, sich die Finger schmutzig zu machen wie diese verachtenswerten Häusler und Habenichtse aus Pommern und der Pfalz dort unten im Süden. Eine Rinderfarm, eine *fazenda* („Farm") auf der *roça* (ein Stück eigenes Land), die man am Wochenende besucht, gehört auch heute noch zu den Attributen der Macht und zum Prestige eines jeden, der auf sich hält. Aber doch kein Bauernhof!

Die Landwirtschaft trägt zu 14 Prozent zum Bruttosozialprodukt Brasiliens bei und beschäftigt rund 20 Millionen **Menschen.** Von den 850 Millionen Hektar Gesamtfläche des Landes entfallen 630 Millionen auf Urwald, Schutzzonen, Wasserflächen, Siedlungsgebiete etc. und 220 Millionen auf landwirtschaftlich nutzbare **Fläche,** von der höchstens die Hälfte auch wirklich genutzt wird. Drei Viertel der 170 Millionen Einwohner Brasilians leben im städtischen Raum, und nur ein Viertel auf dem Land. Vor 50 Jahren war das Verhältnis umgekehrt.

Von den rund 7 Millionen **landwirtschaftlichen „Betrieben"** sind 5 Millionen kleine Krauter, Subsistenzeinheiten auf meist mageren Böden. Nur 1,5 Millionen Familienbetriebe und höchstens 50.000 Agro-Unternehmen gelten laut Angaben des Landwirtschaftsministeriums als rentabel.

Brasiliens wichtigste landwirtschaftliche **Produkte** sind Rindfleisch, Schweinefleisch, Geflügel, Rohrzucker, Zitrusfrüchte, Getreide, Bohnen, Mais, Soja, Maniok und Kaffee. Den meisten brasilianischen Agrarprodukten mit Ausnahme weniger meist tropischer Ernten (Zitrusfrüchte, Soja, Kaffee) sind die lukrativen Weltmärkte wegen hoher Zölle verschlossen.

„Wir haben alle gleich angefangen, als kleine Krauter", lässt *Blairo Maggi,* 50 Jahre alt, wissen. Damals, als seine Eltern in den 1970er-Jahren aus dem Süden in den Zentralen Westen zogen. Aus einer kleinen Klitsche spross der größte Agro-Tycoon der Erde. Vater *André Maggi* hatte in Paraná als Kleinbauer mit Mais, Gemüse und Geflügel angefangen; später kam ein Sägewerk hinzu. Da hätte Sohn *Blairo* gerne mitgeholfen – aber der Junge litt unter einer Allergie gegen Sägemehl. Also fing er mit Gartenarbeit an – und er pflanzte diese komischen Sojabohnen, mit denen man die Schweine fütterte. 40 Jahre später ist daraus **die größte Soja-Produktion der Welt** geworden. Zum Imperium des *Blairo Maggi* zählen 162.000 Hektar Plantagen, die jährlich über eine halbe Mio. Tonnen Sojamehl produzieren; ein Agrokonzern mit 1800 Beschäftigten, die am Umsatz beteiligt sind und 14 Monatsgehälter beziehen; ein Unternehmen, an das 2.000 kleinere Produzenten gebunden sind, und ein Logistikunternehmen mit eigenen Silos, Hafenanlagen und Schiffen mit einem Exportvolumen von über 400 Mio. Dollar.

Blairo Maggi, der Student der Agrarwissenschaften, hatte früher als andere die Chancen der Sojakultur erkannt. Wahrscheinlich war ihm der Name *Johanna Döbereiner* ein Begriff: Die Sudetendeutsche, die die brasilianische Agrarforschung nach vorne gebracht und durch systematische Saatenzucht **die Sojabohne tropentauglich gemacht** hatte. Damals, in den 1960er-Jahren. Zu der Zeit ahnte *Blairo Maggi* anscheinend, welches agrarwirtschaftliche Potenzial in den mageren Böden auf dem Hochplateau und im Tiefland des Zentralen Westens stecken würde. Die Trockensavanne, die nicht einmal mageren Rinderherden genügte, würde er, *Blairo Maggi,* fruchtbar machen – mit Soja: „In einen Hektar stecken Sie 100 Dollar an Samen, Wasser und Dünger hinein – und, wenn Sie es gut machen, kriegen sie pro Hektar 800 Dollar wieder heraus!“

Der **Sojagürtel** zieht sich vom äußersten Süden quer durch den Westen bis ins Amazonasgebiet. Keine andere Monokultur hat so schwerwiegende ökonomische, ökologische und soziale Folgen nach sich gezogen wie der Soja-Boom. Kein Baum und kein Strauch sind zu sehen, kein Vogel singt und selbst die Grillen schweigen. Kniehoch ein grünes Meer, das nicht zu enden scheint. Schnurgerade zieht sich die staubige Piste geradewegs in den azurnen Himmel.

In Rio Grande do Sul, in Mato Grosso, Santa Catarina und Paraná sind seither die Preise für einen Hektar Land gewaltig gestiegen. Die Agro-Industriekonzerne kauften Land, wo sie nur konnten. Parallel zur Ausweitung des Sojaanbaus vollzog sich in den Südstaaten Brasiliens eine erhebliche **Konzentration des Landbesitzes.** Von 1970 bis 1980 verringerte sich allein in Rio Grande do Sul die Zahl der landwirtschaftlichen Betriebe unter 50 ha um 40.000. Kleine Krauter und Familienbetriebe verkauften als erste. Für 10 ha Ackerland im Süden bekamen sie 100 ha Wald in Amazonien. Tausende wurden von der Scholle vertrieben, denn die vollmechanisierten Sojafarmen brauchten keine Knechte mehr. Der Treck der Landflüchtlinge schwoll auf Millionen an. Die Vertriebenen suchten ihr Glück in den Städten – oder in Westamazonien, in Rondônia.

In Brasília sah man es mit Wohlgefallen. Hohe Hektarerträge, gewaltige Exportüberschüsse, Landerschließung bis an die letzten Grenzen: eine Nation auf dem **wirtschaftlichen Vormarsch.**

Doch während Großagrarier und Politstrategen von der Supermacht Brasilien schwärmten, verschärften sich die sozialen Konflikte. Mit jeder Rekordernte wurde die **Nahrungsmittel-Versorgung** noch kritischer. „Cash-crops“ wie Futtermittel aus Soja, Treibstoff aus Zuckerrohr, Orangensaft oder Bohnenkaffee füllten zwar die Portfolios der multinationa-

Ein caboclo (Landarbeiter) in Amazonien

022kb Foto: cg

len Agroindustrie und -chemie, aber nicht die Mägen der Brasilianer. Die Produktion von Mais, Bohnen und Reis ging stetig zurück, Brasilien muss einen erheblichen Teil seiner aus „cash-crops" erwirtschafteten Devisen für die Einfuhr von Nahrungsmitteln verwenden! Im Grunde ist diese Art der Landwirtschaft eine große Maschine, die den Reichtum des Landes von vielen auf immer weniger, große Haufen schaufelt.

Unter allen lateinamerikanischen Ländern hat das größte, Brasilien, die **ungerechteste Verteilung von Geld und Gütern.** Beim Landbesitz fällt das besonders auf: Ein Prozent aller Grundeigentümer verfügen über die Hälfte der landwirtschaftlichen Nutzfläche, die Hälfte aller Grundeigentümer aber nur über 2 Prozent des nutzbaren Bodens; 12 Millionen Menschen leben am Rande der Landstraßen von der Hand in den Mund.

Im Kongress herrscht die schweigende Mehrheit der Latifundisten. Gegen ihr Votum wird kein Gesetz erlassen. So gut wie sämtliche Präsidenten seit der Kaiserzeit waren dem Landadel verpflichtet. Die alten Familien aus dem Nordosten paktieren mit den neuen Agroindustriellen aus dem Süden in der **Landwirtschaftspolitik.** Günstige Kredite, Steuernachlässe und Abnahmegarantien erhalten in erster Linie die Großen. Das staatliche Treibstoff-Programm „Proalcool" sicherte den Zuckerbaronen Status und Einfluss, den sie unter normalen Marktverhältnissen längst verloren hätten, Steuerfreiheit gab den Rinderzüchtern lange Zeit freie Hand beim Abbrennen der Amazonaswälder, die Zentralbank fördert den Soja-Export.

Die im Oktober 1988 verabschiedete Verfassung Brasiliens erleichterte die Agrarreform nicht. Die **juristische Lage** ist so verworren wie das Kataster. Zig-tausend Titel auf Landbesitz, die durch Erwerb, Erbschaft oder durch gewohnheitsmäßige Nutzung nach fünf Jahren erworben wurden, sind ungeklärt. Die Menschenrechtsorganisation Amnesty International sieht darin eine wesentliche Ursache für die zahlreichen gewaltsamen Konflikte zwischen den landlosen *posseiros* („Landbesetzern") und den *pistoleiros* („Todesschützen") der Latifundisten.

Gesetzt den Fall, die Millionen **Landproletarier** bekämen Land. Könnten sie es auch nutzen? Zweifel sind angebracht. Die wenigsten wissen mehr als *arroz e feijão* („Reis und Bohnen") zu pflanzen. Bäuerliche Traditionen und handwerkliches Können besitzen sie nicht. Sie waren ja immer nur Viehhirten, Tagelöhner, Plantagenarbeiter – und ihre Vorfahren Sklaven. Das Land zu verteilen, nützte wenig ohne eine umfassende Agrar- und Strukturreform, eine Alphabetisierungskampagne, eine gesellschaftliche Revolution – jedenfalls im rückständigen Nordosten.

Solange diese Reformen ausbleiben, bleibt im Nordosten Brasiliens der Kinderreichtum der einzige „Reichtum", der ins Gewicht fällt. Ein Jahrhundert lang haben diese Provinzen dort „oben" ihre Söhne und Töchter an den entwickelteren Süden und Südosten verloren. Der **Hunger vertrieb die Menschen** von der Scholle, so wie es *Graciliano Ramos* in seinem Nationalepos *Vidas Secas* (in Deutsch erschienen unter dem Titel „Karges Leben") beschrieben hat. Die Sippschaften der ungelernten Landarbeiter wurden auseinander gerissen in diesem Exodus. Zurück blieben die Alten, die unverheirateten Frauen, die Taugenichtse. Oder die, die irgendwo in der Gunst von Provinzpolitikern in der Verwaltung untergekrochen waren.

Doch die Söhne und Töchter, die nach Rio de Janeiro, São Paulo oder Curitiba gegangen waren, kamen und kommen immer **in die alte Heimat zurück.** Einmal *nordestino* – immer *nordestino*. So sieht man sie denn „daheim" in ihrem Jahresurlaub mit Koffern und Kisten anrücken, und für jeden im Dorf haben sie etwas mitgebracht. Schon um zu beweisen, dass sie das richtige Los gezogen haben. Das richtige Los heißt nicht selten: Pförtner. So gut wie alle Pförtner in São Paulo wie in Rio de Janeiro sind *nordestinos*. Als wenn sie sich untereinander abgestimmt hätten. Vielleicht liegt es aber auch daran, dass ein *carioca* oder ein *gaúcho* niemals die träge Gleichgültigkeit durchhalten würde, die man für einen solchen Job braucht.

Die stolzen **gaúchos!** Sie fühlen sich – ähnlich wie in Deutschland die Bayern – als ein eigenes Volk, halbwegs zwischen Brasilien und Argentinien angesiedelt. Einem anderen gegen Geld Dienste zu erweisen, findet

Gemauerte Sparschweine

Mit drei Wackersteinschlägen plättet *Lucas,* 12 Jahre alt, eine leere Bierdose flach wie einen Bierfilz. Tok, tok, tok, die nächste. Hundertmal, tausendmal macht er das, je nachdem, wie viele leere Dosen er am Strand aufsammelt. Am Abend kommt sein Onkel *Luis,* 41 Jahre alt, mit dem Handwagen vorbei und zusammen schaffen sie die Säcke mit den plattgeschlagenen Dosen zum Kontor „Metalbox", wo die Scheiben in handliche 20-Kilo-Pakete gepresst werden. Von da wandern sie in einen Hochofen.

Auf diesem Weg sind aus den Centavos ein paar Real geworden, aus den Grammdosen einige Kilo Metall, aus der Verpackung für Bier schwere Barren. Und *Luis* hat ein paar Ziegelsteine mehr. Denn alles, was sich der Mann vom Munde abspart, geht in Baumaterial. **Ein eigenes Haus** zu besitzen, und sei es noch so bescheiden, ist der Traum jedes Armen.

Es wird gehämmert, gehobelt und gestrichen. Wer mit wachen Augen durch die Randzonen der brasilianischen Metropolen streicht, glaubt sich auf eine **Baustelle** versetzt. *Luis* zieht gerade eine neue Decke ein. Über die beiden Zimmer, die Küche und das Klo kommt eine weitere Etage – die ist für den Schwiegersohn gedacht. Der Bau geht nur langsam voran, wie bei den meisten Nachbarn auch: Die unverputzten Häuser gleichen neugebauten Ruinen. Aber die Außentreppe ist schon gegossen.

Ohne Eigenheimzulage, **ohne Bausparvertrag und Architekt** wird gebaut was der Zement hält. Die Favelas wachsen in die Breite und in die Höhe. Zu ihrer Überraschung haben die Stadtplaner von Rio de Janeiro sechsstöckige Schwarzbauten in der Favela „Rocinha" entdeckt. Wenn die Nachfrage nach Zement, Ziegeln, Eternit und PVC-Rohren steigt, geht es mit der Wirtschaft aufwärts. Rund 30 % der Baumaterialien wandert in den Eigenbau: Bauherren ohne Bankkonto, aber ein Sparschwein haben sie doch – sie hausen darin.

Die Immobilien, die in keinem Kataster auftauchen, stellen enorme Vermögenswerte dar. Eine südamerikanische Stadt gleicht einem Eisberg: Nur der Bruchteil ihrer Substanz ragt in die Statistik.

Gegenüber den Turbulenzen auf dem Finanzmarkt ist die informelle Wirtschaft geradezu ein Hort der Stabilität. Abgesehen von den Drogendealern und Ringvereinen haben die Favela-Bewohner nichts „flüssig": Sie haben ihr Sparkapital ja einbetoniert. Und wer kein Bankkonto hat – wie die Hälfte der 185 Mio. Brasilianer –, der kann es auch nicht überziehen.

ein *gaúcho* abwegig und gegen die Ehre. *Gaúchos* sitzen hoch zu Pferde – und aus dieser Perspektive sieht die Welt ein wenig kleiner aus. Tatkraft, Wagemut und Initiative zeichnen *gaúchos* aus – und so ist es denn auch kein Wunder, sie überall dort anzutreffen, wo Pionierarbeit gefordert ist, in Amazonien an erster Stelle. Während die *nordestinos* aus Not und in Hoffnung auf ein besseres Leben in den Süden gezogen sind, brachen viele Tausend *gaúchos* aus dem Süden, der ihnen zu eng wurde, nach Amazonien auf.

Industrie

In einem Teil Brasiliens mag noch tiefes Mittelalter herrschen, anderswo hat längst die Moderne Einzug gehalten. Im **Hinterland von São Paulo** zum Beispiel weht ein Hauch von Kalifornien.

Die Rauchfahne der Fabrik zieht wie ein Kohlestrich über den blassblauen Himmel. Das Land gleicht einem grünen Meer. Durch die endlosen Zuckerrohr-Pflanzungen pflügen tonnenschwere Laster, die das geschlagene Rohr zur Fabrik transportieren. Die „Usina da Pedra" ist eine der größten von den rund 60 **Zucker-Raffinerien** im Bundesstaat São Paulo, die aus dem mannshohen Gras, dem „Saccharum officinarum", Treibstoff für Menschen und Maschinen gewinnen. Seit 1922 hat man sich hier vom Kaffee auf den Anbau und die Verarbeitung von Zuckerrohr umgestellt. Die Maschinenhalle ist so groß wie ein Fußballfeld, fünf haushohe, brüllende Dampfturbinen treiben die Mahlwerke an. Die unersättlichen Walzen fressen und pressen das Zuckerrohr aus, Computer steuern den mehrstufigen „Verdauungsprozess", an dessen Ende bergeweise schneeweißer Zucker ausfällt und – in einer gigantischen Destille – der farblose Methylalkohol in die Tanklager der staatlichen Ölgesellschaft „Petrobras" strömt.

Zucker-Raffinerien und Alkohol-Destillen rauchen gleich dutzendweise im Umkreis der **Stadt Riberão Preto,** die 400.000 Einwohner hat, keine Favelas kennt und in der die Bürger ihre Häuser nicht verriegeln müssen. Orangenplantagen, Zuckerrohrpflanzungen, Sojafelder, Getreidesilos, Industrieanlagen, Autobahnkreuze und weitläufige Bungalowsiedlungen wechseln einander unter der prallen Sonne ab.

Das Hinterland von São Paulo ist reich, es beliefert die Nation mit Nahrungsmitteln und Maschinen, es verfügt über die besten Schulen und Universitäten und über den modernsten Industriepark Lateinamerikas. Das **Bundesland São Paulo** (Metropole plus Hinterland; zusammen 37 Millionen Einwohner) ist nicht größer als Westdeutschland; mit nur einem Fünftel aller Einwohner und nicht einmal drei Prozent der Fläche Brasiliens erwirtschaftet São Paulo fast die Hälfte aller Güter und Dienstleistungen der Nation. „São Paulo ist die Lokomotive, die die Waggons der anderen Bundesstaaten schleppt", behaupten seine Bewohner stolz. Der Bundesstaat São Paulo wäre für sich allein ökonomisch größer als jedes andere südamerikanische Land, selbst größer als Argentinien. Das Pro-Kopf-Einkommen in São Paulo liegt mit 9.213 US-Dollar pro Jahr weit über dem Landesdurchschnitt von 7.790 US-Dollar (2004).

Große Unternehmen der Metall- und Autoindustrie siedeln sich inzwischen nicht mehr im Dunstkreis der Metropole an, sondern ziehen hinaus nach Sorocaba, San Carlos oder Taubaté. Dort draußen sind die Steuern niedriger, die Gewerkschaften zahmer, die Straßen besser und die Bäume grüner. Bis vor wenigen Jahren zog São Paulo die Wanderarbeiter und Habenichtse aus ganz Brasilien, besonders aus dem bettelarmen Nordosten, an; nun ist diese Migration abgeebbt, kleinere Städte wie Itú, Bauru oder Aracatuba verzeichnen dagegen deutlichen Zuzug.

Die Provinz erblüht – der **Metropole São Paulo** aber droht eine langsame industrielle Auszehrung. Die Arbeitslosigkeit ist dort schon höher als auf dem flachen Lande; und die Steuereinnahmen sinken, während die sozialen Lasten wachsen. Die Straßen im Viertel Brás haben viele Gesichter kommen und gehen sehen. Vor hundert Jahren wohnten hinter den abgeschabten Mauern der niedrigen Häuserzeilen **italienische Immigranten.** Die nahe gelegenen Kesselschmieden und Ausbesserungswerke der Eisenbahn boten Arbeit und Brot. Heute steigt kein Qualm mehr aus den Fabrikschloten, und die Eisenbahn verrostet. Die italienischen Proletarier sind weitergezogen. Jetzt wohnen andere in den engen Gassen des zentrumnahen Industrieviertels von São Paulo. Statt Spaghettis essen sie *Kimchi* und statt Nägel zu ziehen und Kessel zu schmieden, schneidern sie Hosen und Hemden.

Die **koreanischen Einwanderer,** die vor dreißig Jahren nach São Paulo kamen, beherrschen heute fast ganz allein die Konfektionsindustrie der Metropole und den Gemüsehandel dazu. Jedes zweite Haus im Viertel verkauft Kleider en gros und en detail. Im Hinterhof und in baufälligen Schuppen wird tief bis in die Nacht geschuftet. Die Koreaner beliefern selbst die feinsten Adressen. Ein Polohemd, das in Brás und Pari umgerechnet für fünf Dollar zu haben ist, kostet im nahe gelegenen Shoppingcenter Paulista glatt das Doppelte.

Die Asiaten bleiben lieber unter sich. So zuvorkommend sie die Kunden bedienen, so misstrauisch werden sie, wenn man sie nach dem Geschäft befragt. Dann verstehen sie auf einmal kein Wort Portugiesisch mehr. Kaum ein koreanischer Familienbetrieb ist beim Gewerbeamt angemeldet oder zahlt Steuern. Die Konfektionsindustrie näht schwarz.

Und die, die nähen und sticken, gehören zu einem Sklavenheer aus den Anden. 150.000 **Bolivianer** hausen in São Paulo; nur ein Zehntel davon mit Pass und Permit. Fast alle sind sie in den vergangenen Jahren aus der Heimat geflohen, um in der brasilianischen Industriemetropole Arbeit zu suchen. Die Koreaner krümmen ihre Buckel nicht mehr, das machen jetzt die Bolivianer. Sechzehn Stunden dauert in der Regel ein Akkord-Arbeitstag; am Monatsende haben die bolivianischen Tagelöhner umgerechnet 100 Dollar beisammen. Die koreanischen Arbeitgeber bieten frei Kost und Logie: in einem Verschlag oder auf einer Matratze unter

Polacas – die weißen Sklavinnen

Sie haben gelebt und gelitten, aber man hat ihnen keine Kränze geflochten. Und trotzdem haben sie Spuren hinterlassen, im Tango wie in der Samba – die einst so begehrten, weißhäutigen, jüdischen **Freudenmädchen** in Rio de Janeiro. Ein paar Steine sprechen noch von ihnen – verwitterte Grabmale weit draußen in Inhaúma, wo kein Taxifahrer freiwillig hinfährt. Dort, zwischen den übelsten Favelas von Rio de Janeiro, liegen diese Steine mit dem Davidstern und den verwitterten Namen wie *Fanny Zusman* oder *Estera Gladkowicer;* in einer Ecke, die sich die Frauen damals, vor einhundert Jahren, selbst als Gottesacker auserwählt hatten, gegen Gott und die Welt, gegen die offizielle Anständigkeit der jüdischen Gemeinde, der Bürgerlichkeit und Obrigkeit. Denn sie waren als Frischfleisch aus Osteuropa in die Spelunken der Neuen Welt verfrachtet worden: die „Polacas".

Buenos Aires war zwischen 1880 und 1930 vermutlich **der weltweit größte Marktplatz der Prostitution** und Rio de Janeiro stand dem kaum nach. 1872 registrierte die Polizei in der brasilianischen Stadt (damals hatte sie etwa 200.000 Einwohner) 1.171 Prostituierte – 818 davon mit Fremdenpass, die meisten aus Osteuropa und Russland.

Die „Mangue" in Rio de Janeiro war ein übel beleumdeter Kiez, in die sich gute Bürger nicht trauten, es war das Quartier der Hungerlöhner und -leider, der entwurzelten Flüchtlinge aus dem alten Europa. Auf den engen, schmutzigen Gassen hörte man alle Sprachen aus dem Balkan und dem Banat, und in den Bordellen und Bars blühten die Blumen des Bösen. Eine ganz eigene Musik entstand dort: Die **schwarze Samba** spross aus Polka, Mazurka und Walzer und überwand die Wehmut des leise gesungenen *Choro* (in dem natürlich eine Menge arabisch-portugiesischer Fado steckte) mit afrikanischer Lebenslust. Ja, im Judenviertel und in der Mangue, dem benachbarten „Klein Afrika", wurde auch der Karneval geboren und die urbane Boheme nistete sich ein.

Stefan Zweig, der von den Nazis vertriebene Erfolgsschriftsteller, wandert 1936 verklärt durch die Gassen und ist hingerissen von der tropischen Atmosphäre, „ein orientalischer Anblick, wie ich ihn kaum ähnlich im Leben gesehen ... Fenster an Fenster oder vielmehr Tür an Tür stehen und warten hier wie exotische Tiere hinter den Gitterstäben tausend oder sogar fünfzehnhundert Frauen aller Rassen und Farben ..."

Das „Wohnzimmer" des Judenviertels, der große Platz in der Innenstadt, Praca Onze, ist verschwunden, nur die Metrostation trägt diesen Namen noch. Das ist heute bloß noch eine Stelle, auf der sich ein Autobahnkreuz befindet.

Der Völkerbund in Genf hatte **Resolutionen gegen den Menschenhandel** verfasst, internationale jüdische Agenturen nahmen den Handel mit den „weißen Sklavinnen" aufs Korn, Madame *Rothschild* stiftete Geld und nahm sich der gefallenen Mädchen an – aber das war ja nur gut für das satte Gewissen im Rotary Club. Inzwischen gab es wieder Verfolgung und Krieg in Europa, eine vierte und letzte Welle jüdischer Flüchtlinge – diesmal aus Deutschland – schwappte an die Copacabana und unter das gnädige Kreuz des Südens. Brasilien war unterdessen zum „Land der Zukunft" *(Stefan Zweig)* herangewachsen, über die „Polacas" sprach keiner mehr (ihr Hilfsverein löste sich allerdings erst in den 1960er-Jahren auf) – sie waren waren so oder so untergegangen (und nur wenige aufgestiegen). Sechs Jahre nachdem *Stefan Zweig* durch das Viertel der Freudenhäuser geschlendert war, wurde es abgerissen.

den Zuschneidetischen. Wer bei der Arbeit krank wird oder sich verletzt, kann sein Bündel nehmen.

Und trotzdem beklagt sich keiner. Denn das Hundeleben in den Hinterhöfen von São Paulo ist den bettelarmen Bolivianern lieber als der Hunger in der Heimat. Die ehemaligen italienischen Proletarier gehören längst zur Paulistaner Mittelklasse; die 30.000 koreanischen Einwanderer haben binnen einer Generation mit Zähigkeit und Fleiß den Aufstieg zu bescheidenem Wohlstand geschafft. Davon träumen die bolivianischen Arbeitssklaven. Aber: Den Letzten beißen die Hunde.

Liebe und Triebe

Flirten und Sex

Zwischen der Liebe und dem Essen besteht in Brasilien ein enger innerer Zusammenhang, meint der Anthropologe *Roberto DaMatta*. Gewiss, Liebe geht durch den Magen - aber das ist damit nicht gemeint. Sondern **der Sex und das Essen** seien beides Akte des Einverleibens. *Comer uma mulher* - also „eine Frau essen" - ist ein sehr gebräuchlicher Ausdruck für den Akt der Liebe in Brasilien.

Wie auch immer - der Sex spielt eine **Riesenrolle in Brasilien.** Und kein Mensch käme auf die puritanische Idee, sich der Liebe zu schämen. Bereits kleine Mädchen von vier, fünf Jahren malen sich die Lippen an und schaukeln mit dem Popo, so wie es die Mütter vormachen.

Die Brasilianer sind nicht nur gut auf dem grünen Rasen - nein auch in den Betten sind sie Klasse. Das jedenfalls behaupten seriöse Sex-Forscher des königlichen Ärzte-Kollegs aus London, die die Welt nach ihrem Orgasmus vermessen haben.

Richtige Brasilianer haben das natürlich schon immer gewusst. Doch die mehr oder weniger bedeutsame Expertise aus London hat in Brasilien sogar den Weg auf den Titel eines ansonsten ernst zu nehmenden Wochenmagazins gefunden. **„Wir sind die Größten!"**, räkelt sich da ein Mann im Schoß einer mit der brasilianischen Flagge knapp bedeckten Blondine. Es muss sich um einen Brasilianer handeln. Nun weist besagtes Magazin allerdings auch daraufhin, dass die brasilianischen Herren der Schöpfung nicht nur gerne, viel und heftig der Liebe frönen, sondern auch mit gleicher Inbrunst darüber prahlen. Das mag die Umfrage natürlich beeinflusst haben.

Aber nicht nur die Männer reden gerne über Sex, die Frauen auch. In keinem Land der Welt lassen die Menschen so **freudig „die Hosen run-**

ter" wie in Brasilien. Prüde Nordeuropäer mögen das, was sie an der Copacabana sehen und hören, als Exhibitionismus geißeln. Aber so ist es nun mal: Die Brasilianer haben Spaß an der Freud.

Andererseits geben Statistiken aus den Kliniken zu denken: Die Anzahl der orgasmus-unfähigen Männer und Frauen ist prozentual nicht niedriger als sonstwo auf der Welt. Darüber schweigt des „Sängers Höflichkeit". Über **„Niederlagen" im Bett** wird so wenig wie über solche auf dem grünen Rasen gesprochen. Bleibt also als Resumee – Sex hin oder her – festzuhalten, dass man sich in Brasilien auf Verdrängung versteht und sich gerne dem Klatsch hingibt. Was aber die Liebe betrifft, so lassen wir das Ganze doch besser im Dunkeln.

Die Zeiten, wo man(n) noch „Schnecken angraben" durfte und von „steilen Zähnen" schwärmte, sind in Europa out und passé. Wer sich bei einer plumpen **Anmache** gegenüber dem anderen Geschlecht erwischen lässt, der riskiert es, wegen „sexueller Aggression" vor den Kadi zu kommen. Nicht so in Brasilien. Dort blüht der Flirt unter freiem Himmel wie eh und je, und die verbalen Tricks der Kontaktaufnahme haben nicht die *machos* für sich allein gepachtet.

Zu solchen Ergebnissen kommt jedenfalls ein Meinungsforschungsinstitut, das 700 Personen aller Altersstufen in und um Rio interviewt hat. Die wichtigste Erkenntnis daraus vorweg: Rund die Hälfte aller „Opfer" von mehr oder weniger verblümten und **spontanen Komplimenten** fühlen sich geschmeichelt, geehrt und beachtet, ganz gleich ob sie Röcke oder Hosen tragen. Allerdings kommt es auf das Niveau der Anhimmelei, die Situation und die Umgebung entscheidend an.

Mit *„Oi gatinha!"* oder *„Que gatão!"* – „Hallo Kätzchen!" oder „Superkater!" – kommt man kaum weiter, und Zischen, Pfeifen oder Schmatzen von der Baustelle herunter in Richtung der Passanten gelten auch in Rio als ordinär. Nein, die *cantadas* (wörtlich: „gesungene Stanzen") müssen schon wenigstens witzig, romantisch, intelligent oder respektvoll kodifiziert und vorgetragen werden. Nur dann besteht die Chance, dass man bis zum rituellen Austausch der Telefonnummern vordringt.

Immerhin haben schon 76 Prozent der Herren und 84 Prozent der Damen laut Umfrage spontane Komplimente auf der Straße, am Strand und auf der Arbeitsstelle in Empfang genommen – und bei 67 Prozent der Herren und 43 Prozent der Damen ist es dabei nicht geblieben: Man fand sich sympathisch und ging miteinander aus. Wie hoch die „Trefferquote" ist, konnte aber nicht genau ermittelt werden. Immerhin scheint das schöne Geschlecht erfolgreicher zu sein – die Machos fühlen sich halt verpflichtet, auf jeden Flirt einzugehen.

Der brasilianische **Volkssport des Süßholzraspelns** ist nicht allein auf das Feld der Erotik beschränkt. „Seid nett miteinander" – diese Philosophie erleichtert das harte Leben. Man muß es ja nicht so weit treiben wie die hübsche Hausangestellte *Sebastiana Guimaraes,* die sich für den Einkauf besonders herausputzt. Wenn *Sebastiana* auftritt, dann regnet es Komplimente und Küsschen – aber auch hin und wieder ein Körbchen Erdbeeren, ein paar goldbackige Äpfel oder frische Knoblauchzehen.

Wie man in den Wald hineinruft, so schallt es heraus. Die Börsenkurse mögen rauf und runter gehen, die Liebe hat immer Konjunktur? Leider nein, klagen die Betreiber der 170 Motels von Rio de Janeiro. Auch die Liebe leide an der Krise. Jedenfalls kämpft die **Absteige-Branche** mit dem Mut der Verzweiflung gegen die Flaute und um paarungswillige Paare. Die Hotels der „hohen Rotation", die ihre Betten stundenweise vermieten, locken mit Schnäppchen-Preisen. Statt 40 Dollar nur noch 20 für ein „heißes" Liebesnest mit privatem Pool, Rundverspiegelung und Porno-TV: und das für acht sturmreife Stunden!, lockt das „Blue Star Rio Motel" beispielsweise.

Trotzdem kommen sie nicht, die liebeshungrigen Paare. Sie bleiben lieber **im Auto** und suchen sich jene stillen Stellen aus, die wie Wassertränken in der Sahara den Durstigen und Bedürftigen bekannt sind: Hübsche Parkplätze mit Blick aufs Meer, diskreten Pop-Corn-Verkäufern inklusive.

023kb Foto: me

Doch wie in der freien Wildbahn, so auch im Asphaltdschungel: Die Wassertränken ziehen nicht nur Liebeshungrige, sondern auch Räuber an. Ein Flirt hinter der Windschutzscheibe hat schon manches Opfer nicht nur das Herz, sondern auch die Geldbörse gekostet.

Liebe macht bekanntlich blind, und daher stürzen sich Diebe und **Räuber** auf die leichte Beute. Was soll die Polizei nur machen? Soll sie die Gangster verfolgen oder die Paare, die eindeutig gegen Paragraf 233 des Strafgesetzes verstoßen, indem sie „obszöne Akte auf öffentlichen Plätzen" vollführen und das Auto im Stillstand zum Schaukeln bringen?

Die Polizei in Rio de Janeiro hat noch nie einen Voyeur oder Beischlafdieb hinter Gitter gebracht und auch noch nie ein liebestolles Paar aus dem Auto verhaftet. Trotzdem bewegt namentlich die Jugend die Frage: **Wo kann man denn am ungestörtesten im Auto flirten?** Dieser Frage hat sich die angesehene Tageszeitung *Jornal do Brasil* angenommen. Die Reporter der Zeitung fanden heraus, dass heutzutage weniger das romantische Ambiente, der Blick aufs Meer oder die glitzernde Stadt die Wahl um den Ort der „Begegnung" entscheiden, sondern die Sicherheitslage. Und siehe da: wo liebt man sich heute hinter den Windschutzscheiben? Auf dem Parkplatz vor dem Supermarkt, schön bewacht und unbehelligt: Liebe bis zum Ladenschluss.

Ehe

Natürlich verlangen es der Anstand und die Moral auch heute noch, dass feste Liebesverhältnisse irgendwann in den Hafen der Ehe münden. Die bürgerliche Ehe gilt in allen Schichten als Ideal. Der **Ehe-Alltag** ist es nicht unbedingt. Rund ein Drittel aller Ehen werden **geschieden** – in den Favelas werden sie in der Regel erst gar nicht geschlossen, aus Mangel an Geld für die Gebühren, aus Unkenntnis über das standesamtliche Verfahren oder auch aus freien Stücken.

Kein Hotel und kein Arbeitgeber fragt nach dem Trauschein. Allerdings gehört es in den gehobenen Kreisen zum Stil, die **Hochzeit** im pompösen Rahmen zu begehen. Da ist nichts zu teuer, selbst wenn auf diesen Festen schon die galanten Haie schwimmen, die der nächste Scheidungsgrund sind. Selbstverständlich besteht die feine Gesellschaft auch auf den **Segen der Kirche,** er ist wie der Zuckerguss auf der meterhohen Torte unabdinglich, selbst wenn weder das Brautpaar noch die lieben Gäste nach ihrer Taufe je das Innere einer Kirche betreten haben. Da die arme Kirche mit solchen pompösen Hochzeiten auch einen Obulus abbekommt, lässt sie sich darauf ein. Vielleicht findet der liebe Gott in dieser Ehe ja doch noch einen Einstieg.

Prostitution und Sextourismus

Wer die Ehe in den Himmel hebt, der darf über die Prostitution nicht schweigen. In Brasilien hat **jede Stadt ihren Rotlichtdistrikt** (*zona* genannt) mit den Hurenhäusern und Nachtlokalen. Kein Mensch käme in Brasilien auf die Idee, die Prostitution zu kriminalisieren und gar, wie in Schweden, Freier strafrechtlich zu verfolgen.

Ein trübes Kapitel muss aber doch erwähnt werden: der **Sextourismus.** Die nach Brasilien einreisenden Touristen erhalten bei der Passkontrolle einen entsprechenden Handzettel und Plakate warnen: „Sextourist: Achtung, Sie werden beobachtet!" Unter der Telefonnummer 0800 990500 nimmt die **Polizei** sachdienliche Hinweise entgegen. Der Chef der Tourismusbehörde mahnt: „Wer Sexualverbrechen begeht, wird verhaftet, und die Hotels, die das zulassen, werden geschlossen!"

Die Warnung ist berechtigt: Brasilien gehört neben Kuba zu den bevorzugten Zielen der Sextouristen in Lateinamerika. Warum ist das so? Sind Ausländer besonders üble Unholde? Die brasilianische Ausgabe der Frauenzeitschrift *Marie Claire* brachte 1996 eine mehrseitige Reportage über den – vor allem deutschen – Sex-Tourismus in Recife. Das Fazit dieser Geschichte wie zahlreicher anderer Reportagen in den Medien: Verführer und Täter sind **ausländische Männer,** brasilianische Kinder, Mädchen und Frauen die unschuldigen und bedauernswerten Opfer.

Diese Interpretation gleicht der bekannten Taktik von Rinderfarmern, eine kranke Kuh zu opfern, damit die Herde ungeschoren davonkommt. Und die Herde, das sind Millionen **brasilianischer Männer,** die sich regelmäßig oder ab und zu in den Rotlichtdistrikten herumtreiben; jede brasilianische Kleinstadt verfügt über mehr *cabares* und *boates* (Nachtbars mit Bordellbetrieb) als über Polizeireviere und Schulen. Die **„Sinnlichkeit der brasilianischen Frau",** vorzugsweise der braunhäutigen *mulata,* ist kein Stereotyp, der für Ausländer entwickelt wurde, sondern eine Requisite der brasilianischen Gesellschaft, die sie ununterbrochen durch Schönheitswettbewerbe, Misswahlen („Miss Badewanne, Miss Strand, Miss Kaffee, Miss Fleischklops" – so einige begehrte Titel), Debütantinnenbälle und Fototermine pflegt.

Die **Übergänge zwischen freiem und professionellem Liebesdienst** sind in Brasilien fließend. Viele tausend Friseusen, Verkäuferinnen oder Tippsen gehen nach Büroschluss einem horizontalen Gewerbe nach – teils aus materieller Notwendigkeit teils aus Abenteuerlust. Doch selbst die älteste Hure setzt ihren Ehrgeiz darein, die Kunden gut zu bedienen. Die leichten Mädchen seien mit dem Herzen dabei, schwören blasshäutige Bumstouristen aus Europa.

Homosexualität

Im **Karneval** von Rio de Janeiro ist bekanntlich alles erlaubt, selbst das Geschlecht zu wechseln. Auf den Tuntenbällen, den Transvestitenshows und den Lesbenfeten fallen die Tabus. Im **Alltag** ist das anders, Homosexuelle leiden auch im libertinen Brasilien unter manchem Vorurteil.

So fühlen sich die Schwulen benachteiligt, weil ihre festen Partnerschaften **nicht wie bürgerliche Ehen** anerkannt werden. Das ist jedoch bislang noch in keinem Land der Erde der Fall, auch nicht in Holland, England, Frankreich oder Deutschland, wo die Diskussion über Gleichbehandlung weiter ist als in Brasilien.

Eine volle Gleichberechtigung gleichgeschlechtlicher Paare mit der bürgerlichen Ehe und der zivilen Trauung wird im Parlament wohl keine Mehrheit finden. Immerhin haben die Volksvertreter aber gegen den Willen des Klerus ein Gesetz über das „Konkubinat" verabschiedet, das den Partnern „wilder Ehen" **im Falle einer Trennung** ähnliche Rechte einräumt wie bei einer konventionellen Scheidung.

Homosexuelle „Witwen" und „Witwer" haben in Brasilien neuerdings auch Anrecht auf eine **Hinterbliebenenrente,** wenn sie nachweisen können, dass sie mit der/dem Verstorbenen eine eheähnliche Beziehung eingegangen waren. Dies legt eine Anweisung an die öffentliche Rentenversicherung INSS fest. Brasilien dürfte damit das erste und einzige Land in Lateinamerika sein, das homosexuellen (also auch lesbischen) Paaren eine faktische Gleichstellung bei der Hinterbliebenenrente gewährt.

AIDS

Vor 20 Jahren fürchteten die meisten **Experten,** das größte lateinamerikanische Land, in dem damals nach den USA und Frankreich die meisten AIDS-Kranken registriert wurden, werde die Epidemie mit Millionen Toten zu büßen haben, es würde sich dort ein ähnliches Szenario wie in Südafrika abzeichnen, wo heute jeder dritte Erwachsene HIV-positiv ist.

Zum Glück ist dieses Horrorszenario nicht eingetreten – und zwar deshalb nicht, weil in Brasilien seit vielen Jahren eine **staatliche Aufklärungskampagne** läuft, die sich nicht scheut, die Dinge beim Namen zu nennen und z.B. im Karneval Millionen Präservative kostenlos verteilt. Diese Kampagne fand und findet nicht die Zustimmung der katholischen Bischöfe, ist aber so wirksam, dass schon Schulkinder wissen, wie man sich vor AIDS schützen kann. „Nur" 0,57 Prozent der erwachsenen Bevölkerung, also rund 540.000 Personen, sind in Brasilien AIDS-infiziert, und nicht 1,2 Millionen, wie die Weltbank noch 1994 vorausgesagt hatte.

Die soziale Pyramide

Arm und Reich

Brasilien ist ein reiches Land – bloß ist der Reichtum des Landes so ungleich verteilt wie sonst kaum auf der Welt. Die **Reichen** im Lande stecken, jeder für sich, rund 28-mal mehr in die Tasche als die Brasilianer, die zu den Armen zählen. In den europäischen Ländern, in Japan und selbst den USA sind die Reichen vergleichsweise arm – sie kommen nur auf durchschnittlich fünf- oder sechsmal mehr Einkommen als ihre weniger betuchten Mitbürger.

Eine so **ungleiche Verteilung von Geld und Besitz** wie in Brasilien findet sich weder in reichen Industrienationen noch in den ärmsten Ländern Afrikas: 10 Prozent der Wohlhabenden Brasiliens verfügen über mehr Besitz und Einkommen als die arme Hälfte der brasilianischen Haushalte. Oder anders ausgedrückt: Rund 50 Prozent der Bevölkerung müssen sich mit 10 Prozent des Volksvermögens zufrieden geben.

Und das nicht erst seit gestern. Die soziale Ungleichheit hat sich seit der Sklavenzeit nicht wesentlich verändert – zwar ist Brasilien in der Zwischenzeit zur acht- oder neuntgrößten Industrienation herangewachsen, doch rund die Hälfte seiner Bevölkerung hat davon wenig abbekommen. Nicht nur was Einkommen und Besitz betrifft, sind die **Chancen ungleich verteilt.** Das gilt auch für Schule und Ausbildung, Wohnen, Arbeiten und die Chancen, schwere Krankheiten zu überleben. Obgleich die armen Brasilianer in einem reichen Lande leben, bekommen sie davon nicht viel ab. Der durchschnittliche Bauarbeiter hat einen Bildungsstand, der dem eines 11-jährigen Kindes entspricht, behauptet das Forschungsinstitut *Ipea*.

Die 1994 eingeleitete Stabilisierungspolitik hat die **Lebensbedingungen in Brasilien leicht verbessert.** Das geht aus dem UN-Bericht über den *Human Development Index* hervor, der im September 2005 veröffentlicht wurde. Brasilien liegt demnach etwa gleichauf mit Russland, aber weit vor China und Indien. Die wichtigsten Parameter des Landes auf der Basis der Statistik von 2004 sind folgende: durchschnittliche Lebenserwartung 70,5 Jahre; jährliches Pro-Kopf-Einkommen 7.790 US-Dollar; Alphabetisierungsrate 88,4 Prozent; Haushalte ohne Wasseranschluss 11 Prozent; Kleinkinder mit Untergewicht sechs Prozent.

In einer umfangreichen Analyse im Vergleich der Jahre 1973 zu 1996 kommt das IBGE zu überraschenden Aussagen – etwa der, dass die Hälfte der befragten Brasilianer im Zeitraum zweier Dekaden und im Vergleich zu ihren Eltern sozial auf-, aber nur 13,6 Prozent abgestiegen sei.

024kb Foto: cg

Und dass rund jeder dritte Brasilianer binnen dieser zwei Dekaden seinen Wohnort gewechselt habe.

Die steile soziale Pyramide Brasiliens setzte sich 1996 laut IBGE folgendermaßen zusammen:

4,9 Prozent **Elite:** Unternehmer, leitende Angestellte, freie Berufe, Personen mit einem Universitäts-Diplom.

17 Prozent **obere Mittelklasse:** leitendende Angestellte, Personen mit qualifiziertem Beruf.

28 Prozent die **untere Mittelklasse:** Bürokräfte, kleine Farmer, Ladeninhaber.

26,9 Prozent das **Proletariat:** Handwerker, Fahrer, Schaffner, Bauarbeiter usw. – die breite Basis der sozialen Pyramide.

24 Prozent **Sub-Proletariat:** Hilfsarbeiter, Gelegenheitsarbeiter, Handlanger, ambulante Händler, Bettler – die „Marginalisierten" des Landes. Deren Anteil sei aber binnen zweier Dekaden um fast 10 Prozent geschrumpft, behauptet das IBGE.

Auf vier Brasilianer, die den **Aufstieg in die nächsthöhere soziale „Etage"** schaffen, entfällt einer, der abgestiegen ist. Brasilien ist damit neben den USA und Neuseeland eines der mobilsten Länder, mehr noch als die USA und viel mobiler noch als Europa – wo hingegen in allen genannten Ländern die Abstände zwischen den sozialen Etagen wesentlich geringer sind. Oder anders ausgedrückt, die soziale Gerechtigkeit steht dort höher im Kurs. Und die deprimierende Nachricht über Brasilien bleibt, dass sieben von zehn Brasilianern aus den untersten drei sozialen Stufen der Pyramide so gut wie keine Chance auf Aufstieg haben. „Wir sind ein Land, wo viele wenig aufsteigen und wenige viele Stufen überspringen", bringt es Professor *Jose Pastore* von der Universität São Paulo (USP) auf den Punkt.

Geringes Einkommen, mangelnde Bildung und allgemeine **„Marginalisierung" von fast der Hälfte der Bevölkerung** sind schwere Bürden für die Weiterentwicklung des Landes. Schwedens Volvo-Chef, zu Besuch in Brasília, nannte das als die Gründe für zurückhaltendes Engagement seiner Firma in Brasilien. Multinationale Unternehmen setzen sich für mehr Bildung und bessere Berufschancen ein, weil ohne einen Mindestgrad an sozialer Gleichheit selbst der Kapitalismus nicht funktioniert. Doch das **Bewusstsein der gesellschaftlichen Eliten,** der Führungskräfte der Nation ist, wenn es um soziale Gerechtigkeit geht, merkwürdig ambivalent. Einerseits beklagt man mit Krokodilstränen die Misere im Lande, andererseits ist man nicht bereit, etwas aktiv dagegen zu unternehmen. „Reiche Unternehmer, verrostete Fabriken", lautet ein zutreffendes Schlagwort über die Mentalität brasilianischer Kapitalisten, die ihr Geld lieber zum Fenster hinauswerfen, als es in das Unternehmen (und die Qualifikation der Angestellten) zu stecken.

Armut und Elend werden von den Reichen im Lande erst dann wahrgenommen, wenn von ihnen eine unmittelbare Bedrohung ausgeht. Aber auch dann erschallt vorzugsweise nur der Ruf nach der Polizei. Die Armut wird durch getönte Scheiben im Auto, hohe Mauern und Schnellstraßen über die Dächer der Favelas zum Flughafen ausgeblendet. Bloß die Politiker müssen sich um das „Stimmvieh" kümmern – mit populistischen Parolen, die nach der Wahl schnellstens vergessen werden.

„Die wahre Ursache der brasilianischen Rückständigkeit", so findet der Anthropologe *Darcy Ribeiro,* seien „die für unsere Unterentwicklung Verantwortlichen, wir selbst sind es, oder, besser gesagt, unsere Elite, nämlich unsere herrschende Klasse und ihre Handlanger." Es gäbe keine Gesellschaft, die so exakt den **Interessen der herrschenden Klasse** entspräche wie die in Brasilien: „Die Wahrheit ist also mit anderen Worten, dass wir Brasilianer ein perfektes soziales System für diejenigen erfunden und aufgebaut haben, die auf der Sonnenseite des Lebens stehen."

Auf der untersten Stufe der sozialen Leiter Brasiliens mögen **Landarbeiter und Tagelöhner** stehen, die in abgelegenen Gegenden des Hinterlandes teilweise noch wie Sklaven gehalten werden. *Amnesty Interna-*

Armut in einer Favela

tional und andere Menschenrechtsorganisationen prangern immer wieder die fürchterlichen Zustände an, in denen Kinder wie Erwachsene in vollständiger Abhängigkeit schuften müssen.

In den 13 **besonders rückständigen ländlichen Gebieten** *(bolsões de miséria)* leben rund 26 Millionen Brasilianer. Dort sind die Lebensbedingungen nicht besser als in Uganda oder Sambia. Drei dieser Gebiete finden sich in Amazonien, drei im Süden des Landes, weitab von den großen Städten, die Mehrzahl aber befindet sich im Hinterland des Nordostens oder im Gebiet der Zuckerplantagen in Küstennähe.

Die Hungerleider auf dem Lande schlagen sich durch ein Leben, das nicht so viel weniger Chancen bietet als das der Krauter und *caboclos* (ungebildete, arme Landbewohner), die ein Stück Land ihr eigen nennen können. Auch sie leben nur von der Hand in den Mund. Gleichwohl – Hungersnot wie in Indien oder Bangladesh hat es in Brasilien schon lange nicht mehr gegeben. Leben auf Sparflamme – das ja. Die meisten Landbewohner, wenn sie nicht zu den wenigen wohlhabenden Großgrundbesitzern gehören, haben ihr Lebtag nur Reis und Bohnen im Blechnapf gesehen und ab und an mal ein Stück zähes Fleisch.

Die **elenden Proletarier in den Vorstädten** aber hausen sozusagen auf der anderen Straßenseite vom Reichtum. Und sie hausen in Massen, in einem Meer von Bretterbuden und einem steinernen Labyrinth. Wer in einer Favela auf die Welt kommt, der wird in ihr auch sterben. Nur wenige Menschen schaffen es, sich aus dem Sumpf der Armut herauszustrampeln.

Dienstmädchen

Für mittelständische Familien gilt es als selbstverständlich, einen dienstbaren Geist im Haus zu haben, der putzt und wäscht. Und dieser Geist ist schwarz, so wie **Marlene,** die so gerne die Kindersendung mit der superblonden Fernsehfee *Xuxa* sieht, während sie die Wohnung aufräumt, das Geschirr spült und das Mittagessen kocht. Gegen ein Uhr kommen *Mário* (8 J.) und *Marcello* (11 J.) heim von der Schule und die Herrschaften auch: der Patron von der Anwaltskanzlei und sie aus ihrer Arzt-Praxis. Während die Familie Siesta hält, macht sich *Marlene* wieder in der Küche zu schaffen, bügelt die Wäsche von gestern und putzt die Fenster zur Straße. Um drei muss der Kaffee aufgebrüht werden und dann folgen die Einkäufe für den nächsten Tag. Abendessen ist um acht; sie muss sich beeilen, um den Bus nach Botafogo zu bekommen. Im *Colégio Guanabara* büffelt sie Rechtschreiben und Rechnen. Gegen elf Uhr kommt sie nach Hause, wirft sich auf das Bett in ihrer Kammer und schläft todmüde ein.

Um sechs muss sie als Erste aus den Federn, Brötchen holen und Milch kaufen, um den Morgenkaffee für die Familie zu machen.

Marlene kam mit 17 nach Rio de Janeiro; ein Onkel hatte sie mitgenommen; es gab ja nichts zu tun in Jequie, ihre Mutter konnte sie nicht ewig durchfüttern. „Geh nach Rio, da findest Du bestimmt einen reichen Mann!", hatte sie gesagt. Aber erst einmal wohnte sie da draußen bei der Tante, in einem Verschlag neben den Hühnern, am Abwasserkanal. Es stank erbärmlich und bei jedem Regen stand die Hütte unter Wasser. Aber das Schlimmste waren die dauernden Überfälle, die betrunkenen Männer, die bewaffneten Banden.

Marlene und ihre Tante schlossen sich abends ein und ließen den Fernseher laut laufen, um nichts von draußen zu hören. Am Sonntag gingen sie in die Kirche – in die Kirche vom Prediger, nicht in die Kirche vom Padre wie daheim in Jequie. In der Assembléia de Deus wurde viel gesungen und geweint und der Prediger konnte stundenlang reden, auch mit fremden Zungen, wie die Leute sagten. Eines Tages kam er in die Hütte und fragte, ob sie nicht arbeiten wolle? Er gab ihr eine Adresse in Nilópolis, eine Wäscherei war das. Es war nur aushilfsweise, aber ihr erstes Geld. *Marlene* lernte eine Menge neuer Leute kennen und bekam sogar eine richtige Anstellung als Putzfrau und später als Dienstmädchen. Sie hat Glück gehabt in ihrem Leben.

Marlene ist jetzt 24 Jahre alt. „Wann heiratest Du endlich?", frozzeln schon die Geschwister. Doch bis jetzt hat sie noch keinen Richtigen gefunden. Bloß kein Kind kriegen! – dann ist sie den Job los. *Marlenes* Mann soll einfach und ehrlich sein, einer der zu ihr passt. Sauber soll er sein, kein Dreckfink und Trinker. Sie würde schon für ihn sorgen und kochen. Aber wo soll sie ihn finden? Sie ist ja immer nur im Haus, von morgens bis abends. Einmal hat sie im Radio angerufen und sich vorgestellt: *Marlene,* 24 Jahre, *morena clara* („helle Dunkelhäutige"), fleißig und sparsam, sucht treuen und ehrlichen Mann. Aber es kamen nur schmutzige Anrufe und die Patronin hat sie als Hure beschimpft. Eigentlich will sie ja schon lange weg aus dem Haus, selbstständig sein, im Büro arbeiten oder vielleicht im Friseursalon: Darauf versteht sie sich. Ihre Freundinnen kommen alle zu ihr und dann macht sie ihnen das Kraushaar schön glatt, so wie es *Donna Summer,* die amerikanische Sängerin, trägt, nur nicht so blond. Aber ohne Schulabschluss ist da gar nichts zu machen. Sie bekommt nur einen *mínimo* (*salário mínimo* – „Mindestlohn", rd. 75 Euro pro Monat), von dem bisschen gibt sie die Hälfte schon allein für die Abendschule aus.

Der Zuschnitt brasilianischer Wohnungen und Häuser verrät, wo sich der **Platz des braunen oder schwarzen Dienstmädchens** *(empregada)* befindet: im Verschlag neben der Küche. Ihre Kammer reicht gerade für eine Matratze und einen Stuhl. Aber was würden die Brasilianer ohne *empregada* machen?

Glück fragt nicht nach Recht; und Glück bringt Neider. Die alte Volksweisheit durfte die **Hausangestellte Rogenas da Silva** aus Rio de Janeiro am eigenen Leibe erfahren. Sie hatte – welch ein Glück! – bei der Lotterie der Supermarktkette *Bom Marché* einen nagelneuen Mercedes-Benz A160 gewonnen und gedachte den Hauptgewinn zu veräußern, um sich ein eigenes Häuschen daheim in Minas Gerais zu kaufen. Aber da hatte sie nicht mit dem Neid ihrer Patronin, der Geschäftsfrau *Sandra Conrado Nobre Bulhosa* gerechnet, bei der die dunkelhäutige Perle seit fünf Jahren Hausangestellte war.

Dona Sandra, die vier eigene Schlitten in ihrer Garage stehen hat, ließ die Auslieferung des Mercedes an ihre *empregada* untersagen; denn der Lotterietreffer gebühre ihr selber. Die Hausangestellte habe schließlich auftragsgemäß im Supermarkt für 890,97 Real auf Kosten ihrer Dienstherrin eingekauft. Der aus dem Einkauf berechtigte Bezug von 22 Losen aus der Tombola von *Bom Marché* falle also ihr, der Herrin, zu, und mithin selbstverständlich auch der Hauptgewinn. Tatsächlich hatte *Rogenas da Silva* die Lebensmitteleinkäufe wie gewohnt mit einer Zweit-Kreditkarte ihrer Chefin bezahlt, die aber auf den Namen der Hausangestellten ausgestellt war. Und außerdem hatte die Patronin nichts über die Tombola gewusst – also auch nicht den Auftrag erteilen können, etwa Lose zu ziehen.

Eine schwierige Rechtsmaterie: Einerseits waren ohne Zweifel die Konsumausgaben der Chefin die Grundlage für den Bezug der Lose; andererseits jedoch war es eine Eigeninitiative der Hausangestellten, die Lose zu ziehen.

Im Streit über den Tombola-Gewinn setzte *Dona Sandra* ihre *Rogenas da Silva* vor die Tür und rief die Polizei. Doch so leicht wollte die Hausangestellte auf ihr Glück nicht verzichten; sie nahm sich einen Rechtsanwalt und ging vor Gericht. Die Amtsrichterin *Maria Leonor* sprach den Tombolagewinn eindeutig der Hausangestellten zu, zumal diese sogar 26 Lose, also mehr als die Konsumausgaben hergaben, eingelöst hatte.

Außerdem wurde *Rogenas da Silva* eine Entschädigung für die Unbill zugesprochen, die sie wegen der Kündigung durch die Chefin und deren verleumderische Behauptung, sie sei eine Lügnerin, erlitten hatte.

025kb Foto: cg

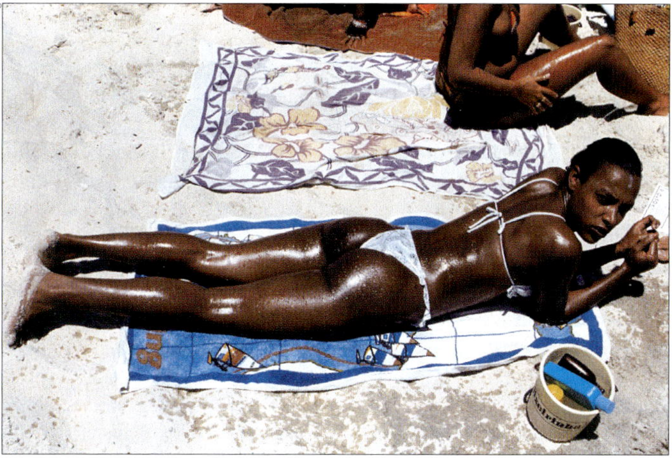

Ob aber die Hausangestellte nun endlich an ihren Mercedes und ihr künftiges Häuschen kommt, steht dahin. Ihre Ex-Chefin hat natürlich Revision eingelegt. Wo kommen wir denn hin, wenn sich so ein ungebildetes und noch dazu dunkelhäutiges Mädchen solche Rechte herausnimmt? Eine Frechheit ist das.

Schattenwirtschaft

Brasiliens Reichtum wird nicht selten an der Statistik vorbei erwirtschaftet. Im Reich der „Schattenwirtschaft" wird man auch *Antônio* suchen müssen.

Antônio Moura Maciel wohnt zusammen mit seiner Frau und den beiden Kindern in einer Hütte draußen in der Vorstadt Nova Iguaçú von Rio de Janeiro. Sein Leben lang hat *Toni,* wie er im Viertel heißt, auf dem Bau geschuftet, bis es keine Arbeit mehr gab. Nun ist er selber Bauunternehmer. Wo ein Dach gedeckt, ein Becken gesetzt, eine Mauer hochgezogen werden soll, ist *Toni* zur Stelle. Und wenn die Aufträge mehr als zwei Arme erfordern, trommelt er seine Kumpels aus der Favela zusammen; die packen gegen ein Handgeld mit an. *Toni* führt kein Bankkonto, aber eine Visitenkarte hat er sich drucken lassen: „Bauarbeiten und Ausbesserungen – Der Herr ist mein Hirte, und nichts wird mir fehlen; Salomon 23.1". *Toni* arbeitet wie ein Pferd, seiner Pfingstgemeinde zahlt er den Zehnten, dem Finanzamt natürlich nichts.

Warum sollte *Toni* auch nur einen Centavo dem Staat schenken, wenn der es nicht schafft, die Straße vor seinem Haus zu asphaltieren? Ähnlich wie *Toni* denken die meisten Brasilianer, und mehr als die Hälfte handelt auch so. Ärzte, Anwälte und Architekten lassen sich bei Barzahlung ohne Rechnung auf kräftige Rabatte ein. Sechs von zehn arbeitsfähigen Personen **zahlen keine Steuern, Sozialabgaben und Versicherungsbeiträge,** sie arbeiten auf eigene Rechnung und eigenes Risiko. Diese 37 Millionen Menschen erwirtschaften nach groben Schätzungen 250 Milliarden Dollar pro Jahr, also mehr als ein Drittel zum offiziellen Volkseinkommen Brasiliens hinzu.

Die Schattenwirtschaft, oder vornehmer ausgedrückt, der „informelle Sektor", wiegt in vielen Volkswirtschaften, ganz besonders in armen Ländern, schwerer als die statistisch und steuerlich erfasste Ökonomie. Fehlende staatliche Institutionen und Instrumentarien mögen die **Ursache** dafür sein – aber auch das Gegenteil: Bürokratie, obrigkeitsstaatliche Gängelei und eine Abgabenlast, die den „homo economicus" geradezu zwingen, in die Schattenwirtschaft abzutauchen. Das geschah in der kommunistischen Planwirtschaft wie auch im kapitalistischen Italien beispielsweise. In der Bundesrepublik nahm die Schwarzarbeit parallel mit der Steuerlast zu.

Einer der schwerwiegensten Mängel im sozialen und wirtschaftlichen Leben ist die **Bürokratie,** die als „Custo Brasil", also als zusätzlicher Kostenfaktor, überall zu Buche schlägt. Nach der internationalen Studie „Doing Business 2006" der International Finance Corporation (IFC) der Weltbank befindet sich Brasilien neben Indien oder dem Kongo auf den vordersten Plätzen, was die Bürokratie betrifft. Beispiele: Um ein Unternehmen zu gründen, braucht man in Brasilien 152 Tage Zeit und muss dabei 17 Anträge stellen – in Australien geht das binnen zweier Tage mit zwei Anträgen. Für eine Baugenehmigung braucht man in Brasilien 460 Tage und 19 Stempel, in Finnland 56 Tage und 17 Stempel.

Im Schwellenland Brasilien erklären nach Meinung von Experten zwei Gründe die blühende Schattenwirtschaft: mangelnde Kontrolle durch Vater Staat und **hohe Abgaben in der Industrie.** Die brasilianischen Finanzämter nehmen nur jeden zweiten Real ein, der ihnen eigentlich zusteht. Und: Die ökonomische Öffnung hat die Unternehmen dem rauen Wind des Wettbewerbs ausgesetzt, sie antworteten mit Massenentlassungen und Auslagerung der Produktion. Zigtausend Fabrikarbeiter wurden in die unfreiwillige „Selbstständigkeit" gezwungen. Wie in Europa jammern die Unternehmer über die hohen Lohnnebenkosten – 102 Prozent – und verweisen auf die „asiatischen Tiger", wo nur ein Bruchteil der Sozialabgaben anfalle und die Schattenwirtschaft ein Kümmerdasein führe.

„Kein Mensch zahlt gerne Steuern und Abgaben, noch viel weniger dort, wo öffentliche Gelder verschwendet werden. Bürgernähe des Staates, Transparenz und ein gerechter Ausgleich sozialer Lasten und Leistungen, der ‚common sense' in einer Gesellschaft, sind die Fundamente der freien Marktwirtschaft", so der Paulistaner Unternehmerverband FIESP. Würden diese Fundamente brüchig, breite sich die Schattenwirtschaft aus. Bloß, wie will man die messen?

Worüber die Statistiker grübeln, darüber stolpern die Passanten in jeder Metropole Brasiliens. Ein Heer von 250.000 **ambulanten Händlern** verwandelt die Straßen von São Paulo täglich in einen Bazar. Ob in Rio de Janeiro oder in Salvador, in Recife oder in Manaus – überall sind die Innenstädte verstopft durch die Marktschreier ohne Gewerbeschein, und die Polizei hat es längst aufgegeben, die Trödler vom Trottoir zu vertreiben. Ein wahrer Weltmarkt „liegt" da in der Gosse: schottischer Whiskey und Schweizer Messer neben Büstenhalter von „Triumph". Das größte Angebot aber besteht aus chinesischen Billigprodukten.

Fast der gesamte Plunder kommt auf verschlungenen Wegen ins Land. Die Straßenverkäufer bilden bloß die Speerspitze eines ganzen Heeres von **Schmugglern und Zwischenhändlern,** die alle keine Steuern und Sozialabgaben zahlen. Jedes Wochenende zieht ein Lindwurm von *sacoleiros* und *formigas* („Sackträgern" und „Ameisen") über die „Brücke der Freundschaft" nach Ciudad del Este, Paraguay, der Schmuggelmetropole Südamerikas. Das amerikanische Wirtschaftsblatt *Wall Street Journal* schätzt den Jahresumsatz von Ciudad del Este auf 13 Milliarden Dollar – lediglich Hongkong und Miami übertreffen dieses Volumen.

Politik und Cliquenwirtschaft

Die politische Klasse profitiert von der Schattenwirtschaft. **Parteien und politische Cliquen** funktionieren nicht nur in Brasilien wie Geldwäschereien. Wenn die Politiker laxe Steuermoral und Korruption beklagen, dann müssten sie sich zuerst einmal an die eigene Nase fassen.

Wie tief die Politiker im Allgemeinen in die Korruption verstrickt sind und wie morsch die demokratischen Institutionen sind, musste die gesamte Nation im Juni/Juli/August 2005 mitansehen. Ausgerechnet **Lula,** der charismatische Arbeiter-Präsident, der noch Ende 2002 Jubelstürme im gesamten Land ausgelöst und den Aufbruch in ein neues Zeitalter ohne Hunger und Elend versprochen hatte, drohte in einem **Schmiergeldskandal** unterzugehen.

„Ich habe ein reines Gewissen!", beteuerte *Lula;* aber das nahm ihm keiner so recht ab. Zumindest hätte der Präsident wissen müssen, was seine Mitarbeiter und Parteigenossen von der Arbeiterpartei PT für krumme Dinger drehen.

Der Megaskandal hatte am 14. Mai 2005 mit einem Video über die Annahme von Schmiergeld durch einen Abteilungsleiter der Post seinen Anfang genommen. Wenige Wochen später erreichte das Drama seinen Höhepunkt, als der Wahlkampfmanager von *Lulas* Arbeiterpartei PT bekannte, über schwarze Konten im Ausland (z.B. Konto „Düsseldorf" auf den Bahamas) Geld der PT kassiert zu haben.

Bleibt festzuhalten: Die Partei des Präsidenten, die PT, hatte schwarze Kassen geführt, Steuergelder veruntreut und die Legeslative geschmiert. Und dies in einem gigantischen Umfang, die Gesamtsumme betrug rund 30 Millionen Euro. Persönlich bereichert hatte sich *Lula* dabei nicht: Es ging ja alles nur um Politik, darum, die Mehrheit im Kongress zu sichern.

„So wurde es doch immer schon gemacht", gab *Lula* in einem Moment der Unaufmerksamkeit zu. Das stimmt leider: Regieren heißt in Brasilien schmieren; auch *Lulas* Vorgänger gingen in der Regel nach dieser Devise vor.

Es blieb ihnen allerdings beinahe nichts anderes übrig. Denn die Staatschefs in Brasilien werden direkt vom Volk gewählt, wohingegen der Kongresss (Abgeordentenkammer und Senat) ein politischer Basar ist, wo über den Preis so gut wie jeder Regierungsinitiative verhandelt wird. Jede Reform kostet ihren politischen Preis. Das Leben der Volksvertreter besteht darin, dem Präsidenten das Leben schwer zu machen – um Steuergelder in ihre Taschen oder in ihren Wahlbezirk abzuzweigen. Parlamentarier wechseln nicht selten ihre „Partei" so schnell wie ihr Hemd, wenn es ihnen opportun erscheint. Aber was sind das schon für Parteien? Sie sind nichts anderes als Seilschaften und Zweckbündnisse zum Abkassieren. Gegen diesen Zustand eine politische Reform durchzuführen ist ein Kampf gegen Windmühlenflügel – die Profiteure der politischen Korruption müssten ja ihre eigenen Pfründe abschaffen.

Für die große und arme Mehrheit der Brasilianer war eine Hoffnung zerstört worden. Der Präsident stand beinahe so da wie der Kaiser mit den neuen Kleidern aus dem Märchen. Über ein Dutzend hochrangiger Politiker musste gehen, und viele weitere hatten ihre Ämter niederzulegen. Dennoch wird dieser Megaskandal keine großen Folgen haben. *Lula* hat – wie noch jeder Präsident – die schärfste Verfolgung der politischen Korruption versprochen. Aber da darin Abgeordnete von beinahe allen Parteien verwickelt sind, kann man gestrost davon ausgehen, dass auch dieser Skandal als „Pizza" endet – und das bedeutet im brasilianischen Sprachgebrauch: im Sande oder auf dem Schrotthaufen der Geschichte.

Rassismus mit Herz

Im April 2001 startete *TV Globo* mit einer neuen *telenovela: Porto dos milagres,* die „Pforte der Wunder". Der Schauplatz der *telenovela* ist eine Kleinstadt im Hinterland von **Bahia.** In diesem Bundesstaat lebt der größte Anteil dunkelhäutiger Brasilianer, die Nachkommen der einstigen Sklaven - 10 Millionen Schwarze sind es, die Weißen werden in Bahia gerade mal auf drei Millionen geschätzt. Die 50 wichtigsten Darsteller der *telenovela* sind hingegen weißhäutig, nur sechs Schwarze und Mulatten tauchen in der Liste der Darsteller auf. „Leben die Dramaturgen von *TV Globo* auf dem Mond?", fragt das *Jornal do Brasil* konsterniert. Wolle der Fernsehsender den Zuschauern ein hellhäutiges Disney-Brasilien vorgaukeln?

Da ist sie wieder, die **Rassenfrage.** Es ist längst wissenschaftlich geklärt, dass es innerhalb einer Gruppe von Menschen gleicher Hautfarbe oft weit mehr genetische Unterschiede gibt als zwischen Menschen von unterschiedlichem Teint. Und es ist allen aufgeklärten Menschen geläufig, dass die Ausssage, dieser oder jener Mensch habe diese oder jene Hautfarbe, eine Information ist, deren Wert gegen Null tendiert (wie *Toni Morrison,* Nobelpreisträgerin für Literatur, 1993 bemerkt). Und obgleich also der Rassismus im Grunde eine Schimäre ist, so hat er nun doch die Menschheit immer wieder in die tiefste Barbarei getrieben.

„Brasilien ist ein Inferno für die Neger, ein Purgatorium für die Weißen und ein Paradies für die Mulatten", schrieb der Jesuit *Antonil* im 16. Jahrhundert - die Wortführer von heute wollen den Brasilianern wahrmachen, sie alle lebten in einer Rassendemokratie und einen Rassismus gäbe es nicht. Er ist ja nun auch wirklich per Gesetz und Verfassung mit schwersten Strafen bedroht.

Die Debatte darüber, ob Brasilien ein Schmelztiegel der Ethnien und der Kulturen ist, rührt an das tiefste Selbstverständnis der Brasilianer. Es ist ja nun ganz offenbar, dass die Brasilianer nicht alle die gleiche Hautfarbe haben. In diesem Land leben nach dem afrikanischen Staat Nigeria schließlich die meisten Schwarzen der Welt - alle sind sie Nachkommen von **Sklaven.** Die Sklaverei war (nach der fast vollständigen Ausrottung der Indo-Amerikaner) die zweite Ursünde der Weißen in Nord- und Südamerika gewesen.

Bis in die Mitte des 19. Jahrhunderts hinein haben europäische Kaufleute den transatlantischen Sklavenhandel betrieben. Der Hunger der Plantagenherren nach „schwarzem Gold" schien unersättlich. Im Süden Nordamerikas, in der Karibik und im tropischen Südamerika übertrafen zahlenmäßig die schwarzen Sklavenheere bald die weiße Aristokratie. Etwa ein Drittel aller verschleppten Afrikaner landeten nach entsetzlichen Qualen der Seereise auf den Sklavenmärkten Brasiliens, wo sich im 17. und 18. Jahrhundert holländische und portugiesische Kolonisten um diese Beute stritten.

„Das Herrenhaus, das der Siedler schon im 16. Jahrhundert inmitten der brasilianischen Zuckerplantagen errichtete", war, so der Essayist und Gelehrte *Gilberto Freyre,* mit „seinem ländlichen auf Sklaverei gegründeten Patriarchat" die Arche Noah der portugiesischen, tropischen Kolonialgesellschaft. „Die Sklaven wurden buchstäblich die Füße der Herren, sie wurden von diesen herumgejagt und trugen sie in den Hängematten und Sänften. Sie wurden auch die Hände ihrer Herren, zumindest ihre rechten Hände, denn sie zogen sie an, halfen ihnen in die Hosen, zogen ihnen die Schuhe an, badeten und bürsteten sie und suchten ihnen die Flöhe ab ..."

Drastisch schildert *Gilberto Freyre* in seinem Klassiker „Herrenhaus und Sklavenhütte" Zeugung und Geburt der brasilianischen Nation in der Hängematte des Herrenhauses. Brasilien sei ein Bastard, seine Kultur nicht belastet, sondern gehoben durch afrikanisches und indianisches Blut.

Der **Mythos vom „Schmelztiegel" der Nation** hatte sich bereits im 19. Jahrhundert in Nordamerika verbreitet und wurde zum Bestandteil des „American Dream". Doch nicht nur dort: In einem 1925 verfassten Buch mit dem Titel *„La raza cosmica"* („Die kosmische Rasse") lehrte der mexikanische Philosoph *José Vasconcelos,* die hohe Rassenmischung La-

026kb Foto: me

teinamerikas sei ein Vorgriff auf eine universelle, fünfte Rasse, die eine Synthese der schwarzen, roten, gelben und weißen Rasse darstelle.

Gilberto Freyre war es, der in Brasilien die **Idee der „neuen Rasse"** popularisierte und zu einem eigenen nationalen Mythos formte. Für *Freyre* ist Brasilien von vornherein das Land einer „ethnischen Demokratie". Hier habe ein Prozess der Vermischung von Europäern mit Schwarzen und Indios stattgefunden, der einen neuen, tropischen Menschentyp hervorgebracht habe, den Brasilianer. Dies war die zentrale These des 1933 eschienenen und erst 1964 ins Deutsche übersetzten Buches *Casa grande e senzala,* „Herrenhaus und Sklavenhütte", das *Freyre* weltbekannt machte.

Im Mittelpunkt der Untersuchungen von „Herrenhaus und Sklavenhütte" steht das Herrenhaus einer typischen Zuckerrohrplantage im Nordosten Brasiliens. Freyre will in dieser Studie beweisen, dass nicht kirchliche oder staatliche Planung die koloniale Entwicklung bestimmten, sondern die Familien. Die brasilianische Gesellschaft entstand danach aus der **Mischung dreier Rassen, die sich auf der Plantage begegneten:** dem portugiesischen Kolonisator, dem afrikanischen Negersklaven und dem Indio. Für *Freyre* ist jeder Brasilianer geprägt von indianischem oder afrikanischem Erbe: „Dieser Einfluss macht sich in unserer Zärtlichkeit, unserer übertriebenen Ausdrucksfähigkeit, unserem in Gefühlen schwelgenden Katholizismus, unserem Gang, unserer Musik und in allen unseren wesentlichen Lebensäußerungen bemerkbar. Es ist der Einfluss unserer schwarzen Kindermädchen oder Ammen, die uns in den Schlaf wiegten, die uns die Brust gaben, die uns mit dem eigenhändig bereiteten Brei fütterten. Es ist der Einfluss der alten Frau, die uns Kindern von Geistern und Tieren erzählte, des Mulattenmädchens, das uns von unserem ersten *bicho de pé* (eine Flohsorte) erlöste, das uns beim Knarren des Feldbetts die Liebe lehrte ... des Negerjungen, der unser erster Spielkamerad war."

Freyre behauptet, dass der zum Brasilianer gewordene Portugiese eine geschichtliche Mission habe. Die Rassenmischung betrachtete er anders als seine rassistischen Zeitgenossen nicht etwa als Verschlechterung, sondern ganz im Gegenteil gerade als **Steigerung des menschlichen Potentials.** Portugal habe, so glaubte *Freyre,* eine sozusagen sanfte Kolonisierung betrieben. Und dies wiederum habe seinen Grund in dem Nationalcharakter der Portugiesen, die von Haus aus, aufgrund ihrer Lage am Rande Europas beziehungsweise zwischen Europa und Nordafrika

Die Lieblingspuppe ist weiß und blond ...

bereits seit Jahrhunderten an den produktiven Umgang mit anderen Kulturen gewöhnt waren. Die Rassenmischung, die in Brasilien stattgefunden habe, führt laut *Freyre* nicht etwa zu einer Gesellschaft von Untermenschen, wie es in den damals gängigen Rassentheorien (das Buch erschien im Jahr der Machtergreifung *Hitlers)* gelehrt wurde, sondern zu einem, wie er schreibt, neuen, besseren Menschen.

Das Hohe Lied auf die Rassenmischung, das bis heute die Nationalhymmne Brasiliens geblieben ist, wollte die Elite Brasiliens damals allerdings nicht hören. Denn das zerstörte die langgehegte Illusion, Brasilien sei auf dem besten Wege, eine „weiße Nation" zu werden.

Die **Weißwaschung Brasiliens** durch den Import europäischer Hungerleider, die großzügige Förderung der Einwanderung und Ansiedlung, war offizielle Politik von der Sklavenbefreiung 1888 angefangen bis hinein in die 30er Jahre des 20. Jahrhunderts. Der Anthropologe *Roquete Pinto* weissagte auf dem 1. Brasilianischen Kongress für Eugenik 1929, dass im Jahre 2012 die Brasilianer zu 80 Prozent Weiße seien und zu 20 Prozent Mulatten; „Neger" seien bis dahin „ausgemendelt". Offensichtlich eine Fehlprognose.

Der **Drang zum vermeintlich besseren Weiß,** zum Lichte also, beherrscht wie eine Obsession den jungen Nationalstaat Brasilien. Schon die Kinder erfahren im „Märchen von der schwarzen Prinzessin" von der harten Strafe, die ein Königspaar trifft, das sich von der Fee sehnlichst ein Kind wünscht, egal welche Farbe! – und dann tatsächlich ein kohlrabenschwarzes bekommt. Die schwarze Prinzessin würde aber weiß werden, wenn man sie im Turme bis zur Hochzeit einschlösse, doch, oh hartes Schicksal, die Prinzessin verlässt den Turm, um ein Menschenleben zu retten – und bleibt nun immer hässlich – nämlich schwarz.

Und Brasilien wird nicht weiß, obgleich doch in der Werbung, auf den Titelseiten und selbst in der Puppenstube alle kleinen und großen Mädchen blonde Zöpfe tragen. Selbst über die dunklen Schamhaare schämt man sich. Da muss die Apotheke mit Wasserstoff-Peroxyd aushelfen. Vermutlich gibt es mehr *loiras de farmácia* („Apothekenblonde") in Brasilien als solche mit wirklich strohblonder Behaarung.

Was also ist zu halten von einem **Land, dass sich heller gibt, als es wirklich ist?** Ist das eine „Rassendemokratie"?

Die Ämter wagen es nicht mehr, nach der Hautfarbe, der Rasse, zu fragen. Doch früher war das anders. 1890, in einer der ersten Volkszählungen, gaben 44 Prozent der Brasilianer an, sie seien Weiße. Bei der **Volkszählung** von 1988 (der letzten mit der Rassenfrage), bezeichneten sich 55 Prozent als Weiße, 38,6 Prozent als Braune *(pardos),* 5,4 Prozent als Schwarze und 0,5 Prozent als Gelbe.

Alle diese Klassifizierungen beruhen auf Selbsteinschätzung, und solange wir keinen Chromografen haben, der den Teint objektiv misst, zerfließen diese Angaben wie ein nasses Aquarell ins Unbestimmte. Zumal es **keine objektiven Kategorien** gibt. Was ist schon Hautfarbe, und was ist Rasse – doch allein das, was in sie hineingedeutet wird. *„Preto rico no Brasil é branco, assim como branco pobre é preto"*, heißt es zutreffend: „Der reiche Schwarze in Brasilien ist weiß, und der arme Weiße ist schwarz".

Geld ist also das beste Bleichmittel, das man sich kaufen kann. Der Ausspruch deutet schon daraufhin, was den Rassismus in Brasilien prägt – die **soziale Stellung** nämlich. Im Unterschied zu den USA oder zu Südafrika sieht kein Weißer seine Welt in Gefahr, wenn in die heimatliche Villenstraße ein Schwarzer zieht, der es sich leisten kann. Der rassistische Darwinismus des 19. Jahrhunderts von der biologischen Überlegenheit der weißen Rasse hat in Brasilien kaum Fuß gefasst. Was die dunkle Hautfarbe stigmatisiert, ist nicht die „rassische", sondern die soziale Herkunft – aus der Sklaverei.

Die Brasilianer glauben felsenfest, sie hegten keine **rassistischen Vorurteile,** – sie nicht, aber die anderen! In so gut wie allen Umfragen behaupten satte 80 bis 90 Prozent aller Befragten, keine Rassenvorurteile zu haben, zugleich aber beteuern ebenso viele Personen, dass es solche Vorurteile bei den Landsleuten gäbe. Nur zehn Prozent der Brasilianer geben bei Nachfragen zu, sie hätten gewisse Vorurteile. Wenn aber die Fragen nicht direkt gestellt werden, sondern beispielsweise eine solche wie: „Was halten Sie davon, wenn ihre Tochter einen Schwarzen heiratet", dann hagelt es Antworten, die auf tiefsitzende Animositäten schließen lassen.

Eine der gängigsten Chiffren, mit denen Brasilien auf unzähligen Titelblättern, Postern und Websites identifiziert wird, ist die **„kaffeebraune" Mulattin.** Als Mischling zwischen weiß und schwarz repräsentiert sie tropische Schönheit und Sinnlichkeit, Lebensfreude und Optimismus. Zugleich ist die fröhliche Mulattin so etwas wie ein Unterpfand für eine in Brasilien populäre Ideologie. Als Kind zweier Rassen lebt sie in einer multikulturellen Welt, die einerseits technisch avanciert ist, andererseits aber auch bereichert ist von afrikanischen und indianischen Elementen. Diese Welt feiert und bestätigt sich im Karneval, einem Spektakel, das in einer modernen, westlich geprägten Metropole stattfindet, doch durchzogen ist von afrikanischen Mythen, tropischen Farben und südlicher Sinnlichkeit.

Das aber ist „Brasil for Export", und darauf fallen die Gringos gerne herein, die sich eine „rassige" *mulata* ins Hotelbett holen. Auf eine wichtige „gesellschaftliche" Veranstaltung würde das Paar aus Gringo und Mulattin nur einmal und nie wieder eingeladen werden. Ist der *racismo cordial,* der **„herzliche Rassismus"** , wie ihn eine Zeitung aus São Paulo nennt, wirklich so herzig?

Wer eine dunkle Haut trägt, der wird in den Apartmentburgen an Rios Barra oder in den vornehmeren Vierteln von São Paulo vom (dunkelhäutigen) Pförtner an den **„Dienstbotenaufzug"** *(elevador de serviço)* verwiesen, nur für die Herrschaften ist der *elevador social* gedacht. Auch wenn das offiziell nicht mehr gestattet ist. Dem Pförtner kommt aber erst gar nicht in den Sinn, die Herrschaften könnten wie er selber eine dunkle Haut tragen.

Wie **ungerecht die Chancen verteilt** sind in der Rassendemokratie Brasilien, zeigt sich besonders krass in der Schulbildung. Brasilianer mit dunkler Hautfarbe haben im Schnitt zwei Schuljahre weniger absolviert als die hellhäutigen Bürger. Das Wochenmagazin *Veja* verwendet den Ausdruck „Apartheid" in einer Analyse über die Bildungsmisere. In Südafrika hätten heutzutage junge Schwarze im Schnitt neun Jahre die Schulbank gedrückt – in Brasilien seien es nur 5,5. Und jeder vierte dunkle Brasilianer kann weder lesen noch schreiben. Nur vier Prozent der jungen Schwarzen schaffen es bis zur Universität.

Weniger Schule, schlechtere Berufschancen, geringeres Einkommen, kürzeres Leben – alle sozialen Parameter weisen eindeutig darauf hin, dass im wirklichen Leben die Chancen der hellen und der dunklen Brasilianer sehr unterschiedlich ausfallen.

Da mag es wenig trösten, dass die **Ur-Einwohner Brasiliens** weder Weiße noch Rote gewesen sind – sondern Schwarze. Nach den jüngsten paläontologischen Untersuchungen hat die Urmutter Afrika ihre Kinder vor allen anderen Menschen auch nach Brasilien geschickt, der Schädel von *Luzia* gilt dafür als Beweis. Er ist das älteste menschliche Fossil, das in Amerika gefunden wurde. Dann wären die Indianer also nicht die ersten Amerikaner gewesen ...

Solche Spekulationen nimmt keiner ernst in Brasilien. Rassismus hin oder her – im täglichen Zusammenleben herrscht dort zwischen den Hautfarben sicher mehr **Toleranz** als in irgendeinem anderen vergleichbaren Land. Brasilien ist eben „fast weiß und fast schwarz", wie *Caetano Veloso* (weiß) und *Gilberto Gil* (schwarz) singen.

Fußballgott Pelé ist einer der Schwarzen, die es nach oben geschafft haben

xxxkm Foto: mb

Kahlschlag und Müllberg

Raubbau an der Natur

Nach einer WWF-Untersuchung hat das Gebiet des heutigen Brasiliens seit der Entdeckung fast ein Drittel seiner **ursprünglichen Vegetation verloren,** der Küstenwald ist so gut wie gänzlich durch Zuckerrohr- und Kaffeekulturen beseitigt worden, der boreale Wald im Süden vernichtet, der Südrand des Amazonasgebietes durch Viehwirtschaft und Holz-Raubbau entwaldet.

Im Unterschied zu Europa, wo so gut wie keinerlei Ursprungsvegetation mehr geblieben ist, hat sich in Brasilien jedoch keineswegs überall eine neue Kulturlandschaft gebildet, sondern oft eine **Halbwüste.** Das liegt unter anderem an der Ausplünderung der Kolonie, den mageren Böden, der nicht angepassten Agrartechnik und der fehlenden bäuerlichen Tradition.

Nur wenige Tage, bevor der WWF sein Dossier an die Presse gab, hatte das brasilianische Umweltministerium eine Bilanz über die **Entwaldung des Amazonasgebietes** vorgelegt. Auch diese Bilanz gibt zu denken. Zwar sei die Zunahme der Brandrodung und der radikalen Exploration von Edelhölzern gestoppt worden – aber mit 16.926 Quadratkilometern Entlaubung jährlich gehe der Zerstörungsprozess unaufhörlich weiter. Der Regenwald in Amazonien sei bereits, trotz der Verschärfung der Umweltgesetze, um eine Fläche von der Größe Frankreichs vermindert worden.

Die Statistiken über die Waldzerstörung im Amazonasgebiet mögen unsicher sein und sehr verschieden ausfallen – aber alle deuten darauf hin, dass das Artensterben weitergeht und dass die biologische Schatztruhe der Regenwälder weiter geplündert wird – nicht zuletzt auch durch Millionen von Landlosen und Habenichtsen, die vom Raubbau an der Natur leben.

Trotzdem gibt es **Anlass zur Hoffnung.** Erstens weil inzwischen so mancher wegen hoher Strafen vor dem Einsatz von Motorsägen und Bulldozern zurückschreckt, zweitens weil sich die angepasste Technologie tropischer Landwirtschaft langsam verbreitet und drittens weil Unternehmer die Ökologie als Geschäft entdecken.

Ein solcher Unternehmer ist beispielsweise der Bankier *John Forgach* aus Curitiba, der das westfälische Holz- und Forstwirtschaftsunternehmen „Gethal" bei Manaus aufgekauft hat und nun, so wie nebenan die Schweizer mit *Mil Madeiras,* ein Unternehmen betreibt, das sein **Naturkapital pflegt,** anstatt es zu verschleudern. Und das heißt, dass für jeden Baum, der aus dem Dschungel geschlagen wird, ein anderer angepflanzt wird.

Das Naturkapital zu schützen ist auch das Ziel von *Luiz Rebelo Neto,* einem sehr erfolgreichen Transportunternehmer in der Amazonasprovinz Pará, der der Sohn von Kautschuksammlern ist. *Rebelo* hat mit mehreren Nichtregierungsorganisationen und der EU zusammen eine Art **„Baumversicherung"** gegründet. „Adoptiere einen Baum!", lautet die Devise. Interessierte Privatpersonen können so zum Preis von rund drei Dollar pro Urwaldriese ein Zertifikat erwerben, dass sie als Garanten für die Erhaltung der Natur ausweist.

Die vielfältigen Initiativen zum Schutz des Regenwaldes allein werden ihn allerdings nicht retten. Nur wenn sich die **Lebensbedingungen in den Städten** verbessern, wird auch der Druck auf viele Menschen weichen, das Glück im „Wilden Westen" Brasiliens zu suchen. Und wenn sich dann noch herumspricht, dass es einträglicher ist, mit der Natur als gegen sie zu wirtschaften, könnte der einmalige planetarische Biotop der tropischen Regenwälder doch noch gerettet werden.

Gerettet wird der Regenwald wohl weniger durch die internationalen hochbezahlten Technokraten und Spezialisten als durch die Leute, die in den gefährdeten Regionen leben. Sicher ist die **Geschichte von Vera Lúcia de Oliveira und den Faultieren** eine Ausnahme, aber eine, die vielleicht ganz illustrativ ist.

Seit sie ihr erstes Faultier bekam, hat sich *Veras* Leben geändert. Sie geht nicht mehr zur Schule, wo sie Biologie unterrichtet hatte, sie trinkt kein Bier mehr mit Freunden, und die Nachbarn in Itabuna halten *Vera Lúcia de Oliveira* sowieso für verrückt.

Vera verbringt ihre Zeit im Busch in der Reserva Zoobotanica, die bei Km 22 der Straße Itabuna – Ilheus auf dem Areal des brasilianischen Kakao-Forschungsinstituts CEPLAC in Süd-Bahia gelegen ist. Da sieht man sie im Morgentau durch den Urwald stapfen, auf dem Rücken trägt sie einen Plumpsack, der sich mit fingerlangen Klauen an sie klammert – ein Faultier, das aus seinem silbergrauen Balg mit Knopfaugen den Besucher mustert.

Man kann das borstenhaarige, seltsame Wesen streicheln, das nimmt es schweigend hin. „Sie sind so friedlich, so wehrlos", sagt *Vera,* und rückt ihr Bündel zurecht. Das kräht und zappelt nicht, sondern legt den rechten, langen Klauenarm ganz ruhig und behutsam um *Veras* Nacken. Ein Teddybär ist das plumpe Tier mit dem Mondgesicht nicht gerade, da stören schon die scharfen Krallen. Die aber hängt es nun wie einen Haken um einen Ast, ganz langsam und konzentriert, und sobald es sicheren Halt findet, löst sich der haarige Krake von seinem menschlichen

Wirt und zieht sich im Zeitlupenklimmzug hoch in den Baum. Nach einer Ewigkeit ist das Faultier im Blätterdach verschwunden.

„Natürlich hält man mich für verrückt. Manche meinen sogar, ich sei reif für die Klapsmühle, ich würde meine mütterlichen Instinkte an den Faultieren austoben. Dabei habe ich einen erwachsenen Sohn und einen Freund, den ich allerdings selten sehe. Die Faultiere sind mein Leben, das gebe ich gerne zu. Die Faultiere sind vom Aussterben bedroht, sie brauchen unsere Hilfe."

Die Biologie-Lehrerin *Vera* ließ sich vom Schuldienst suspendieren, überredete die Beamten vom Kakao-Institut, den Faultieren ein 43 Hektar großes Wald-Areal einzuräumen, gewann den Gouverneur zum Umweltschutz und den Bürgermeister zur Fortzahlung ihres schmalen Lehrerlohns von umgerechnet 400 Euro und siedelte mit ihren Faultieren in den Regenwald um. Da hat sie nun ein Freigehege und eine Beobachtungsstation, und kaum ein Monat vergeht, wo man ihr nicht ein verletztes oder ausgehungertes Tier zur Pflege übergibt.

Sie sind so sehr an den Regenwald der Küste, der Mata Atlãntica, angepasst, dass jeder Baum, der fällt, ihre Art bedroht. Und an der Küste Südbahias wird gefällt, um Platz für Rinder zu machen, Hotels zu errichten und Straßen zu bauen. Und dann ist da noch der Zellulose-Konzern *Aracruz,* der den Regenwald umlegt, um Nutzforste anzulegen, Eukalyptus-Plantagen, in denen kein Vogel singt. Das ist der Tod der Faultiere.

Vor hundert Jahren war die Küste Bahias fast gänzlich mit Regenwald bedeckt, jetzt sind es nicht einmal mehr fünf Prozent. Mit den Kakao-Plantagen, die unter dem Blätterdach der Brettwurzelbäume, der Kastanien und Mahagonyriesen kultiviert werden, kann das Blätter fressende Faultier leben, doch die Kakaokulturen liegen darnieder, die Bakterien des „Hexenbesens" haben sie zunichte gemacht. Viele Kakao-Farmer haben ihr Land verkauft und dem Kahlschlag anheim gegeben.

„Um die Meeresschildkröten kümmert sich die ganze Welt. Die brasilianische Umweltbehörde ist stolz darauf, dass hier in Bahia diese Art vor dem Aussterben gerettet wird. Aber wer kümmert sich um die Faultiere?"

Vera Lúcia de Oliveira kümmert sich um sie. Sie wiegt ihre Schützlinge, heilt ihre Wunden und päppelt sie mit frischen Blättern der Embauba-, Gameleira-, Ingá- und Samuna-Bäume auf; die gesunden Tiere setzt sie wieder aus, die hinfälligen bleiben weiter in Obhut. Über jedes der 105 Tiere – 81 Kragen-Faultiere (Bratypus Torquatus) und 24 Gewöhnliche Faultiere (Bratypus Variegatus) – führt sie eine spezielle Kartei.

063kb Foto: cg

Wir wissen so gut wie nichts über die Faultiere. Ohne *Vera* wüssten wir noch nicht mal, dass die Weibchen in der Brunst spitze Schreie ausstoßen. Die Biologielehrerin, die Mutter der Faultiere, ist weltweit die einzige Person, die sich der Zottelbären annimmt. Sie will eine Dissertation über ihre Lieblinge schreiben, einen Doktorvater hat sie schon. Doch wer zahlt die Instrumente, die Reisen, ja selbst das bisschen Formaldehyd zum Konservieren von Faultier-Gewebe? Wer interessiert sich überhaupt für *Vera* und die Faultiere?

In einem deutschen Werk über Verhaltensforschung bei Tieren hat sie gelesen, dass nur die fortwährende begleitende Beobachtung der zu erforschenden Spezies zum Ziele führe. *Vera Lúcia de Oliveira* verbringt mehr Stunden unter den Faultieren als unter den Menschen. Doch das hat wenig auf die 42-jährige Biologin abgefärbt. Sie kann nämlich stundenlang, und im Stakkato, über ihre Schützlinge plaudern. Die Faultiere lässt das kalt, sie hangeln ihrer Wege. Stumm, wehrlos und friedlich, ihre Uhr geht einfach anders.

Der Raubbau an der Natur, mit der Brasilien ja so überreichlich gesegnet ist, hat die Brasilianer bislang wenig belastet. Traditionell galt: **Ur-Natur muss weg** – sie ist nur lästig, unproduktiv oder sogar bedrohlich. Am „Busen der Natur" zu ruhen ist geradezu pervers. Wer Umgang mit der Natur pflegt, ist zu bedauern. In der Sonne zu ackern – das ist Sklavenarbeit. Und wer die Natur liebt, der beweist damit, das er nicht einmal den primitivsten Grad der Zivilisation besitzt. Das Un-Verhältnis der meisten

Zierfische aus Amazonien

Bei *Helmut Kohl* schwimmen sie, und in den Aquarien ganz gewöhnlicher Sterblicher auch: die farbenprächtigen tropischen Zierfische, die Guppies und Segelflosser, die Kardinalfische, die Glühlicht-, Karfunkel- und Zitronensalmler, die Characiden und die Corydoras. Die weitaus meisten dieser schuppigen Winzlinge haben eine lange Reise hinter sich, denn sie stammen oft aus Amazonien.

Viele Fischer am Rio Negro haben sich inzwischen auf das Geschäft mit den Aquarien-Lieblingen verlegt. Die *piabeiros* fahren meist mit der ganzen Familie zu den Fanggründen in das Wasserlabyrinth der Igarapes und der toten Arme tief in den moskitoverseuchten Regenwald hinein. Um Zierfische zu fangen, braucht man vor allem Geduld und Erfahrung. Stundenlang harren die Fänger bewegungslos im Schwarzwasser aus und starren gebannt auf die flachen Netze, mit denen sie die gleich ganze Schwärme aus dem Wasser hieven.

Für die Flussbewohner ist der Zierfisch-Fang ein Geschäft, wenn auch ein mageres. Für tausend „Kardinäle" beispielsweise bekommen die *piabeiros* umgerechnet nicht mehr als zehn Dollar. Im Großhandel auf den Hobbymärkten in Japan, Europa und den USA wird die gleiche Menge schon 50-fach höher gehandelt. Im Fachhandel zahlt der Aquarienfreund dann noch einmal zehn mal mehr.

Brasilien gestattet den Handel mit 177 Arten tropischer Zierfische. Doch wer kann das kontrollieren? Rund 10 bis 15 Millionen Exemplare werden schätzungsweise allein am Rio Negro jährlich gefangen. Der Ort Barcelos, rund 400 Kilometer nordwestlich von Manaus gelegen, gilt als Zierfisch-Metropole am Rio Negro; rund 300 Familien sind dort mit dem Zierfischfang und -handel beschäftigt.

Bis die Fische beim Hobby-Ichthyologen ins Aquarium gelangen, gehen mehr als die Hälfte der Tiere zugrunde. Unschuldige Hobbys entpuppen sich als Umweltfrevel. Damit wollen wir es gut sein lassen, denn die Brasilianer sammeln keine Fische, sie essen sie lieber.

Brasilianer zur ungebändigten Natur drückt sich in Schreckensmärchen über die Gefahren der „Grünen Hölle" aus. Das sind Geschichten wie aus Grimms Zeiten. Am liebsten würden diese Brasilianer mit der Natur so verfahren, wie man es im Barockzeitalter Europas getan hat – die Bäume auf Bonsai- und Buchsbaumformat zurechtstutzen und im Übrigen Wege anlegen.

Brasilianer haben also **kein romantisches Verhältnis zur Natur** wie die Deutschen. Sie sehen in ihr nicht die eigene Seele, sondern den Feind. Wer die Natur schützen will, paktiert mit dem Feind. Den Europäern, die nach Brasilien kommen, um den Regenwald zu retten, sei das besonders ins Stammbuch geschrieben. Wo, bitte, gibt es denn in Europa noch ein Stück unberührte Natur? Alles Kulturlandschaft! Und die dürfen die Brasilianer nicht anlegen? Will man sie etwa als Affen auf die Bäume zwingen?

Übrigens geht es nicht nur um die Wälder in Amazonien. Ein Teil der borealen Wälder (Wälder der kalt-gemäßigten Breiten) im Süden des Landes geht buchstäblich im blauen Dunst auf, warnen Umweltschützer. Die expandiernde **Tabak-Industrie holzt Naturwälder ab,** um Platz für die Plantagen zu gewinnen und verfeuere zusätzlich noch Holz zur Trocknung und Fermentation der Tabakblätter.

Brasilien ist der weltweit größte Exporteur von Tabak und gehört neben China, den Vereinigten Staaten und Indien zu den Ländern mit der höchsten Produktionsziffer an Zigaretten, Zigarren und Pfeifentabak. Abgesehen von der geringen Produktion der berühmten Brasil-Tabake in Bahia, finden sich die größten Tabak-Plantagen im Süden des Landes, in den Bundesstaaten Rio Grande do Sul, Santa Catarina und Paraná. Rund 160.000 Tabak-Bauern bauen auf 200.000 Hektar ihr Kraut an, das von großen Unternehmen wie *Souza Cruz* aufgekauft und zu Glimmstengeln verarbeitet wird.

Die steigende Nachfrage veranlasst die Bauern, immer neue Natur-Areale abzuholzen und darauf Tabakpflanzungen anzulegen. Die meisten Tabakfarmer nutzen Holz auch zur Befeuerung ihrer Trockenkammern. Der Raubbau an der Natur habe dazu geführt, dass bereits 90 Prozent aller natürlichen Wälder in blauen Rauch aufgegangen seien, behaupten die Umweltschützer. Die Tabakindustrie hält dagegen, dass sie in den vergangenen 20 Jahren 300 Millionen neue Bäume, hauptsächlich schnellwachsende Eukalyptus-Sorten, gepflanzt habe. Die brasilianische Umweltbehörde verfügt über keine sichere Statistik über das Verhältnis von Abholzung und Wiederaufforstung in diesen Gebieten.

Der Teufelskreis von der Abholzung bis zum Lungenkrebs könnte natürlich durch Nikotinabstinenz schnell unterbrochen werden ...

Umweltprobleme in den Städten

Abfälle und Abwässer

Wald – ein deutscher Mythos: Die Vernichtung des Regenwaldes rauscht durch den deutschen Blätterwald. Die Umweltprobleme in den Städten, in denen die Mehrzahl der Brasilianer lebt, provozieren dagegen weniger Schlagzeilen.

Dabei erzeugt Brasilien täglich rund 100.000 Tonnen **Hausmüll,** von denen nur 10 Prozent in kontrollierten Abfalldeponien gelagert werden. Nur zwei Prozent des Hausmülls werden recycelt. Dazu fallen rund drei Millionen Tonnen gefährlicher **Sonderabfälle** an, die fast ausschließlich unter offenem Himmel lagern – eine enorme Gefahrenquelle. Und kaum eine Behörde kontrolliert das Zeug.

Nicht nur das: Rund 80 Prozent aller menschlichen **Abwässer** gehen in Brasilien den Bach herunter - oder ins Meer. So gut wie keine Großstadt verfügt über eine Kläranlage. Besonders belastet ist die Bucht von Rio de Janeiro, in die fast die gesamten Abwässer der Metropole geleitet werden.

Auf Paquetá geht das Leben gemächlich zu. Die 6.000 Bewohner der Insel in der Bucht von Guanabara schließen Türen und Fenster nicht; hier ist die Welt noch in Ordnung, selbst wenn am Wochenende die Badegäste auf den Fähren von Rio in Scharen einfallen.

Aber als die Sonne am Morgen des 18. Januar 2000 ihr Haupt aus dem Atlantik hob und Rio de Janeiro küsste, da legte sich ein bleiernes Schweigen über Paquetá. Und auf einmal war die See nicht blau, sondern schmierig, schillernd schwarz und die Strände der Insel hatten einen öligen Schmutzrand erhalten.

Die **schwarze Pest** war über Rio de Janeiro gekommen. Aus einem brüchigen Rohr der Petrobras-Raffinerie *Reduc* waren zwischen 0.50 und 5.25 Uhr 1.292.000 Liter Rohöl in die Guanabara-Bucht geflossen. Binnen weniger Stunden hatte sich ein Ölteppich von 40 Quadratkilometern Umfang gebildet, der bereits 10 Prozent der Wasserfläche bedeckte; er klebte besonders am nördlichen Ufer, dort, wo die Flüsse aus dem Küstengebirge münden und die wenigen verbliebenen Mangrovenwälder als Brutstätten für das gesamte maritime Leben der Bucht sorgen.

Die Guanabara-Bucht mündet am Fuss des Zuckerhuts durch einen Flaschenhals in den Atlantik. Die atlantischen Badestrände von Rio de Janeiro, Copacabana oder Ipanema etwa, wurden von der Ölpest zum Glück nicht betroffen.

Industriezone von Cubatão

Steuert Brasilien dem Umwelt-Gau zu? Davon kann keine Rede sein. Es gibt genügend Gegenbeispiele. Ein besonders eindrucksvolles ist die Industriezone von Cubatão im Mangroven-Schutzgebiet an der Atlantikküste unweit von Santos.

Cubatão galt **bis vor zehn Jahren als eines der dreckigsten Löcher Brasiliens,** ja sogar des Westens insgesamt. Horrorstorys über chronische Krankheiten und verkrüppelte Kinder - Auswirkungen einer gänzlich unkontrollierten Umwelt- und Gewässerverschmutzung durch Raffinerien, Zement- und Stahlwerke - machten Schlagzeilen, ganz zu schweigen von der sterbenden Natur im Umkreis dieser Schmutzschleudern.

320 Quellen der Luft- und Wasservergiftung hatte man damals ausgemacht und nachgemessen: 64 Tonnen Giftmüll wurden pro Tag in das umliegende Mangroven-Sumpfgebiet geleitet, davon allein vier Tonnen Schwermetalle!

Wer diese stinkende Hölle erlebt hat, wird, heute an den Ort zurückkehrend, nicht glauben, was er sieht: Schwärme von Reihern und Seeschwalben zeugen vom wieder erwachten Leben in den Brackwassersümpfen. Die **Natur hat sich Cubatão zurückerobert** - weil der Mensch Einsicht gezeigt hat. Durch scharfe Umweltauflagen sind die Emissionen der Industrie in Cubatão um 95 Prozent zurückgegangen. Cubatão ist kein Dreckloch mehr, sondern eine grüne Augenweide.

Rio de Janeiro

In Rio de Janeiro hatte 1992 die **UN-Umweltkonferenz** vor der Zerstörung des Planeten durch seine Bewohner gewarnt und die Nationen zu einer Wende aufgefordert. Natürlich richteten sich die Warnungen in erster Linie an die Industrieländer, die durch ihren „verschwenderischen Lebensstil" *(Fidel Castro)* am meisten zur globalen Umweltzerstörung beitragen. Nicht wenige Politker in Lateinamerika meinen auch noch heute, die reichen Nationen sollten deshalb die Zeche bezahlen, und das Wort „Umweltimperialismus" macht die Runde. Zum Beispiel dann, wenn Europäer mit dem Hinweis auf umweltgerechte Herstellungsnormen den Handel behindern.

In der Opfer-Rolle mögen sich die Latinos gerne gefallen, aber die Vernichtung der Regenwälder, die Vergiftung der Flüsse und die Verpestung der Metropolen in den eigenen Ländern lassen sich schwer als Folgen imperialistischer Machenschaften begründen, sie sind nämlich hausgemacht.

Rio de Janeiro, die Gipfel-Stadt, gibt dafür ein **übles Beispiel** ab. Jahrzehntelang haben dort die Stadtväter tatenlos zugesehen, wie das urbane Krebsgeschwür sich immer weiter ausbreitete. Hemmungslose Immobilienspekulation hat fast unberührte Meeresbuchten in Kloaken verwandelt, Favelas fressen sich in bewaldete Berghänge, der Individualverkehr verursacht täglich Transport-Trombosen. 90 Prozent der Abwässer der Neun-Millionen-Metropole strömen ungeklärt in die Bucht und in den Atlantik.

Eines der größten Bauvorhaben der Hafenstadt ist die **Sanierung der Bucht von Guanabara,** deren tropische Schönheit noch jeder Besucher zu rühmen pflegte.

Mit insgesamt einer Milliarde Dollar Krediten aus Japan und der brasilianischen Entwicklungsbank ist in der ersten Bauphase vorgesehen, rings um die 377 Quadratkilometer große Bucht Kläranlagen zu bauen, die den Dreck-Zufluss aus verseuchten Flüssen, den Abwässern der Siedlungen und der Fabriken filtern. Mit dem Bau der Anlagen und dem Verlegen von insgesamt 800 Kilometern Rohre wurde bereits begonnen. Bis

029kb Foto: me

das System fertig ist, werden noch ein bis zwei Jahrzehnte vergehen und weitere zwei Milliarden Dollar Investitionen erforderlich sein.

Die **Aufgabe, die sich in Rio stellt,** ist gigantisch. Jeden Tag fließen 465 Tonnen Hausmüll, Fäkalien und Gifte in die Bucht. Die rund 12.000 Industrieunternehmen im Einzugsbereich fügen täglich 64 Tonnen Öl, Schwermetalle und toxische Rückstände hinzu; die Tankstellen lassen rücksichtslos ihr Altöl, täglich rund neun Tonnen, ins Wasser ablaufen. Zyniker behaupten, in die Bucht von Guanabara fließen pro Jahr soviele Fäkalien, wie das Maracanã-Fußballstadium fassen würde.

Die **Bucht als Müllkippe** – das ist eine Geschichte von 400 Jahren. Früher trugen die Sklaven den stinkenden Unrat in Krügen ans Ufer. Daran hat sich im Prinzip nichts geändert, die Favelas im Norden der Stadt ebenso wie die City und die besseren Viertel schicken über Rohre oder durch offene Kanäle ihren Unrat in die Bucht. Das stinkt zum Himmel – so sehr, dass Rio de Janeiro just wegen der buchstäblich ungeklärten Probleme die Kandidatur für die Olympiade 2004 verloren hat. Man hatte nämlich geplant, das Olympische Dorf mitten in die Bucht zu bauen.

Das **Ökosystem der Meeresbucht,** in der sich einst Wale tummelten und Delphine noch bis vor wenigen Jahren regelmäßig gesichtet wurden, wurde nicht nur durch ungeklärte Abwässer, sondern auch durch Einbetonierung, Landgewinnung und Uferbegradigungen gestört. Vor einhundert Jahren war die Meeresbucht um ein Drittel größer, und die Mangrovenwälder an ihren Nordufern haben sich von 260 Quadratkilometern auf einen Restbestand von 80 reduziert.

Das *Jornal do Brasil* hat ausgerechnet, dass die **geplanten Baumaßnahmen,** um die Bucht vor dem weiteren biologischen Tod zu retten, ungefähr das Dreifache von dem kosten, was in der Vergangenheit aufgewendet wurde, um sie zum Beispiel durch Landgewinnung zu zerstören. Dass die Bucht von Rio de Janeiro aber nicht nur ein Postkartenidyll ist oder immer noch 50.000 Fischern mit ihren Familien Brot und Arbeit gibt, sondern für den gesamten Wasserhaushalt, die Vegetation und das Kleinklima in der Metropole von höchster Wichtigkeit ist, hat sich inzwischen auch an der Copacabana herumgesprochen.

Wenn Rio de Janeiro einen Umweltpreis zu vergeben hätte, müsste ihn die **städtische Reinigung** bekommen, die Bewohner der Stadt aber sollten sich schämen. 7.700 Tonnen Abfall kehren die 9.000 Müllmänner und -frauen jeden Tag vom Pflaster der Metropole, selbst noch nachts um drei. Rios Einwohner aber, die *cariocas,* lassen den Dreck mit derselben Großzügigkeit fallen wie die Hüllen am Strand. Ein halbes Kilo legen sie im Durchschnitt pro Tag ab, Babys und Greise mit einberechnet. Die eine Hälfte davon landet wenigstens in Plastiksäcken und Mülltonnen – aber die andere wird über Straßen, Strände und Plätze verteilt.

Kaum hat ein *carioca* seine **Dose Bier** ausgetrunken, überfällt ihn eine eigentümliche Muskelschwäche – die Dose gleitet ihm aus der Hand, gerade dorthin, wo sein Schatten fällt. Der zweite tritt drauf, der dritte spielt mit ihr Ball und der nächste tropische Regen spült sie fort. Im Gully oder im Kanal treffen sich die Dosen, Schachteln und Säcke wieder und hängen in Trauben so innig zusammen wie die Autos im Verkehr. Die Folge ist Verstopfung, und die Brühe steigt aus dem Untergrund ans Licht. Regelmäßig ersaufen die niedrig gelegenen Stadtviertel im Regensommer in ihrem eigenen Unrat.

„Beinahe hätten sie mich verhaftet, als ich in Zürich eine Kippe fallenließ", berichtet ein Brasilianer einer Zeitung noch ganz erschüttert von seinem Reise-Abenteuer. Theoretisch kann die Stadtreinigung für allzu **dreckige Ferkel** noch am Tatort eine gebührenpflichtige Verwarnung ausstellen und genau genommen könnte die Stadt Rio de Janeiro damit reich werden. Doch mehr als eine *multa* („Strafzettel") pro Tag schaffen die Saubermänner in der Regel nicht. Da war es schon eine Sensation, als es einmal den Ordnungskräften gelang, die Jugendlichen festzunehmen, die es gewagt hatten, die Christusstatue auf dem Corcovado-Berg mit ihren Graffiti zu verunstalten. Sie wurden vom Richter dazu verurteilt, mit Wasser und Seife den Schaden zu beseitigen. Das Fernsehen war dabei und nahm das Saubermachen auf. Als die Kameraleute abgezogen waren, aber lagen ihre Cola-Dosen noch herum. Dazu fehlen dem Heiland auf dem Sockel die Worte ...

Curitiba

Doch es gibt Hoffnung. Sie kommt aus dem Süden Brasiliens. Die 1,6-Millionen-Stadt Curitiba nennt sich **„Hauptstadt der Ökologie".** Die Curitibaner sind stolz auf ihre Stadt, und sie haben allen Grund dazu. In welcher anderen lateinamerikanischen Metropole sieht man die Bewohner nach Feierabend friedlich durch sauber gefegte Straßen flanieren?

Während andere Städte im Müll versinken und im Verkehrschaos ersticken, gibt Curitiba ein Beispiel dafür ab, wie man trotz der Wirtschaftskrise **gute Kommunalpolitik** machen kann.

„Das Geheimnis", so der populäre Ex-Bürgermeister *Jaime Lerner,* „liegt in der Bescheidenheit und der Vermeidung von Verschwendung. Wir werfen nichts weg – und wir prassen nicht. Als wir vor zehn Jahren mit der Abfallbeseitigung nicht mehr fertig wurden, wollten uns einige Experten Müllverbrennungsanlagen aufschwatzen; aber wir hatten kein Geld und wollten uns nicht verschulden. Statt teure Verbrennungsanlagen zu bauen, sind wir in die Schulen und Favelas gegangen. Wir haben schon den Kleinsten klar gemacht, dass es besser ist, den Müll zu trennen und weiter zu verwerten. Statt kostspieliеger Großtechnik haben wir nun umweltbewusste Bürger und ein Heer von Leuten, die mit der Müllabfuhr und -verwertung auch noch ein wenig Geld verdienen."

„Ein Volk, das die Misere bekämpfen will, muss aus dem Dreck heraus!" – diese Parole hat ein Unbekannter auf eine Brandmauer gepinselt; sie könnte das Motto von Curitiba sein. Überall in dieser Stadt stehen auf den Plätzen doppelte Mülltonnen herum: eine Tonne für organischen Abfall, der später kompostiert wird, die andere Tonne daneben für „Müll, der kein Müll ist", wie die Schüler im Unterricht lernen. 95 Prozent aller Haushalte sondern den Müll aus und erleichtern damit dessen Verwertung. Selbst in den Favelas funktioniert das **Müll-System.** Für jeden Sack Altmaterial, den die Favela-Bewohner abliefern, bekommen sie als Belohnung Freifahrscheine, Schulhefte oder Saatgut. 20.000 Familien entlasten so ihr Budget, 750 Tonnen verwertbares Rohmaterial, das an die örtliche Industrie verkauft wird, kommen auf diesem Weg pro Monat in Curitiba zusammen.

Aber nicht nur bei der Abfallbeseitigung ist man in Curitiba andere Wege gegangen. Früher drohte die Stadt nach jedem tropischen Gewitter in den Fluten abzusaufen; und es regnet viel in Curitiba. Statt die Flüsse auszubetonieren, hat die Stadtverwaltung **Stauseen und Parks** rings um die Kommune angelegt. Die künstlichen Seen und die Feuchtbiotope speichern nicht nur das Wasser und regulieren die Fluten, sondern bilden heute eine attraktive Naherhohlungszone. Binnen zwanzig Jahren wurde die grüne Lunge der Stadt um den Faktor 100 vergrößert. Curitiba hat die meisten Parks und Seen von allen brasilianischen Städten, auf jeden Bewohner entfallen 54 Quadratmeter Grünfläche.

Das Verkehrschaos haben die Stadtväter von Curitiba mit einfachen und billigen Lösungen in den Griff bekommen. Die Straßenbahn hatte man in den 50er Jahren dem „Fortschritt" geopfert; eine U-Bahn zu bauen, wäre viel zu teuer gekommen. Zu den **Bussen im öffentlichen Nahverkehr** gab es keine echte Alternative. So versuchte man, wenigstens mit vorfabrizierten, überdachten Haltestellen und Sonderspuren den Busbetrieb benutzerfreundlich zu gestalten. Nach einer genauen Analyse des Verkehrsaufkommens und -bedarfs ordnete man das Liniennetz neu und staffelte das Angebot; Minibusse für den Nachbarschaftsbereich, Zubringerbusse, Expressbusse, alle untereinander im koordinierten Taktverkehr mit Einheitstarif verbunden. Heute fahren die Expressbusse mit einer Durchschnittsgeschwindigkeit von 30 km in der Stunde durch die Stadt. Der neueste Trick besteht darin, große Haltestellen in gläsernen Röhren zu bauen, wo man nicht nur vor dem Wetter geschützt ist, sondern gleich auch den Fahrpreis entrichtet. Die Busse docken dort kaum länger an, als ein Schnellbahnstopp dauert.

Das intelligente Verkehrskonzept hat dazu geführt, dass fast ein Drittel der Autofahrer im Berufsverkehr auf Busse umgestiegen sind und dass drei Viertel aller Bewohner der Stadt die Busse nutzen. Curitiba verbraucht dadurch 25 Prozent weniger Treibstoff pro Kopf als etwa São Paulo oder Rio de Janeiro; als Folge ist die **Luftverschmutzung** deutlich zurückgegangen.

In keiner anderen Stadt Lateinamerikas sieht man so viele **Radfahrer** wie in Curitiba, 100 Kilometer Radwege wurden kreuz und quer durch das Stadtgebiet angelegt. Das Radwegenetz wird weiter ausgebaut – Fernziel ist es, ein Fünftel des Individualverkehrs auf den Drahtesel zu satteln. Die Unternehmen in Curitiba bekommen billige Bankkredite, wenn sie ihren Beschäftigten, statt die Fahrkosten zu erstatten, Fahrräder besorgen.

Die hohe Lebensqualität und die Nähe zu den Konsumentenmärkten hat viele Unternehmen, wie etwa *Volvo, Bosch* und *Siemens,* dazu bewogen, sich in Curitiba anzusiedeln. Die **Industriezone** wurde im Windschatten am westlichen Stadtrand und in Parks eingebettet angelegt. Das historische **Stadtzentrum** haben die Ratsherren vor dem Verfall gerettet und durch Wohnungen und Geschäfte revitalisiert. In der Nähe der ausgedehnten Fußgängerzone hat eine überdachte Ladenstraße 24 Stunden lang geöffnet.

Die Stadtplaner von Curitiba haben sich durch ihre pfiffigen Ideen internationalen Kredit erworben. *Jaime Lerner,* der bullige Architekt, hat es verstanden, kompetente Leute um sich zu scharen. Die **Stadtverwaltung** kommt gleichwohl mit nur 20.000 Angestellten aus. Curitiba ist das Gegenstück zu Brasília, dem Denkmal einer vergangenen Zukunft, die grenzenlos schien.

Autoindustrie

Die grüne Revolution geht oft krumme Wege. Ausgerechnet im Fahrzeugbau, in der Autoindustrie, die doch der Umweltfeind Nummer Eins ist, sprießen junge, grüne Triebe. Jährlich verwendet *Mercedes do Brasil* mehr als 5.000 Tonnen **pflanzlicher Produkte im Nutzfahrzeugbau:** Sisalfasern mit Rizinusöl bei der Innenauskleidung, Kokosfasern für Kopfstützen und Rückenlehnen, Wandabdichtungen aus Rizinusöl-Schäumen, Jute und Baumwollfasern für die Einkapselung des Motors, Kupplungsscheiben aus polymerisiertem Öl der Cashew-Nuss, die Reifen aus Naturkautschuk.

Und: Durch Brasilien kreuzen rund vier Millionen **Pkws, die mit Ethylalkohol angetrieben werden,** der aus Rohrzucker gewonnen wird. *Alcool* gibt es in Brasilien an jeder Tankstelle. Selbst dem Benzin wird er zu rund 22 Prozent beigemischt – ohne dass die Motoren deshalb Schaden nehmen. Früher lehnten seriöse Forscher in Deutschland das Pflanzen-Alkohol-Programm der brasilianischen Regierung zu Substituierung von fossilem Treibstoff als „Schnapsidee“ ab. Inzwischen wird mit deutschen Steuermitteln ein Programm zur Treibstoffgewinnung aus Rapsöl gefördert.

Lärm

„Wat dim enen sin Ul, iss dem annern sin Nachtigall“: In Brasilien steht bekanntlich die Wiege der Samba, und ohne heiße Musik wäre das Leben der Armen noch ärmer. Doch „Musik wird störend oft empfunden, zumal sie mit Geräusch verbunden“, erkannte schon *Wilhelm Busch* selig. Besonders belästigt fühlen sich die Bewohner in Rios Stadtteil Leme, seit so gut wie jedes Wochenende in der Favela nebenan die **„Funk“-Feten** ausbrechen. Der Lärm dröhnt bis in die späten Morgenstunden und lässt die Mieter in den umliegenden Hochhäusern keine Minute ruhig schlafen.

Alle Versuche, die *funkeiros* zur Mäßigung zu überreden, fruchteten nichts. Einige Mitbürger gingen deshalb vor den Kadi, um ein Verbot der **nächtlichen Ruhestörung** zu erzwingen. Doch die Richterin *Vaniy de Couto* ließ die entnervten Kläger abblitzen: Lärm gehöre nun mal zur Stadt – und im Übrigen könne sie nichts unternehmen, bevor nicht ein fachliches Gutachten mit genauen Dezibelmessungen vorliege, das die Kläger auf ihre Kosten in Auftrag geben müssten.

Dass die Behörden in Brasilien sich gegenüber akustischer Umweltverschmutzung taub stellen, ist kein Wunder. Funkfeten oder gleichfalls infernalisch laute religiöse Orgien der christlichen Sekten zu unterbinden, könnte ein **soziales Pulverfass** zur Explosion bringen. Auf den Funkfeten schreit sich das jugendliche Lumpenproletariat den Frust aus der Seele; Schlägerein brechen regelmäßig aus. Auch in den Turnhallen und Fußballstadien, wo die Wunderheiler und Erweckungsprediger phonstark das Heil preisen, um den ärmsten Gläubigen die Groschen aus der Tasche zu ziehen, drängen sich diejenigen Brasilianer, auf die sonst keiner hört.

Mit Lärm knallen sich die **Jugendlichen der Vorstadt** die Ohren voll, um das schreiende Elend und die arbeitslose Langeweile akustisch abzutöten. „Wenn wir keinen Lärm machen, hört uns ja sonst keiner", meint *Dudu,* der Chef der Funk-Batterie, die zweitausend Watt auf die Beine bringt. „Hier in der Favela beklagt sich keiner über den Krach – nur die wohlhabenden Bürger dort drüben. Aber die vergessen, dass sie mit ihren Autos jeden Tag die Stadt nicht nur akustisch verpesten."

Lärm ist Leben, still genug ist es im Grab: So sehen es die meisten Brasilianer (aber keineswegs die Europäer). Rio de Janeiro ist nicht der Wiener Zentralfriedhof. Der Ex-Gouverneur *Moreira Franco* beschwerte sich über die Stille in seiner Umgebung; er zog in eine Wohnung in einer verkehrsreichen Straße um. Brasilianische Politiker haben dicke Trommelfelle. Schließlich zählen die pausenlosen Wahlkampagnen zu den lautesten Spektakeln im Lande. Na und? Hunde, die bellen, beißen nicht.

Körperkult und Schönheitswahn

Fitnessstudios

332 *academias de ginástica* verzeichnet das Telefonbuch von **Rio de Janeiro,** die Vorstädte, in denen noch einmal sechs Millionen Menschen leben, nicht mitgezählt; und außer Acht gelassen alle Schwitzkasernen, die bloß über ein paar Hanteln, aber kein Telefon verfügen. Alles zusammen: mehr Körperkultstätten als Kirchen.

Kann es denn sein, dass die *cariocas* sich **Sorgen um ihre Gesundheit machen?** Dann aber ist es unverständlich, dass an jedem Sommer-Wochenende Millionen Bürger der Metropole ihre Haut dem Ozonloch im Himmel, den Flöhen im Sand und den Fäkalien im Meer aussetzen, dass Generationen von ABC-Schützen unter Asbestdächern das Einmaleins erlernen und dass die Brasilianer fettes Schweinefleisch mit schwarzen Bohnen als ihr Nationalgericht ehren.

Nein, gesundheitsbewusst kann man die Brasilianer nicht nennen. Sie ignorieren Kohlenmonoxyd, Pollenflug und Hundekot, sie missachten die Bachblütentherapie wie die gute alte Kneippkur; Wandervögel und Birkenstock-Sandalen sind in Rio so gut wie unbekannt. Stattdessen traben die *cariocas* barfuß durch den versifften Strand, süffeln Mokka halbe-halbe (Tasse halb voll mit Zucker), verschmähen Rohkost und frische Salate – aber kippen literweise eiskaltes Bier hinunter, was bekanntlich Magenkrebs verursacht. Und sind dabei noch gut drauf!

Sportskanonen – die Brasilianer? Lassen wir einmal den Fußball, die Formel 1 und den Strand-Volleyball außer Acht. Seit der Olympiade von Athen, 1906, haben sie gerade mal 12 Gold-, 13 Silber- und 29 Bronzemedaillen heimgeholt. Das ist nicht der Rede wert.

Warum also das lemminghafte Abrackern mit den Folterinstrumenten aus der Fitness-Asservatenkammer? Selbst unter freiem Himmel und vor aller Augen! Warum die Yoga-Kurse, wenn die Sonne kaum aus ihrem Bett gestiegen ist? Wollen die Brasilianer „hart wie Kruppstahl, schnell wie die Windhunde und zäh wie Leder" sein, wie es weiland der Führer von der deutschen Jugend forderte und wie es dem Knigge des Turbokapitalismus entspricht?

Wohl kaum. Zwar gab es einmal einen jungen, dynamischen Präsidenten, der mit „einem Karateschlag" die Inflation beseitigen wollte, der jedes Wochenende fernsehwirksam und verbissen um den Stausee von Brasília trabte. Doch sein Ende war schmählich, *Fernando Collor* wurde

Rogerio tut was für den Bizeps

1992 wegen Korruption und Vetternwirtschaft abgesetzt. Das Karate-Modell war gescheitert. **Wellness und Fitness:** Was die Brasilianer darunter verstehen, hat mit den amerikanischen Begriffen wenig zu tun. *Boa forma,* „Gute Figur", und *malhação,* also den Körper „durchkneten", das versteht man schon eher.

Südlich des Äquators gibt es keine Sünde? „Jedenfalls haben die Menschen hier ein ganz anderes Verhältnis zum Körper", meint der prominente Schönheitschirurg *Yvo Pitanguy.* Warum sollten sie sich unter dicken Stoffschichten verstecken, wenn die Sonne heiß vom Himmel brennt? Und außerdem: **Fast nackt am Strand** sind alle gleich und Menschenbrüder. Die Avenida Atlãntica - ein einziger Laufsteg der Körperlust.

Körperhygiene

Schon die Portugiesen - von denen behauptet wird, die indianischen Ureinwohner Brasiliens hätten sie schon gerochen, bevor ihre Schiffe in den Blick gekommen wären - hatten sich über die **Reinigungswut der Ur-Brasilianer** gewundert. Und vermutlich wäre *Padre Anchieta* (1534–1597) heute noch viel schockierter darüber, dass die Menschen schamlos und nackt Vergnügen daran finden, ihren Körper der prallen Sonne und dem Wasser auszusetzen.

030kb Foto: me

Brasilianische Touristen und Studenten, die sich in Europa aufhalten, werden von ihren Gastgebern gefürchtet – sie **baden jeden Tag dreimal heiß** ohne Rücksicht auf die Stromrechnung.

Körperhygiene wird im tropischen Brasilien ganz groß geschrieben. Wie damals zur Zeit von *Pedro Álvares Cabral* und *Padre Anchieta* fallen europäische Touristen durch Schwitzen und Stinken unangenehm auf. **Körpersprays und Wäschewechsel,** oft mehmals am Tag, sind selbst bei den Armen an der Tagesordnung. Ungepflegte Bärte sieht man nicht gern.

Und das schöne Geschlecht hat **Achsel- und Schamhaare** peinlichst zu entfernen – durch „Sauerkraut" fallen Gringas unangenehm auf. Die Damenfriseure führen in ihren Hinterzimmern spezielle Enthaarungs-Kammern, *depilação,* die minutiöse Entfernung aller Körperhaare unterhalb der Kopfhaut und ihre Trimmung auf das allerkleinste im Schambereich (damit nichts aus dem Bikini lugt) werden dort ohne großes Aufheben vorgenommen.

Haare und Haut

Was die Kopfhaare betrifft, so plagen sich die **dunklen Schönheiten** besonders – nichts ist in ihren Augen schlimmer, als „Putzwolle" auf dem Kopf zu tragen. So versuchen sie, das kurze Kraushaar zu strecken und zu glätten, und wo das nicht geht, mit einer Perücke zu kaschieren – das Ideal ist *Naomi Campbell,* das kaffeebraune Top-Modell mit den langen glatten Haaren.

Während die dunklen Brasilianer mit den Haaren kämpfen, haben ihre **helleren Landsleute** mit der Haut Probleme. Kein Mensch in Brasilien will so grau und blass ausschauen wie die Besucher aus der Alten Welt. So sind denn auch die Strände in Brasilien riesige Sonnenbänke, auf denen sich jeden Tag Millionen die Haut verbrennen lassen – um dem Ziel eines homogenen brasilianischen Teints näher zu kommen – und der ist ein helles Kaffeebraun.

Schönheitschirurgie

Seriösen Schätzungen zufolge dürfte es in Brasilien mehr Schönheitschirurgen geben als Gerontologen. Die medizinische Korrektur am Erscheinungsbild der eigenen Person trägt in Brasilien zum **weltweit größten Markt der Eitelkeit** bei. Der schnelle Schnitt zum vermeintlichen Körperglück sei in der Ober- und Mittelklasse bei Frauen und Männern fast schon so selbstverständlich wie der Gang zum Coiffeur geworden, bemerkt das brasilianische Nachrichtenmagazin *Veja.*

Die Statistik untermauert das: Nach Auskunft der brasilianischen Gesellschaft für plastische Chirurgie haben sich im Jahr 1999 rund 350.000 Personen einer **kosmetischen Operation** unterzogen. Mit 207 Eingriffen pro 100.000 Einwohner hätte damit Brasilien die USA (185 Schönheitsoperationen auf 100.000 Einwohner) überholt und Länder wie Deutschland oder England (40 auf 100.000) längst abgehängt. 3.500 Spezialisten für korrigierende Chirurgie praktizieren in Brasilien (USA: 5.000), und Rio de Janeiro wie São Paulo sind Hochburgen der plastischen Chirurgie, zu denen mehr und mehr auch ausländische Jünger strömen.

Dass ausgerechnet im „Schwellenland" Brasilien die kosmetische Chirurgie expandiert, ist bemerkenswert. Am **Geld** kann es nicht allein liegen, denn das brasilianische Durchschnittseinkommen beträgt nur einen Bruchteil des amerikanischen – allerdings sind in Brasilien gleiche Eingriffe wie in den USA um ein Drittel billiger.

Vor zehn Jahren waren es gerade 60.000 Personen, die ihre Nase richten, den Busen heben, verkleinern oder vergrößern und sich Pfunde von Speck absaugen liessen. Inzwischen gehört ein Drittel der **Kundschaft** zum männlichen Geschlecht, und Jugendliche unter 18 Jahren machen immerhin 13 Prozent der Klientel aus. Alle diese Zahlen beziehen sich auf rein kosmetische Eingriffe – nicht etwa auf eine durch Unfall verursachte notwenig gewordene rekonstruierende Chirurgie.

Allein der Modearzt und Guru der ganzen Branche, Doktor *Ivo Pitanguy*, registriert jährlich einen Anstieg brustumfangsuchender Damen von über 20 Prozent. Seine Kollegen melden ähnliche Zuwächse im anhaltenden **Busenboom.** Die Busenschwemme schlägt immer höhere Wellen: Die Firma *Silimed* produziert pro jahr 18.000 Paar Implantate, allein auf den Markt an der Copacabana entfallen 2.500 künstliche Busen pro Jahr. Und die Kundschaft wünscht immer größere Formate. Während früher Silikon-Polster von 120 bis 180 Kubikzentimeter die Regel waren, geht heute der Trend in die Klasse von über 180 Kubikzentimeter. Wer soll das alles tragen?

Nun, nachdem die medizinischen Behörden auch in den USA die Unbedenklichkeit von Silikon-Implantaten bei den sekundären weiblichen Geschlechtsorganen bestätigt haben, scheinen die Busen in den Himmel zu wachsen. Auch vor den Brustprothesen macht die Globalisierung nicht halt. Das **Silikon-Business** hat die handwerkliche Phase verlassen und ist inzwischen bei einem Dutzend Unternehmen weltweit konzentriert, ein brasilianisches gehört dazu.

So ein nettes neues Busenkissen kommt auf rund 140 Dollar das Paar – ist also nicht viel teurer als ein Qualitätsschuh: hält aber länger. Die An- und Einpassung der Silikonschalen ist eine Sache von wenigen Minuten;

031kb Foto: me

die moderne Chirugie verzichtet auf große Schnitte. Schon nach einer Woche sieht nur noch der Fachmann, aber meist nicht mal ein eventueller Ehemann, die winzige Narbe.

Ewige Jugend, erotische Ausstrahlung und die schnelle **Beseitigung von vermeintlichen Körperdefekten** sind – in dieser Reihenfolge – die Wünsche der Kunden. Dass bei jedem fünften Opfer der kosmetischen Chirurgie auch mit Fasten und Gymnastik das gleiche Ziel erreicht werden könnte, steht auf einem anderen Blatt. Doch die Brasilianer suchen – wie in finanziellen Dingen- auch im Bereich der Ästhetik die Abkürzung vom beschwerlichen Weg. Und außerdem – die „gute Figur", das propere Aussehen und der äußere Schein sind im körperbewussten tropischen Brasilien wohl wichtiger als im kalten Europa, in dem die Menschen dicke textile Schalen tragen.

Schönheitswettbewerbe

Doch die guten, alten Schönheitswettbewerbe, die ach so unschuldigen Miss-Wahlen, gesponsert von Lippenstiften und Nylonstrümpfen: Wo sind sie geblieben? Geradezu heroisch haben sie sich durch die Eiszeit der Frauen-Emanzipation geschlagen; nicht einmal *Alice Schwarzer* gelang der knock-out. Nun aber droht ausgerechnet von denen Verrat, die doch als Geburtshelfer und Hebammen des Körperglücks angetreten waren – den Chirurgen, die sich „plastisch" nennen.

Der langen Rede kurzer Sinn: Fräulein *Juliana Borges,* 22 Lenze jung und **Miss Brasil 2001,** hat 19 chirurgische Eingriffe gestanden, hat hier ein wenig Fett weggenommen, dort einen Schuss Silikon hinzugefügt, ein Paar Falten gebügelt, den Schmollmund aufgeblasen und die Nase ein wenig abgeschliffen.

„Unglaublich! Betrug!" ist man geneigt zu schimpfen. Doch so einfach darf man es sich heutzutage nicht machen. Erstens: Im Reglement der Miss-Wahlen steht nichts über **angeborene oder erworbene Schönheit.** Zweitens: Was für Milchkühe zählt, muss auch für jede Miss gelten – wenn man so will, der züchterische Erfolg. Drittens: „Es kommt drauf an, was hinten rauskommt" *(Helmut Kohl).* Das heißt auf Deutsch: Das Ziel ist alles, die Mittel sind freigestellt.

Oben ohne

Brasilianer, die etwas auf sich halten, äffen häufig alles nach, was aus **Nordamerika** kommt. Ob es nun das „Halloween"-Gespenstertreiben ist oder der geliebte Fleischklops, der den Namen Hamburgs mit Ketchup beschmiert. Natürlich betreiben die besseren Damen Aerobic und nicht etwa schlicht Gymnastik und „shoppen" gehen sie auch, in das Shoppingcenter natürlich. Wir kennen das ja nur zu gut, in Europa.

Man sollte meinen, es reicht, die schlimmsten Auswüchse nordamerikanischer Pop-Kultur zu imitieren – nein: Die Brasilianer schnappen sich auch noch die neuesten **Moden aus old Europa** dazu. Neben den Skateboards also die Mountainbikes für den Strand! Und selbstverständlich auch den Weihnachtsmann, der in der tropischen Hitze einen recht jämmerlichen Eindruck macht. Übler sind da schon die Radarfallen – eine ganz offensichtlich deutsche Heimtücke, die nun die brasilianische Polizei überall aufstellt.

Und nun auch noch das: Oben ohne! Jahrzehntelang haben die Brasilianerinnen ihre braune Haut zu Markte getragen und dabei hartnäckig darauf bestanden, wenigstens mit **fadenscheinigen Bikinis** einen Hauch von Anstand zu zeigen. Da kommen die grobknochigen Europäerinnen daher und ziehen das Oberteil am Strand aus. Ein Skandal! Und es ist nicht die Scham, die ihnen so flammend-rot ins Gesicht steigt, sondern bloß der Sonnenbrand.

Die Brasilianer sollten sich das nicht gefallen lassen. **FKK ist der Tod jeder Erotik:** Und darauf haben es die Gringas deutlich abgesehen. Der

Exhibitionismus? So sehen es die Gringos, aber nicht die Brasilianer

Tod der Erotik aber würde den Kern der brasilianischen Kultur zerstören. Dann doch lieber Sonntagsverkaufsverbot und Müllseparierung – auch solche europäischen Marotten.

Gummilatschen

Gottlob gibt es noch ein paar nationale Restposten. So wie die Bayern an der Lederhose und die Engländer am Regenschirm, erkennt man die Brasilianer an den Gummilatschen, bei uns als Flip-Flops bekannt; sie sind das **Fußkleid der Nation** und ein Zeichen des Fortschritts. Die Mehrheit der Brasilianer mag vor einem halben Jahrhundert noch barfuß gelaufen sein – heute aber trennt sie so gut wie alle eine dünne Scheibe Schaumstoff vom Boden. Flip-Flops, das Paar zum Preis von zwei Flaschen Bier, kann sich jeder leisten.

Natürlich gibt es auch in Brasilien die Damen und Herren der Lederklasse und mittlerweile die dritte Turnschuhgeneration – doch zwei von drei der 170 Millionen Brasilianer schlurfen auf Flip-Flops durchs Leben. Im kalten Europa trägt man diese Dinger höchstens im Sommer, im tropischen Brasilien sind solche Schlappen das ganze Jahr über „comme il faut". Sie heißen dort allerdings etwas vornehm *Havaianas,* als kämen sie direkt aus Honolulu. Dabei werden sie seit fast 40 Jahren im Lande am Fließband gebacken.

Mit Flip-Flops ist man in Brasilien **überall gut angezogen,** es sei denn, man beabsichtige Theater oder Offiziersklubs zu betreten. Offiziell ist es auch verboten, sich in Gummilatschen ans Steuer zu setzen. Doch wer hält sich schon daran? Bleifüße und Flip-Flops sind in Brasilien keine seltene Kombination.

Die nationale Fußbekleidung ist von bedeutenden Geistern besungen worden, man schwebe auf den Flip-Flops **wie im siebten Himmel,** schreibt etwa *João Ubaldo Ribeiro.* Bleiben wir auf dem Boden der Tatsachen: Der Fortschritt in Brasilien kommt auf leisen Sohlen.

Gewalt und Gesetz

„Für meine Freunde – alles! Für meine Feinde: das Gesetz!" Dieser Ausspruch des autoritären Präsidenten *Getúlio Vargas* (1883–1954) beleuchtet schlagartig, was wohl die meisten Brasilianer denken: Freundschaft steht über allem, das Gesetz aber ist ein Mittel der Represssion.

Brasilien ist ein Rechtsstaat. Das Land verfügt nach eigener Einschätzung über die „schönste Verfassung der Welt" und über mehr Gesetze und Verordnungen als die meisten europäischen Länder. Aber, „die Gesetze greifen nicht", wie es in der Umgangssprache heißt. Sie „greifen" nicht, weil zum Beispiel ein Zeuge nichts gesehen haben will, ein Polizist Erinnerungsschwächen hat, ein Richter die Akten verliert. Die *impunidade,* also der **lässige Umgang mit dem Gesetz,** die faktische Straflosigkeit und die nackte Gewalt gehören zusammen. Betrachtet man die Kriminalität und ihre Verfolgung eingehender, wird man mit Fug und Recht behaupten können, dass in Brasilien eben nicht alle vor dem Gesetz gleich sind, denn einige sind gleicher als andere. Mit einem Wort: Hinter der barocken Fassade eines pompösen, polizeilichen und juristischen Gebäudes mit vielen Hinterzimmern und geheimen Ausgängen herrscht nicht selten Klassenjustiz.

Kriminalität

In den **Vorstädten und Favelas** aber herrschen eigene Gesetze.

An der Pforte des Friedhofs „Garten der Sehnsucht" in der Vorstadt Nova Iguaçu stoppt der Verkehr. Ein Trauerzug von mehreren hundert Menschen folgt dem mit Blumen beladenen Sarg von *Demerval Macedo Barcelos,* alias *Sérgio Maccarão.* Der **Drogenhändler** aus der Favela Nova Brasília war 18 Stunden zuvor in einem Feuergefecht getötet worden.

Sérgio Maccarão hatte sich durch Banküberfälle, Entführungen und Exekutionen einen Namen gemacht. 1990 schnappte man ihn in einer Klinik, während die Ärzte seine linke Hand amputierten. *Maccarão* hatte sich dabei verletzt, als er seiner Ex-Geliebten eine Handgranate auf den Busen gebunden und abzogen hatte. Das Mädchen, *Ana,* habe ihn verpfiffen. *Maccarão* zahlte den Polizisten einige tausend Dollar Lösegeld und türmte aus der Zelle. Zuletzt galt er als rechte Hand von *Carlos Alberto Ferreira,* alias *Betinho,* dem Präsidenten der Favela Nova Brasília und Kandidaten der Partido Popular.

Hatte die Polizei *Maccarão* erschossen oder steckten hinter dem Mord seine eigenen Komplizen? Es melden sich keine Zeugen, die Bewohner der Favela schweigen. Gerüchte gehen um, die Drogenhändler vom benachbarten „Hügel des Deutschen" hätten *Maccarão* kaltgemacht. Mit seinem Maschinengewehr-Angriff auf das 21. Polizeirevier in Bonsucesso habe er die Polizei unnötig provoziert und das Drogengeschäft gestört.

Während der Sarg in die Grube fährt, singt der Chor fromme Lieder. Der Pastor der Pfingstkirche betet mit gewaltiger Stimme: „Gott nimmt einen mutigen Sohn zu sich." Die Witwe mit den beiden Kindern ist in Tränen aufgelöst und kreischt die Pressefotografen an: „Ihr kommt auch noch dran!" Männer mit Sonnenbrillen legen dreizehn Kränze nieder, elf davon tragen Schleifen vom *comando vermelho,* dem „Roten Kommando", dem bekanntesten Ringverein der Dealer. Draußen, vor der Friedhofsmauer, regelt die Polizei den Verkehr.

Rio de Janeiro in einem heißen Sommer. **Tod und Verbrechen** sind so alltäglich in dieser Stadt, dass die Polizei längst aufgehört hat, Spuren zu sichern und Beweise aufzunehmen. Denn sie ist ja selber oft tief in Verbrechen verstrickt. Die Gefängnisse sind überfüllt, auf den Fluren des gerichtsmedizinischen Instituts verwesen die Leichen, die Akten vermodern in den Gerichtsarchiven. An jedem Morgen werden in der Metropole zwanzig Tote auf dem Pflaster gefunden, Opfer von Terror und Gewalt, die im Jargon der Polizei und dem Argot der Unterwelt als „Schinken" verhöhnt werden.

Warum sind die **Millionenmetropolen Brasiliens Brutstätten des Verbrechens** geworden?

Durch Gewalteinwirkung starben 1980 bereits neun Prozent aller Personen, 1990 waren es bereits 12 Prozent. Brasilien übertrifft damit so gut wie alle anderen lateinamerikanischen Länder mit Ausnahme von Kolumbien. 84 Prozent der Gewaltopfer sind Männer zwischen 20 und 39 Jahren, und die Tatorte liegen so gut wie ausschließlich in den armen „Schmutzrändern" der Metropolen. Gleichwohl sind auch dort die Kriminellen eine kleine Minderheit – nicht einmal ein Prozent der Bevölkerung lebt vom Verbrechen.

Es ist das alte Lied: Die **Verstädterung** hat die Sippen und Familien auseinander gerissen, die Lebensweisen umgestülpt, die Menschen orientierungslos gelassen. Insofern ist die radikal gewachsene Kriminalität nicht ein Gradmesser der absoluten Armut (die auf dem Lande häufig größer ist) als vielmehr ein Ausdruck gesellschaftlicher Verwerfungen.

Das erste Opfer dieser Verwerfungen ist die „Keimzelle des Staates", die **Familie.** Die Sippschaft und Großfamilie mag in der Kolonialzeit unter den weißen Plantagenherren eine gewisse Rolle gespielt haben – al-

Vielen Vorstadtkindern fehlt der Halt in der Familie

lein, sie war schon damals Fiktion. Denn die Großgrundbesitzer hielten sich neben den anämischen Frauen aus Portugal einen persönlichen Harem aus hübschen Neger-Sklavinnen. Den Sklaven waren keine dauerhaften Familien gestattet, man hielt sie wie das liebe Vieh. Bäuerliche Gemeinschaften, in denen die Großfamilie nicht nur ein Ideal, sondern die Produktions- und Reproduktionszelle der Gesellschaft war, bildeten sich erst sehr viel später im Süden durch die Einwanderung europäischer Bauern und Handwerker.

Trotz aller Predigten von der Kanzel – die Familie hatte in Brasilien von Anfang an nur geringen realen Wert. Das ist bis heute so geblieben – in keinem anderen Land Südamerikas heiratet und scheidet man sich so schnell und ohne große Zeremonie wie in Brasilien. Je niedriger der soziale Status, desto leichter fallen die Fesseln. Die wenigsten „Ehen" in einer Favela sind zivilrechtlich oder kirchlich geschlossene Lebensbünde. Eine Sozialanalyse aus dem Jahr 1991 kam zu dem Ergebnis, dass in den armen Schichten Brasiliens jeder dritte Haushalt von einer alleinstehenden Frau geführt wird – bei den Einkommenseliten sinkt dieser Anteil an der Spitze auf gerade drei Prozent.

Die „Familie" mit wechselnden Partnern und unsicherer ökonomischer Basis gibt den Kindern und **Jugendlichen** keinen Halt. Sie geraten mit Leichtigkeit auf die „schiefe Bahn" – in die Fänge der *galeras* und *quadrilhas,* der jugendlichen Banden, die ihren Mitgliedern Status und „Ehre" einräumen. Und der Drogenhandel wirkt dann zusätzlich wie Speed, um die jungen Leute in den Bann harter krimineller Karrieren zu schlagen. In der Öffentlichkeit von Brasilien wird die urbane Gewaltkriminalität dämonisiert – man schließt die Augen gerne, um den Wirkungskreis von korrupter Politik, Klassenjustiz und Mord und Totschlag lieber nicht zu sehen. Rio de Janeiro ist dafür ein gutes Beispiel.

Rio de Janeiro hat den politischen und ökonomischen Abstieg von der Hauptstadt der Republik nicht verschmerzt. In seinem Milieu, das entfernt an die Bürgerbräu-Ära Münchens erinnert, ist der Boden fruchtbar für Demagogen und Volkstribune.

Je weiter sich die Wirtschaft zurückzog, desto stärker blühte das Geschäft mit dem Verbrechen. **Illegales Glücksspiel und Drogenhandel** sind heute die umsatzstärksten Branchen von Rio de Janeiro. Schon längst trauen sich weder Polizisten noch Politiker in die Barackensiedlungen an den Berghängen und in der sumpfigen Küstenebene, die die Stadt am Atlantik immer enger zuschnüren. In den Favelas herrscht das Faustrecht. Getötet wird wegen einiger Gramm Kokain und einem Paar geklauter Tennisschuhe. Die kriminellen Banden verfügen über modernste Schnellfeuerwaffen. Dagegen kann die Polizei nicht einmal die Benzinrechnung für ihre verrosteten Streifenwagen bezahlen.

„Die Polizisten von Rio de Janeiro bekämpfen nicht das Verbrechen, sondern beteiligen sich daran. Die Politiker der geplünderten Stadt denken nicht an das Gemeinwohl, sondern nur an ihr eigenes. – *É uma vergonha!,* ‚Das ist eine Schande!' Wir müssen endlich reinen Tisch machen!": *Boris Casoy,* der populärste Fernsehkommentator Brasiliens, predigte das fast jeden Abend. Der deutsch-brasilianische Autor *Ze do Rock* hat in seinem Narren-Roman „Ufo in der Küche" in seiner erfundenen Sprache „Wunschdeutsch" den Zustand herrlich karikiert: „In Brasilien muss man di polizei mer fürchten als di räuber, da man von den räubern jedenfalls nur selten prügel krigt. Für die brasilianische polizei sind ermittlungen ein müsames und aufwendiges geschäft, also nimmt man sich liber einen tüpen von der straße, am besten einen, der verdächtig arm aussit, das kann man wi gesagt leicht an der hautfarbe erkennen, und man stellt ihm ein par fragen. Oft bleibt der verdächtige bei seiner aussage, das er unshuldig is, selbst nachdeem man ihn ein bissi geklatsht hat. Das sind natürlich keine arbeitsbedingungen, nich wahr. Der bullizei bleibt nix anderes übrig als den fragen etwas nachdruk zu verlein, entweder mit brachialer gewalt oder elektroshoks, das kommt auf die verfügbare technologi an. Es kommt schon mal vor, das di befragten di sache überleben und die polizisten anzeigen. Von 400 angeklagten polizisten haben 6 iren jobb verloren. Da is es kein wunder das di arbeitslosigkeit steigt."

Strafvollzug

Hinter den Gefängnismauern sieht es nicht anders als vor ihnen aus. Die **Zustände in den Strafanstalten** Brasiliens spotten jeder Beschreibung.

43.000 Strafgefangene in 19 der 73 Gefängnisse des brasilianischen Bundesstaates São Paulo beteiligten sich im März 2001 an der größten **Zuchthaus-Rebellion,** die das Land je gesehen hat. Der Polizei und den Gefängnisaufsehern gelang es erst nach vielen Stunden, die Revolte einzudämmen. Zehn Tote waren zu beklagen.

Das Signal zum Aufstand kam offenbar aus dem größten brasilianischen Zuchthaus, Carandiru, das am Stadtrand von São Paulo lag (2002 wurde es abgerissen). Die Zuchthäusler hatten den sonntäglichen Besuchstag genutzt, um Aufseher zu entwaffnen und zu fesseln und Tausende von Frauen und Kindern als Geiseln festzuhalten, um ihre Forderungen nach einem gerechteren Strafvollzug zu stellen.

Die Tatsache, dass an dem Aufstand fast jeder vierte Strafgefangene im Bundesstaat São Paulo mitmachte und dass die Rebellion sich flächenartig bis in Provinzhaftanstalten ausbreiten konnte, belegt die gründliche organisatorische Vorbereitung, die die Rädelsführer offenbar unternommen hatten. Die Polizei glaubt denn auch, dass hinter dem Massenaufstand ein harter Kern von Berufskriminellen steckt. Das so genannte „Erste Kommando der Hauptstadt" aus Kidnappern und Bankräubern sei der Drahtzieher. Die Kriminellen verfügten über Handys und Funkgeräte, mit denen sie engsten Kontakt zur Unterwelt draußen und zu den Zellennachbarn anderswo halten konnten.

Das **Zuchthaus Carandiru** galt schon immer als Brutstätte des Aufruhrs und Verbrechens. Wenige Schritte von der Metrostation an der Avenida Cruzeiro do Sul von São Paulo lag der Eingang zur Hölle. Über ihrem Portal stand geschrieben: *casa de detenção* („Haus der Verwahrung"). 7.200 Mörder, Einbrecher, Diebe usw. hausten dort. Carandiru war vielleicht sogar das größte Zuchthaus der Welt.

Die Strafanstalt Carandiru war für 1.000 Insassen ausgelegt – nicht für 7.000. Man hatte den düsteren Bau 1920 weit draußen vor der Stadt errichtet. São Paulo ist aber wie ein Hefeteig aufgegangen, und in diesem Teig aus Zement und Ziegeln lag nun die vergitterte Trutzburg, die das Böse bannen sollte, damit die Bürger ruhig schlafen konnten.

Strafjustiz und Strafvollzug in Brasilien haben immer wieder den Protest von internationalen Menschenrechtsgruppen ausgelöst. Die brasilianischen Behörden geben selber zu, dass die Haftanstalten schon allein **wegen der Überfüllung menschenunwürdig** sind. Dabei wird faktisch nur ein Bruchteil aller Schwerverbrechen aufgeklärt und abgebüßt. Wirtschaftsverbrecher können fast immer mit der Gnade der Justiz rechnen.

Vor dem Gesetz sind alle gleich? – ein abgeschmackter Traum. In Carandiru hockt kein Akademiker; die haben nach brasilianischem Recht Anspruch auf eine Einzelzelle. Die Zellen in Carandiru sind mit drei, vier, fünf, auch mit zehn **Häftlingen** belegt. Um die besten Lager, dünne Schaumgummimatten, wird gefeilscht und gehandelt. Gute Schlafplätze kosten Miete. Alles, was das Leben erleichtert, kostet Geld: eine schwule Geliebte, Pornohefte, Extrarationen, Zigaretten, Schnaps, ein Schuss Kokain und vor allem Crack, das so gut wie jeder raucht. Nicht wenige Häftlinge sterben an AIDS, bevor sie entlassen werden.

Den **Wärtern** im Strafvollzug geht es oft nicht besser als den Gefangenen. Sie müssen mit einem Hungerlohn auskommen. Gewiss, sie können sich durch regelwidrige Geschäfte mit den Insassen materielle Verbesserung verschaffen. Aber nicht wenige von ihnen schlagen sich nach Dienstschluss noch mit Nebenjobs durch, z.B. als Taxifahrer oder Berufskiller im Auftrag von Ladeninhabern, denen das Geschäft zum wiederholten Male ausgeraubt wurde. Bei fast allen sind die Ehen gescheitert. In den Bars an der Avenida Cruzeiro do Sul spülen sie sich ihren Frust mit Schnaps hinunter, schimpfen auf die Chefs, die Journalisten und die verdammten Weicheier von den Menschenrechtsgruppen – aber am wenigsten auf ihre „Kunden".

Und sie schwelgen in Erinnerungen – an ihre ermordeten Kollegen, an die blutigsten Geiseldramen und Rebellionen, die Ausbruchversuche, die Morde und Suizide. Einmal, da hatten die Häftlinge in Block Sieben einen Tunnel gegraben – einen 100 Meter langen Stollen unter den Mauern hindurch, von Kloakenbrühe und Ratten verseucht. 77 Gefangenen gelang die Flucht in den Hinterhof einer Hütte dort draußen.

Über den 2. Oktober 1992 wollen die Wärter nicht reden. An jenem Tag endete eine mehrtägige Revolte in Carandiru mit einem **Massaker** an 111 Gefangenen. Angesichts des Aufruhrs im Gefängnis hatte die Leitung Polizei angefordert. Die rückte mit Maschinenpistolen und Schäferhunden an. *Pente fina* hieß der Befehl – lupenrein Block für Block, Zelle für Zelle durchkämmen! Die Gefangenen mussten sich nackt mit dem Gesicht zur Wand aufstellen. Wer zögerte, wurde umgelegt. Wo sich Widerstand regte, legte die Polizei Feuer. Blutlachen und Leichenberge hinterließ die Militärpolizei.

Polizei und private Sicherheitskräfte

Immer wieder haben die **Politiker** im Wahlkampf Null-Toleranz bei Vergehen und Verbrechen gegen die öffentliche Sicherheit, einen verstärkten Kampf gegen das organisierte Verbrechen und den Drogenhandel, die Entwaffnung der Unterwelt und paramilitärischer Schutztruppen und eine Professionalisierung der Polizei gefordert. Aber Waffenscheine für Privatpersonen werden großzügig ausgestellt.

Brasilien verfügt über viele Polizisten, aber über **keine gute Polizei.** Die kasernierte Schutzpolizei, die „Militärpolizei", die nicht zum Militär gehört, sondern den einzelnen Länderregierungen untersteht, ist schlecht bezahlt, schlecht ausgebildet und bis in die Kommandospitzen korrupt. Die „Zivilpolizei" ist nicht einmal ansatzweise in der Lage, Verbrechen investigativ nachzugehen, was ihre Aufgabe wäre. Die Straßenpolizei begnügt sich mit der Strafzettel-Wirtschaft. Und die Bundespolizei prüft die Pässe an den Grenzen – eigentlich wäre sie auch für die Drogenbekämpfung zuständig – doch da gibt es noch andere Behörden, die sich alle ausgiebig mit Kompetenzabgrenzungen und Zuständigkeiten rumschlagen. Und das zu miesen Gehältern, die eine „Nebentätigkeit" geradezu erzwingen.

Solange nur Blech beschädigt und Tresore geleert werden, ist es ja auszuhalten. Doch die Gefahr um Leib und Leben lässt so manchen nicht ruhig schlafen. Wer aber möchte das nicht? Wie in Abrahams Schoß, geborgen und sicher? Ohne die Angst, des Nachts könnten sich dunkle Gestalten ins Haus einschleichen?

Millionen Brasilianer sind bereit, für diese Utopie viel Geld auszugeben. Weil die Polizei sie nicht wirksam schützt, engagieren sie **schwarze Sheriffs, Nachtwächter und Bodyguards.** Schließlich ist das Risiko, in São Paulo oder Rio de Janeiro getötet, überfallen und beraubt zu werden, zehnmal höher als in New York und dreißigmal wahrscheinlicher als in Wanne-Eickel.

Die Ruhe und Ordnung brasilianischer Bürger wird nicht nur durch die Kriminellen gestört, sondern auch durch die so genannten Sicherheitskräfte, die ihre Dienste anbieten, um vorgeblich für eine ungestörte Öffentlichkeit zu sorgen. In Rio de Janeiro wird das meist unbewaffnete **Heer von Hilfssheriffs** auf 120.000 Personen geschätzt – also auf die vierfache Mannschaftsstärke der Polizei.

Qualifikation und Berufserfahrung werden in diesem Job so gut wie nicht vorausgesetzt. Viele aktive und pensionierte Polizisten finden sich in den Kadern der Truppe – aber auch sehr viele Personen, die schon „einschlägige" Erfahrungen mit dem Gesetz gemacht haben. Der Dienst der selbsternannten Sicherheitsfachleute wird den Bewohnern mancher Viertel auch schon mal **mit drastischen Methoden aufgezwungen.** Wer die „Gebühr" von umgerechnet 25 bis 50 Euro im Monat für den Nachtwächter auf der Straße nicht aufbringt, der wird als erster zum Opfer der Einbrecher.

Deutsche können schwer ihre Rechthaberei unterdrücken, was in Brasilien allerdings unerwartete Folgen haben kann, wie bei folgendem **Verkehrsunfall.** Im Stop-and-go-Verkehr von São Paulo war dem Opfer ein grüner Laster von der Polizei, besser gesagt ein Pferdetransporter der berittenen Polizei, zu nahe gekommen. Dass der Deutsche anhielt, war sein erster Fehler – es war ja nur ein Rücklicht zu Schaden gekommen.

Der Fahrer des Pferdetransporters war so ein netter Polizist – doch der Geschädigte hätte sich besser aus dem Staube gemacht. Aber nein, die Europa-Seele sinnt auf Schadenersatz, also folgte der Landsmann dem Pferdetransporter brav ins **Polizeiquartier,** wo man versprach, die Sache zu regeln. Der Chef dort, ein liebenswürdiger Capitan, ließ es sich nicht nehmen, einen süßgezuckerten *cafezinho* nach dem anderen anzubieten und jedes einzelne der 140 Polizeipferde vorzustellen.

Ach so, die Schadensmeldung – nur eine Kleinigkeit! Das Protokoll wurde von Subalternen auf einer uralten Schreibmaschine erstellt, die klapperte wie ein müder Gaul. Irgendwann war die harte Schreibarbeit getan oder das Farbband hatte das Zeitliche gesegnet oder der Kaffee war ausgegangen, jedenfalls setzte der Capitan seine Unterschrift

033kb Foto: me

schwungvoll unter das Protokoll, dessen Durchschlag er überreichte. Dieses Dokument sei allerdings nur für den internen Gebrauch der berittenen Polizei - zur Schadensregelung müsse die Verkehrspolizei hinzugezogen werden, meinte der Capitan mit einem ostentativen Blick auf seine falsche, goldene Rolex.

Also wurde die Verkehrspolizei telefonisch gerufen. Eine Protokollaufnahme könne allerdings nur im zuständigen Revier vorgenommen werden. Man verabschiedete sich von dem freundlichen Pferde-Hauptmann und fuhr auf die Polizeiwache.

Inzwischen war es bereits kurz vor Mitternacht. Bei der Verkehrspolizei schien sich nun der gordische Knoten zu lösen. Doch wo war das corpus delicti, der Pferdelastwagen? Der durfte nicht fehlen, denn der hatte ja vielleicht auch einen Kratzer abbekommen. Hektische Telefonate nach Mitternacht. Und die Autopapiere, bitte! Eine beglaubigte Kopie des Kraftfahrzeugscheins reiche leider nicht, bedauerten die Verkehrspolizisten. Man möge doch noch geschwind mit dem Taxi nach Hause fahren, die Originale beschaffen.

Leider hatte das Opfer die Originale, wie üblich, im Tresor der Bank liegen - und die Bank würde erst am nächsten Morgen um zehn Uhr öffnen. „Dann müssen wir leider Ihren Wagen sicherstellen", erhielt der arme Mann zur Antwort und beging den dritten Fehler an diesem Tag, nicht wenigstens „aus Versehen" zehn Dollar auf den verschmutzten Boden des Polizeireviers fallen zu lassen, und sich aus dem Staube zu machen. Aber nein, auf diese Idee kam er nicht. So blieb also nur der Rückzug im Taxi.

Anderentags durfte der Deutsche sein Auto mit den Originalpapieren in der Hand bei der Kraftfahrzeug-Zulassungsstelle auslösen. Bei erneuter Einfallslosigkeit, wäre er wahrscheinlich heute noch ohne den geliebten Vierräder - so aber beschleunigte ein kleines Trinkgeld die Freigabe aus dem Autozwinger. Glücklich, den geliebten Vierräder am Lenkrad in die Arme zu schließen, erwachte er aus dem Hochgefühl des Wiedersehens durch das hektische Blinken der Warnlampen. Es tropfte aus der Bodenwanne.

Die Werkstatt schleppte ihn ab. Autos, die die Kraftfahrzeug-Zulassungsstelle herausgibt, sollte man besser aus dem Verkehr ziehen. Man habe noch Glück, dass die Räder dran seien, meinte der Meister und stellte die Rechnung: 1.000 Dollar für den Schaden - und für die verdammte deutsche Rechthaberei.

Weil die Polizei nicht in der Lage ist, Ordnung und Ruhe zu garantieren und manchmal selber zur Unterwelt gehört, weil die Gefängnisse überfüllt und die Gerichte mit Prozessen verstopft sind, **suchen mehr und mehr Bürger ihr Recht auf Sicherheit auf eigenem Wege.** In den Favelas von São Paulo und Rio de Janeiro ist Lynchjustiz keine Seltenheit. In den besseren Wohnvierteln zeugen turmhohe Mauern, Stacheldraht, Bewegungsmelder, Hundestaffeln und schwarze Sheriffs von der Angst ihrer Bewohner. Nach Kolumbien und Mexiko ist Brasilien der lukrativste Markt für Mechaniker, die Autos mit Panzerung versehen.

Straßenkinder

Die Angst, überfallen, entführt oder erschossen zu werden, ist der tägliche Begleiter brasilianischer Großstadtbewohner. Doch die schwächsten Glieder der Gesellschaft sind die ersten Opfer der Gewalt: die Straßenkinder zum Beispiel.

In der mit Blattgold überladenen Klosterkirche von São Bento lauschte die feine Gesellschaft einer Sonate von *Antonio Vivaldi;* zweihundert Meter weiter spritzten die Müllmänner Blut vom Bürgersteig. Eine Todesschwadron hatte dort achtzehn Stunden zuvor **schlafende Straßenkinder erschossen.**

Rios Radiostationen forderten die Hörer nach dem Massaker auf, bei der Suche nach den Mördern zu helfen. Statt sachdienlicher Hinweise trafen anonyme Anrufe ein wie: „Die Straßenkinder sind eine Pest, sie gehören alle ausgerottet!" Hinter den Krokodilstränen, die jetzt wieder öffentlich vergossen werden, verberge sich in Wahrheit eine **schweigende Zustimmung zum Mord an den Straßenkindern,** behauptet *Ligia Costa Leite,* eine Soziologin, die jahrelang mit Straßenkindern gearbeitet hat. *Tania Maria Salles Moreira,* eine mutige Staatsanwältin, die eine Reihe von Mördern vor Gericht gebracht hat, stellt nüchtern fest: „Wenn Ihr Geschäft zum dritten oder vierten Mal hintereinander von Jugendlichen geplündert worden ist und die Polizei nicht einschreitet – dann kommen Sie doch auf eine ganz einfache Idee: Sie üben Rache."

Rund **eine Million heranwachsender Brasilianer** treiben sich auf dem Großstadtpflaster herum. Als Parkwächter und Schuhputzer, aber auch mit Diebstahl und Bettelei oder als Kuriere der Drogenmafia schlagen sie sich durch, betäuben ihren Hunger und bedröhnen sich mit Dunst von Tischlerleim.

Aufgebrachte Bürger rotten sich zusammen, um ihr Viertel „zu säubern", mager besoldete Polizisten helfen nach Feierabend mit der Waffe aus. Am nächsten Morgen liegt dann wieder irgendwo ein „Schinken" ...

Anwälte und Richter

Wo das Verbrechen blüht, klingeln die Kassen der Advokaten.

Es gibt allein in São Paulo 120.000 **Anwälte,** mehr als in ganz Deutschland (90.000). Ein riesiger Markt von Anwälten, Rechtshelfern, *despachantes* (also Spurensucher, Vermittler und Makler durch die Bürokratie) und Richtern lebt von der Gesetzlosigkeit. Und die **Richter** leben nicht schlecht. Jeder Richter, sei er auch nur einer der ersten Instanz, hat einen Dienstwagen. Das Landgericht von Rio hat sogar einen Hubschrauberlandeplatz auf dem Dach, und in Amazonien sind sie stolz auf ein schwimmendes *forum* (Gericht).

Dass pro Jahr etwa 50 Richter und Staatsanwälte wegen **Korruption** ihrer Ämter enthoben werden, ist nur die Spitze des Eisbergs. Es herrscht ein ritterlicher „Vertrag" unter den *magistrados,* den Damen und Herren Juristen, man tut sich nicht weh. Und man verschließt die Augen vor der Gesetzlosigkeit.

Korruption

Der Abgeordnete *Chicão Brigido* aus der Amazonasprovinz Acre hat die nicht enden wollende cronique scandaleuse des brasilianischen Parlaments um ein Kapitel erweitert. Seine pfiffige Geschäftsidee bestand darin, sein **Mandat gegen Gebühr „auszuleihen".**

Chicão Brigido weiß halt, was seine Stimme wert ist. Bei der Abstimmung über eine Verfassungsänderung ließ er sich vermutlich das Handheben mit 200.000 Dollar vergolden. So ganz genau will das in Brasília keiner wissen – schließlich ist Stimmenkauf im parlamentarischen Bazar der Hauptstadt ein altes Thema.

Aber das Leasing-Geschäft mit dem Abgeordnetensessel ist allein *Chicãos* Erfindung. Er ließ sich als Abgeordneter für ein paar Monate beurlauben (in Brasilien ist das möglich), verlangte aber von seiner Statthalterin, der nachrückenden Abgeordneten *Adelaide Neri,* ein „Platzgeld" in Höhe der Hälfte der Abgeordnetendiäten, die rund 8.000 Dollar im Monat ausmachten. Doch nicht genug: Da jeder Volksverteter des brasilianischen Parlaments noch monatlich 20.000 Dollar zusätzlich für Mitarbeiter und Assistenten erhält, sollte auch dieser Batzen geteilt werden.

Nicht selten setzen die Abgeordneten und Senatoren die 20.000-Dollar-Pauschale dafür ein, die gesamte Sippschaft durchzuziehen. Der geizige *Chicão Brigido* aber hatte das Geld schon immer selber eingezogen. Und zwar so, dass er gegenüber der Parlamentsverwaltung fürstliche Gehälter seiner Mitarbeiter abrechnete, ihnen aber nur einen winzigen Bruchteil zahlte. Auf diese Weise gelang es dem Cleverle, seine Diäten um rund das Doppelte aufzustocken, steuerfrei versteht sich.

Die Dreistigkeit, mit der er von seiner Platzhalterin verlangte, die Sklavenhalter-Praxis zu seinen Gunsten fortzusetzen, brachte die Angelegenheit schließlich an die Öffentlichkeit. Bevor sich die Ethik-Kommission des Parlaments mit der Sache beschäftige, schwor der Abgeordnete *Chicão Brigido,* in Zukunft keine Pausen mehr einzulegen. Damit war die Sache erledigt.

„Ich schäme mich für Brasilien. Es wird Zeit, dass das Volk gegen die Korruption aufsteht" – so Ex-Minister *Edson Arantes de Nascimento,* Fußballkönig *Pelé,* im Fernsehen.

Die öffentliche Scham des Fußballkönigs hatte zur Folge, dass Präsident *Fernando Henrique Cardoso* ihr beipflichtete – aber weder wird das Volk gegen die Korruption aufstehen, noch werden die Korrumpierenden und die Korrumpierten von ihrem Tun lassen. Denn in Brasilien ist wie in ganz Lateinamerika die **Korruption ein Teil der politischen Kultur.** Und man sollte sich davor hüten, sie mit den Maßstäben pingeliger Buchhalter zu messen. Noch lächerlicher wirkt es, Ehrenwort!, wenn beispielsweise deutsche politische Stiftungen ihre Referenten nach Brasilien schicken, um dem staunenden Publikum von den sauberen Verhältnissen daheim zu berichten.

„Skandale und Skandalenthüllungen sind Brennelemente für das politische Feuer – die Skandale zur Sicherung politischer Herrschaft, die Enthüllungen zur Eroberung derselben. Die Korruption und ihre Aufdeckung stehen in einem symbiotischen Verhältnis zueinander", so der Frankfurter Rechtsphilosoph *Wolf Paul.*

Für Lateinamerika gehört Korruption zur Logik des Alltags. Sie ist **Sozialstruktur, Handlungsnorm, Bewusstseinsform,** schreibt der Brasilien-Kenner *Wolf Paul.* Dabei gehört Brasilien, wenn man *Transparency International* glauben darf, nicht mal zu den korruptesten Ländern (wie Kamerun, Nigeria, Indonesien, Aserbaidschan, Usbekistan, Honduras, Tansania, und Paraguay – in dieser Reihenfolge), sondern rangiert mit Polen im unteren „Mittelfeld". Gleichwohl kann der aufmerksame Zeitungsleser in Brasilien so gut wie jeden Tag einen Korruptionsfall von einem Volumen von mehr als einer Million Dollar verfolgen. Deutsche Firmen tauchen dabei auch hin und wieder auf.

Die Korruption ist ein Chamäleon, das sich perfekt an die Umgebung anpasst. Die so genannte **Verschwendungskorruption** kennt zahlreiche Varianten – meist werden damit „fantastische" Projekte viel zu teuer finanziert, die Differenz landet in privaten Taschen.

Als nationale Besonderheit kann in Brasilien der **hohe Durchdringungsgrad von Verwaltung und Staat mit Beziehungsnetzen der Korruption** angesehen werden. Auch und besonders ist die Justiz davon betroffen, bespielweise durch Gefälligkeitsentscheidungen.

Brasilien hatte im April 2001 wieder einmal einen saftigen Skandal. Rund zwei Milliarden Real, also etwa eine Milliarde Dollar, waren in den vorangegangenen fünf Jahren aus öffentlichen Entwicklungsprogrammen für Amazonien in private Taschen geflossen – das hatte der zuständige Minister *Fernando Bezerra* selber kleinlaut zugegeben. Statt aber persönliche Konsequenzen zu ziehen, schickte *Bezerra* erst einmal seine engsten Mitarbeiter in die Wüste.

Die Bundespolizei hatte im Auftrag des Staatsanwalts die Telefonate hoher Beamter und korrupter Unternehmer abgelauscht. Dabei kam heraus, dass zahlreiche Schein-Firmen für Entwicklungsprojekte, die niemals auch nur über Papierkram hinauskamen, Millionen und Abermillionen abgezockt hatten – immer mit Hilfe von Beamten der Entwicklungsbehörde Sudam und Politikern, die Einfluss auf die Besetzung der Sudam-Spitzen hatten.

Der **Sumpf um die Amazonas-Milliarden** reichte bis Brasília. Immer wieder tauchen Namen aus dem politischen Establishment bei den Enthüllungen auf. Einer war darunter, der schon länger Schwierigkeiten damit hatte, seinen Reichtum zu erklären: Senator *Jader Barbalho* aus Belém, der Senatspräsident.

Dando é que se recebe, – „Eine Hand wäscht die andere": Klassenjustiz und Bereicherungsgier werden in den „gehobenen" Kreisen als selbstverständlich angesehen. Aber auch jeder noch so bescheidene Amtsdiener versucht mit seiner vom Staat verliehenen Gewalt, so viele Vorteile wie möglich zu ergattern. Das ist verständlich: Durch Mehrarbeit bekommt kein Beamter, ebenso wenig wie ein Sklave, mehr Geld. Also muss der geringstmögliche Arbeitseinsatz den „Mehrwert" erbringen – oder die Korruption. **Arbeitsvermeidung und Korruption** sind im Grunde zwei Seiten der gleichen Medaille. Sie lassen sich historisch auf die Kolonialherrschaft und die Sklavengesellschaft zurückführen.

Was aber, wenn Recht, Ethik und Moral selber korrumpiert sind? In allen Ländern des Subkontinents ist Korruption eine verbreitete soziale Praxis und ein reguläres (geradezu marktwirtschaftliches) **Element des Wirtschaftslebens.** In ihrer klarsten Form ist sie kollektives Handeln, organisiert sich in persönlichen Beziehungsgeflechten, nimmt netzwerkartige Formen an, infiltriert maßgebliche Kreise in Politik, Verwaltung und Staat, manipuliert staatliche Entscheidungen. In schöner Regelmäßigkeit treten die *esquemas de corrupção* („Korruptionsnetze") in Erscheinung, getarnte Großunternehmungen, die nach einem logistischen Schema vorgehen und ausschließlich darauf gerichtet sind, öffentliche Kassen zu plündern.

In der Politik wie in der Familie, in der Öffentlichkeit wie zu Hause – nicht die geschriebenen Regeln bestimmen das Zusammenleben der Menschen, sondern die ganz persönlichen Beziehungen. **Die Person, nicht die Sache, geht vor.** Brasilianer wählen Menschen, zu denen sie Vertrauen haben. Der persönliche Eindruck ist entscheidend – und die familiären Bande, und sind sie noch so dünn.

Kein Politiker käme auf die Idee, seine Vorstellungen (wenn er welche hat) den Leuten zu verkaufen, denn kein Mensch glaubt an Programme oder Papiere. Ein deutscher Politologe setzte sich in Brasilien der Androhung von Prügel aus, weil er die zwei Dutzend politischen Parteien abklapperte und partout deren Parteiprogramm haben wollte. Man sah in ihm einen gefährlichen Spion, vielleicht sogar einen Provokateur im Auftrag politischer Gegner? Jedenfalls schmiss man ihn hochkantig aus den Büros hinaus.

Mit der Demokratisierung der Staaten wurde auch die **Korruption „demokratisiert"**, also auf weitere Kreise ausgeweitet. Das ist nicht verwunderlich, denn wenn Demokratisierung Delegierung von Macht bedeutet, und Macht die Fähigkeit ist, den Willen durchzusetzen, dann ist Korruption damit einbezogen. Denn Korruption bricht Macht. Sie sei mächtiger als jede Kanonenkugel, hatte einmal ein weiser mexikanischer General gesagt.

Weil jedermann in Brasilien die **Korruption als unausrottbar** ansieht, ist sie es auch. Die Tatsache, dass erstmals in der Geschichte Brasiliens 1992 der damalige Staatspräsident *Fernando Collor* mit Schimpf und Schande aus dem Amt gejagt worden ist, war vielleicht ein kurzfristiger Reinigungsakt der Demokratie, aber nicht das Aus für die politische Korruption.

Und die **Geschichte um Fernando Collor** hatte sich wie eine *telenovela* in Endloskapiteln vor den Augen aufgeblättert ...

Ein feister fünzigjähriger Glatzkopf im Pyjama, neben ihm auf dem blutbesudelten Bett ein junge Frau, zwischen dem Paar eine Pistole. Mord und Selbstmord aus Leidenschaft, konstatiert die Polizei des Bundesstaates Alagoas nach hastiger Untersuchung. Die Leichen werden auf Bitten der Angehörigen umgehend verscharrt. Doch die Geschichte nimmt erst ihren Anfang. Kein Mensch in Brasilien glaubt an das Liebes-

Der Präsidentenpalast – auch er bleibt von Korruptionsaffären nicht verschont

034kb Foto: cg

drama mit tödlichem Ausgang. Denn der Tote ist kein anderer als *Paulo Cesar Farias,* die graue Eminenz des Präsidenten *Fernando Collor.*

Fernando Collor de Mello war der erste und jüngste frei vom Volk gewählte Staatspräsident nach zwei Jahrzehnten Militärdiktatur. Er galt als politischer Wunderknabe, hatte er doch versprochen, das Land von Korruption und Vetternwirtschaft zu befreien. Der vierzigjährige, sportliche *Collor* verkörperte den Aufbruch in die Zukunft, in die Moderne. Er galt als Supermann, als Saubermann, als Retter der Nation; 35 Millionen Brasilianer hatten ihm ihre Stimme gegeben.

Im Herbst 1986 wird er Gouverneur von Alagoas. Sein väterlicher Freund *Paulo Cesar Farias* hat ihm die Blitzkarriere finanziert; der Autohändler weiß, wie man die richtigen Finanz-Quellen anzapft. *PC Farias* wird hinfort alle politische Kampagnen *Collors* organisieren.

Collor überrumpelt nach seinem Amtsantritt im März 1990 die Nation mit der Blockierung aller privaten und geschäftlichen Bankkonten; die eigenen hat er vorher mit Hilfe von *PC Farias* abgeräumt. Ein solches „Erdbeben in der Wirtschaft" hatte keiner erwartet. Doch die Weltbank begrüßt das brasilianische Sanierungsprogramm als „die radikalste Wirtschaftsreform Lateinamerikas". Während sein Vorgänger die Bibel auf dem Schreibtisch liegen hatte, greift Yuppie-Präsident *Collor* mal schnell zum Computer. Er umgibt sich mit jungen Selfmademen, Immobilienhändlern und den ehrgeizigen Söhnen der *fazendeiros* („Großgrundbesitzer"), die nach einigen Gastsemestern an der Sorbonne oder in Havard Brasilien „modernisieren“ wollen. Der spießige *Paulo Cesar Farias* aber zieht die Fäden; jeder Regierungsauftrag kostet „Vermittlungsgebühr“ in bar auf seine Hand. Doch dann bricht alles zusammen: Ausgerechnet *Fernando Collors* Bruder *Pedro* beichtet öffentlich, mit welchen Methoden der Präsident und sein Rasputin, dieser *Paulo Cesar Farias,* ungeniert in die Staatskasse greifen. Selbst „Merzedes-Benz“ habe an *Farias* Millionen Dollar Schmiergelder gezahlt, habe zahlen müssen.

Der Bruderrufmord bringt den Stein ins Rollen und das Parlament ins Spiel. Der Präsident kann nicht verhindern, dass ein parlamentarischer Untersuchungsausschuss diesen *PC Farias* genauer unter die Lupe nimmt. Geldwäsche, Steuerhinterziehung, Bestechung und kriminelle Bereicherung werden ihm und damit auch *Collor* zur Last gelegt.

Collor streitet alles ab, und *Paulo Cesar Farias* taucht unter. Mehrere Monate hält er die Polizei zum Narren; bis er schließlich in Bangkok aufgestöbert wird. *PC Farias* muss für einige Wochen wegen Steuerhinterziehung in eine komfortable Zelle. *Fernando Collor de Mello* wird im Dezember 1992 seines Amtes enthoben, Machtmissbrauch und persönliche Bereicherung waren zu offenkundig. Der Ex-Präsident setzt sich nach Miami ab; in Aspen läuft er Ski, in Hawaii reitet er Wellen. Der „Jahrhundert“-Prozess gegen *Collor* und Co. versickert im Sande. *PC Farias* verbüßt „Hausarrest“ in seiner Strandvilla bei Maceió. Dort findet man ihn im eigenen Blute. Dieser Mann wusste zu viel. Deshalb hat man ihn umgebracht: *qeima de arquivo* („Archiv-Abbrand“); davon sind so gut wie alle Brasilianer überzeugt, und die Bundespolizei ist es auch. Die *telenovela* um *PC Farias* ist beendet. Das Kapitel *Collor* ist abgeschlossen. Wo die schätzungsweise sieben Milliarden Dollar stecken, die *Collor* und *PC Farias* in die eigenen Taschen gewirtschaftet haben, interessiert die Behörden nicht mehr. Alle, die *Collor* und *Farias* geschmiert haben, brauchen keine hochnotpeinlichen Verfahren mehr zu befürchten. Eine ganz banale brasilianische Geschichte.

Kurz darauf stand der **Kongress im Mittelpunkt einer neuen Korruptionsaffäre –** ausgerechnet der Kongress, der den Präsidenten in die Wüste geschickt hatte! Wieder flog die Sache durch eine Familienaffäre auf: Der Parlamentsdirektor *José Carlos Alves dos Santos* stand unter dem Verdacht, seine Frau ermordet zu haben. In seiner Wohnung fand die Polizei unter der Matratze ein Bündel von einer Million Dollar. Was der Parlamentsangestellte über deren Herkunft erzählte, klang so fantastisch, dass es erst keiner glauben wollte: Über Jahre hinweg hatten Abgeordnete des Haushaltsausschusses mit Hilfe von *Carlos Alves* und dem Wissen führender Politiker riesige Summen aus dem Staatshaushalt in die eigenen Taschen kanalisiert.

Paragrafendschungel

Die Gesetze haben sich hundertmal geändert, die Justiz ist die alte geblieben. Sie ist schneckenlangsam, träge wie ein Straßenköter, weltfremd wie eine Jungfer, zahnlos wie eine alte Vettel, teuer wie eine Diva und so umständlich wie nur möglich. Doch funktioniert sie prächtig für alle, die in den Nahrungskreislauf der Rechtsprechung eingebunden sind und für die Herrschaften leistet sie immer noch gute Dienste. Sie hält das Volk auf Abstand. Eine solche Magd entlässt man nicht, auch wenn sie ihre Schrullen hat.

Die Brasilianer haben **den Glauben an die Justiz** nicht verloren. Weil sie ihn nie besessen haben. Wer vor den Kadi geht, der hat gemeinhin Böses vor. Gerechtigkeit im Paragrafendschungel zu suchen, ist dasselbe, wie die Nadel im Heuhaufen aufzuspüren. Allerdings glaubt auch keiner, dass das Recht vom Himmel fällt, dass es also so etwas wie eine absolute Gerechtigkeit gibt, die man wie einen Leuchtkäfer fangen könnte. Oder dass man diese Gerechtigkeit in Gesetze meißeln könnte, wo sie doch heute so und morgen ganz anders ausfallen kann. Im Leben geht es ungerecht zu. Gerechtigkeit ist meistens Glückssache. Sie haust nicht zwischen Aktendeckeln und Folianten. Sie lebt tief in der Brust, im Gefühl für Fairness und Freundschaft, im Edelmut und in der Barmherzigkeit.

Brasilien hat **die „perfekte Verfassung".** Sie „garantiert" allen Staatsbürgern eine unbeschwerte Jugend, eine gerechte Entlohnung, aktives und passives Wahlrecht (letzteres setzt Schreib- und Lesekundigkeit voraus) und ein durch Renten gesegnetes Alter. Es gibt genügend Gesetze für alles und jedes - allein, sie „ziehen nicht". Weil jedes Gesetz durch ein anderes blockiert werden kann.

Auf diesem Humus wuchern **jährlich 18 Mio. juristische Verfahren,** die 16.900 Richter und hundertmal mehr Anwälte beschäftigen: in Sao Paulo allein mehr als in ganz Deutschland. In 60 Prozent der Verfahren geht es dabei gar nicht um reale Streitsachen, sondern um Prozesshanselei. Der Rechtsweg wird „ausgeschöpft", um Zeit zu gewinnen und sich Zahlungsverpflichtungen so lange wie möglich zu entziehen. Das gilt ganz besonders für den Staat. In 80 % aller zivilrechtlichen Revisionsverfahren vor höheren Instanzen ist der Staat der Beklagte, der sich den Luxus erlaubt, auch aussichtslose Verfahren bis zum Letzten durchzufechten. Die Ministerien, die Behörden, die Verwaltungen auf allen Ebenen, vom Pedell bis zum Präsidenten: Alle setzen ohne Rücksicht auf die Kosten die Justizmaschinerei in Gang, um Rechtsansprüche abzuwehren, zu verschleppen und zu vertagen.

Die brasilianische Justiz ist ein Staat im Staate. Sie nennt sich die „Dritte“ und „stille Gewalt“, aber in Wahrheit hat sie das letzte Wort.

Dabei haben es die Robenträger so eilig nicht. Zivil- wie Strafprozesse ziehen sich über Jahre hin. Bindende Grundsatzentscheidungen der oberen Instanzen gibt es nicht. Jeder Prozess wird bis zur letzten Instanz einzeln geführt. So kommen gigantische Aktenberge zusammen. Die Richter stöhnen, sie hätten oft mehr als zwei Dutzend identische Verfahren pro Tag zu entscheiden und abzuzeichnen – Fließbandurteile mit dem Federkiel. Die 11 Richter des Obersten Bundesgerichtshofes in Brasilia haben jedes Jahr über 100.000 meist völlig gleiche Verfahren am Hals. Das schaffen sie nur mit Unterschriftautomaten.

Gleichwohl – der Staatsjuristenalltag ist gemächlich wie das Leben in der Biedermeierzeit. Drei Monate im Jahr brauchen die Magistrados nicht zur Arbeit erscheinen; alle paar Jahre gibt es bezahlte Sabbatjahre – um nicht zu sagen: Faulenzerjahre. Und im Übrigen kann jeder **Staatsjurist** schon nach einem Dutzend Dienstjahren bei vollen Bezügen in den Ruhestand treten, ohne auch nur einen einzigen Centavo aus der eigenen Tasche für die Pension ausgeben zu müssen. Nur die italienische Justiz verbrät mehr Geld pro Einwohner als die brasilianische, die den Steuerzahler fünfmal mehr kostet als im Weltdurchschnitt.

Wer den Staat etwa wegen der vorenthaltenen Rente verklagt, der wird ein rechtskräftiges Urteil kaum vor Lebensende erwarten können. Der Staat ist nicht so einfach pfändbar. Wer einen **Anspruch gegen die öffentliche Verwaltung** erhebt und vor der Justiz Recht bekommt, kann seinen Anspruch nicht sogleich erwirken: Er muß erst im nächsten Haushalt förmlich ausgewiesen werden. Das kann Jahre dauern. Die Zivilprozessordnung erlaubt, alle Urteile gegen die öffentliche Verwaltung durch jeweils höhere Instanzen zu prüfen und gegebenenfalls zu revidieren. Und: Im gewöhnlichen Zivilprozess muss zweimal prozessiert werden – um die Sache und um die Vollstreckung. Wiederaufnahme eines Verfahrens ist allerdings ausgeschlossen. Wenn also jemand zur Zahlung von Alimenten wegen Vaterschaft verurteilt wurde – und nach 20 Jahren durch eine neue DNA-Methode diese Vaterschaft widerlegt wird – so bleibt er doch „Vater“ und muss zahlen.

Mythos Amazonien

Besiedlung Amazoniens

Der Bus bockt und stampft wie ein störrischer Esel und jedesmal wenn er in ein Schlagloch rumst, bleibt einen Herzschlag lang alles in der Schwebe. Aber dann schüttelt sich die Karosse wie ein nasser Hund, rappelt sich auf und rumpelt grollend weiter. Je mehr Stunden ablaufen, desto zäher scheint das Land dort draußen den Bus zurückzuhalten. Die Dämmerung ist der Nacht gewichen. Voraus am Horizont flackern Gewitter. Plötzlich prasseln die Tropfen.

Wie betrunken torkelt der Bus voran, schleift, pflügt, dreht durch, robbt weiter, rutscht, schleudert, stellt sich quer, schlägt auf. Der Fahrer lässt die Kupplung langsam kommen, doch dann drehen die Reifen wieder jaulend durch. Nach drei oder vier Versuchen, den Bus aus dem Schlammloch vor und zurück herauszuschaukeln, sind wir frei.

Rurópolis Presidente Médici – das sind vorfabrizierte Holzhütten und Armeebaracken, von denen die Farbe blättert, ein Telefonposten, eine Schule und zwei, drei Bretterbuden, in deren Schatten Köter dösen. Schlapp hängt die brasilianische Flagge vom Mast, darunter ruht im Gras ein Betonblock mit einer Bronzetafel – Grundstein und Grabmal der *transamazônica.*

27. September 1972, das halbe Kabinett ist aus Brasília zur **offiziellen Eröffnung der transamazônica** eingeflogen. Staatspräsident General *Emílio Garrastazu Médici* schreitet die Front ab. Die Nationalhymne erklingt, der Präsident hält eine Ansprache an das Volk. Von hier aus werde Brasilien zu einer großen Nation zusammenwachsen; die Straße des Fortschritts, eine Rollbahn der Erschließung mitten durch die grüne Hölle, werde Menschen ohne Land in ein Land ohne Menschen bringen und ihnen den Weg bereiten für ein würdiges Leben. Dann durchschneidet der General das Band, 1.253 Kilometer der *transamazônica* sind eröffnet.

Tropischen Großmachtträumen hatte schon *Getúlio Vargas,* Brasiliens *Mussolini,* nachgehangen; er betrieb in den dreißiger Jahren die Industrialisierung des Landes und die Kolonisierung des leeren Binnenraumes. Präsident *Juscelino Kubitschek* setzte durch den Bau der Retorten-Hauptstadt Brasília und einer Süd-Nord-Piste bis nach Belém die Linie fort. Mit dem Putsch von 1964 übernahmen Militärs das Kommando. Ihr Plan bestand aus einer Straßenkarte: eine rote Linie, die quer durch dunkles Grün, vom Atlantik zum Pazifik, von Cabedelo, km 0, 35 Grad westlicher Länge bis zum km 5.000, 73 Grad westlicher Länge, an die Grenze zu Peru läuft – die *transamazônica.*

065kb Foto: de.fotolia.com

Dazu Präsident *Kubitschek:* „Von der Küste aus unternimmt die Regierung einen Aufbruch zur Eroberung des nationalen Territoriums. Der Bau der *transamazônica* fördert die ökonomische Expansion und den Abbau sozialer Spannungen. Die *transamazônica* wird zu einer Völkerwanderung führen; aus dem überbevölkerten Osten und Süden werden die Menschen zur Landnahme in Amazonien aufbrechen ... Zum ersten Mal in der Geschichte wird der Mensch in rationaler Weise seinen Lebensraum ausweiten; ohne die Natur zu zerstören wird er weite Räume besetzen und beherrschen ... In zehn Jahren werden eine Million Familien, rund 5 Millionen Menschen, eine neue Existenz finden."

Lebensraum, Landnahme, Vorstoß zu den letzten Grenzen; in den Köpfen der Generäle mischten sich geostrategische Überlegungen mit gesellschaftlicher Utopie, die Furcht vor dem Eindringen nordamerikanischer Konzerne und Missionare in Amazonien mit der Angst vor sozialer Revolte in den Städten. Die nun herrschende Doktrin der „Nationalen Sicherheit" paarte sich mit dem *estatuto da terra,* dem **Versprechen, Land ohne Menschen an Menschen ohne Land zu geben.**

Die „grüne Hölle" ist nicht lebensfeindlich, versicherten damals die Experten und sahen eine grüne Revolution voraus. *Maxwell Ralph Jacobs* von der Welternährungsorganisation FAO sagte dazu: „Die fortschreitende Abholzung wird den Urwald in Weide, aber nicht in Wüste verwandeln. Abgesehen davon besitzen die tropischen Regenwälder eine fantastische Regenerationsfähigkeit, und binnen fünf Jahren wächst der Wald wieder zu. Wenn wir guten Gebrauch von den im Bau begriffenen Straßen machen, könnte die Holzwirtschaft eine große Zukunft haben, denn es ist durchaus möglich, den Regenwald zu nutzen, ohne ihn zu zerstören."

Weltbank, Interamerikanische Entwicklungsbank und zahlreiche private Kreditgeber beteiligten sich am **Projekt der „Nationalen Integration".** Bauunternehmen und Fahrzeugindustrie witterten ein Millionengeschäft. Professor *José Geraldo da Cunha Camargo* entwickelte zusammen mit der Siedlungsbehörde INCRA den Plan der **Besiedlung** rund um die *transamazônica:* In einem Streifen von 20 km rechts und links der Trasse erhielt jede Siedlerfamilie 100 ha Land, das nicht weiter als 5 km von der vorfabrizierten Hütte liegen sollte. 60 Hütten mit 60 Familien, einer Schule und einem Sanitätsposten bildeten das kleinste Siedlungsmodul, eine *agrovila.* In größeren Abständen entlang der *transamazônica* wurden Sub-Zentren errichtet; eine *agrópolis* wurde Mittelpunkt von jeweils etwa 20 *agrovilas,* mehrere Sub-Zentren gruppierten sich um eine *rurópolis.*

Die Bilanz nach einem Jahr fiel mager aus; die zensierte Presse wagte nicht, von einem **Fehlschlag** zu schreiben. Die Beamten der Siedlungsbehörde waren lieber in Brasília geblieben oder hatten sich nach Belém, Santarem und Manaus abgesetzt, statt in den Dschungel zu reisen. Nur ein Drittel der vorgesehenen Familien konnte angesiedelt werden, und die meisten verließen nach der ersten Regenzeit, in der sie für Monate von der Außenwelt abschnitten waren, die in den Wald gebrannte Rodung. Insekten, Infektionen und Indianer setzten den ausharrenden Pionieren zu; die meisten Siedler kamen aus der Steppe, sie hatten nie zuvor solch ein Meer aus Blättern, Lianen und Wurzeln gesehen. Welch eine überfließende Fruchtbarkeit!?

Ein, zwei Jahre gingen ins Land, da dämmerte den Siedlern, dass sie ihre Hoffnung buchstäblich auf Sand gebaut hatten. Die nackte Erde verwandelte sich nach dem Regen in einen Morast, und dieser erstarrte unter der sengenden Sonne zu steinharter Kruste. Ohne das schützende Blätterdach laugte der Boden schnell aus und verdorrte in der Hitze. Hunger!

In Brasília wurde **Kurskorrektur befohlen.** Neue Bataillone wurden ins Feld geführt. Kapitalkräftige Konzerne sollten retten, was zu retten war; sie erhielten großzügige Steuernachlässe, wenn sie nur ins Geschäft mit Viehfarmen einstiegen. „VW do Brasil" stellte Rinderzüchter ein. Sägewerke fraßen sich voran, ihnen folgten die Grundstücksspekulanten. Die „Inwertsetzung" Amazoniens sollte nun durch **agro-industrielle Projekte** und **Minenkombinate** vorangetrieben werden. Unglaubliche Bodenschätze harrten der Hebung. In der Serra dos Carajás wurde das größte Eisenerzvorkommen der Erde erschlossen; 50 km weiter östlich buddelten, kratzten, schürften 80.000 *garimpeiros* in der Serra Pelada nach Gold. Wild-West-Städte schossen über Nacht am Pistenrand aus dem Boden. Nach Rondônia und Acre zog ein Heerwurm landhungriger Obdachloser. Dort versprachen bessere Böden von Neuem das große Glück. Der Regenwald ging in Flammen auf.

Im Dezember 1988 wurde der Gummizapfer *Chico Mendes* ermordet; er war den Landbesetzern im Wege. Im „Südsommer" 1989 konnten die Linienmaschinen wegen Rauchnebels nicht mehr in Porto Velho und Rio Branco landen. Im Jahre 1990 maßen Wissenschaftler im Rio Madeiro so hohe Quecksilberkonzentrationen, dass eine akute Gefahr für das Leben der Goldsucher bestand. Im Jahre 1991 strich Brasília die Subventionen für Siedlungsprojekte in Amazonien.

Die *transamazônica* führte **„vom Nirgendwo ins Nichts".**

Gefahr für den Regenwald?

Amazonas, „der Kontinent der Träume", titelt der SPIEGEL in einer zweiteiligen Serie seines Reporters *Matthias Matussek* im März 2001, der mit flotter Feder und frecher Ironie gegen den **apokalyptischen Mythos von der kompletten Zerstörung des Regenwaldes** zu Felde zieht. In Wahrheit hätte die Internationale der Naturschützer aus dem Amazonas „mittlerweile eine Art Weltpark gemacht, jedermanns Vorgarten, schwer überwacht von Satelliten und Radarsystemen". Ein „grüner Sieg" zum Wohle der „Wohlstandsjunkies im Westen", denn bekanntlich verfüge das Amazonasgebiet nicht nur über enorme Süßwasservorräte (ein Fünftel der Erde), sonder sei auch die größte Sauerstoffmaschine auf Erden (was nicht stimmt).

„Der Regenwald ist der produktivste Mythenproduzent der Welt, und zu denen der Caboclos und der Indianer hat sich in den letzten Jahrzehnten ein neuer gesellt: dass es ihn bald nicht mehr gibt", schreibt *Matussek* und fährt fort „Bereits 1978 hatten Wissenschaftler des INPA-Instituts in Belem eine komplette Vernichtung des brasilianischen Dschungels bis zum Jahr 2003 prognostiziert. Die Regenwaldmörder müssten allerdings enorm zulegen – noch immer stehen 87 Prozent der Bäume".

Ob nun dieser mythische Ort dem Untergang geweiht ist oder nicht, immer mehr **Natur-Touristen** besuchen die „grüne Hölle". Nicht wenige haben die „Klassiker" *Alexander von Humboldt* oder *Henry Walter Bates* im Gepäck, die großen Naturforscher des 19. Jahrhunderts, die unfreiwillig wohl auch am Mythos Amazoniens gestrickt haben.

„In diesen tropischen Wäldern scheint es, als ob jede Pflanze und jeder Baum seinen Nachbar zu überholen suchte; Schmarotzerpflanzen hängen sich fest an andere und gebrauchen sie mit sorgloser Gleichgültigkeit als Mittel zu ihrem eignen Fortkommen", so *Henry Walter Bates*, der englische Naturforscher, über den Amazonaswald. Und genau genommen ist dieser Satz auch eine schöne Paraphrase auf die menschliche Gesellschaft, die sich in diesem Gebiet breit gemacht hat, ohne auf jene Grünen zu hören, die, nach der Vertreibung der Menschen (bis auf die Indianer) um das ganze Gebiet am liebsten einen Zaun ziehen wollen.

Allzu lange hat der Wilde Westen in Amazonien geherrscht. Nach Schätzungen des brasilianischen Ministeriums für Landrefom sind die Titel von rund 1,7 Millionen Hektar **Land in Amazonien** anfechtbar. Fast ein Drittel des Territoriums eines Bundesstaates Amazonas hätten sich Spekulanten, darunter auch so genannte Nicht-Regierungsorganisationen, illegal angeeignet.

Die Überprüfung der Kataster in kaum zugänglichen Regionen Amazoniens erfolgt im Wesentlichen aus der Luft. Die Regierung verfügt inzwischen über Satelliten-Aufnahmen, auf denen selbst Objekte von 30x30 Metern Größe zu erkennen sind. Diese Fotos zeigen allerdings auch, dass die größte Bioreserve der Welt doch immer weiter schrumpft.

Junge in einem Kanu auf dem Amazonas

Alle tragen dazu bei: die Holzfäller und Sägewerke, die Straßenbauer und Viehbarone, die Landbesetzer und Grundstücksspekulanten, das Heer der kleinen Krauter wie der Goldsucher. Aber vor allem sind die Bürgermeister und Provinzpolitiker, die Gouverneure und die Regierungsbeamten verantwortlich für den **Missbrauch der Natur,** mit dem Brasilien sich selber seines Naturkapitals beraubt. Denn alle diese Leute fördern die Vernichtung des Regenwaldes, oder sie unternehmen zu wenig, diese Vernichtung zu stoppen. Und dazu blockieren sich die Ministerien und Ämter noch gegenseitig. Eine Hand weiß nicht, was die andere tut - das schafft Freiraum für Spekulanten, Betrüger und Abenteurer.

Bereits seit Jahrzehnten ist bekannt, welche katastrophalen biologischen und klimatischen Folgen die Vernichtung der ursprünglichen Vegetation verursacht - die dünne Humusdecke wird abgetragen und das Land verwüstet, auch ökonomisch. Andererseits ist es aussichtslos, einen Zaun um den Regenwald zu ziehen. Inzwischen gibt es aber viele Beispiele für eine **intelligente tropische Landwirtschaft und Nutzung des Regenwaldes.** Schweizer und deutsche Unternehmen (*Mil Madereira* und *Gethal*) zeigen östlich von Manaus, wie man mit Gewinn eine nachhaltige Forstwirtschaft in Amazonien betreiben kann, ohne Naturkapital zu vernichten.

Die Zukunft Amazoniens aber wird wohl weniger in Manaus oder Belém entschieden, sondern auf der Nordhalbkugel der Erde. Wenn der ungebremste **hedonistische Lebensstil der reichen Nationen** Schule macht, dann dürfte auch die Ressource Natur in Amazonien bald ausgeplündert sein.

Indianer – Romantik und Realität

„Als die Europäer nach Amerika kamen, machten die Indianer eine böse Entdeckung", so *Georg Christoph Lichtenberg* in einem treffenden Aphorismus. Das „Aufeinandertreffen der Welten", wie der Vatikan 1992 zum 500-Jahres-Jubiläum von *Kolumbus'* Entdeckung Amerikas die *conquista* („Eroberung") verharmlosend umschrieb, endete meist tödlich für die **Ureinwohner.** Im Unterschied zu den Andenländern trafen die Europäer in Brasilien auf keine städtischen Hochkulturen, sondern auf jagende und Pflanzen sammelnde, nomadisierende Stämme, die sich in der Savanne und im Regenwald verloren.

Sie leben im Steinzeitalter, von der Jagd und dem Fischfang - und sie sind die letzten Ureinwohner des Regenwaldes, die der weiße Mann entdeckt hat. Die 30.000 kleinwüchsigen **Yanomami-Indianer** sind keine edlen Wilden, von denen die Romantiker träumen, sondern kriegerische Machos, die ihre Frauen nicht gerade zart behandeln. Seit vermutlich über dreitausend Jahren siedeln sie in kleinen Stammesverbänden im entlegenen Bergland, durch das heute die Grenze zwischen Brasilien und Venezuela verläuft.

Als die Pionierbataillons der Armee vor 30 Jahren Schneisen in den Dschungel schlugen, begann das Elend der Yanomami-Waldindianer – sie starben an Grippe, Malaria und Mumps und an Zucker, Schnaps und ungewohnter Nahrung. Vor 15 Jahren entdeckten **Goldsucher** im Gebiet der Yanomami reiche Vorkommen. Das sprach sich in Roraíma wie ein Lauffeuer herum. Ein Haufen von 30.000 zerlumpten Abenteurern drang in das Gebiet ein, brannte den Dschungel nieder und vergiftete die Flüsse mit Quecksilber. Die *garimpeiros* („Goldsucher") scherten sich einen Dreck um die Natur und die Indianer. Wenn die Indianer nicht mithalfen, das Gold zu finden, wurden sie vertrieben oder umgelegt.

Erst unter internationalem Druck bequemte sich die brasilianische Regierung dazu, **Indianerreservate** zu markieren; ein Zehntel des brasilianischen Staatsgebietes ist heute als Schutzzone ausgewiesen. Aber Papier ist geduldig. 200.000 bis 300.000 Indianer in einem Land mit 170 Millionen Menschen – das ist eine verschwindende Minderheit. Das Heer der Goldsucher in Amazonien war zeitweise doppelt so groß. Diese *garimpeiros* sind selber Hungerleider und Habenichtse.

Die Umweltzerstörung, die sozialen Konflikte und schließlich auch der **Völkermord an den Indianern** bereiten der Regierung Sorge. Die Schatztruhe Amazonien wird geplündert, bevor sie überhaupt geborgen werden kann. Vor Ort gilt das Faustrecht. Die Regierung hat gar nicht die Mittel, um die Indianer wirksam zu schützen. Brasiliens Generäle fürchten, dass die Menschenrechte zum Vorwand genommen werden, um Amazonien zu internationalisieren. Hatte Frankreichs damaliger Präsident *François Mitterand* nicht gesagt, Amazonien gehöre der ganzen Menschheit?

Die Massaker an den Waldindianern in Brasilien haben die „zivilisierte Welt" erschüttert. Aber der **Untergang der Indianerkultur in Amazonien** vollzieht sich in der Regel still und unbemerkt, statt mit Gewehrkugeln durch Fernsehen, Radio, Buschflugzeug. Ist dagegen ein Kraut gewachsen? Helfen Reservate und Schutzzonen, einige so groß wie europäische Staaten, den Amazonasindianern wirklich? Und sind solche Territorien überhaupt abzuschirmen?

Wer ist ein „Indianer" oder ein „Indio"? Den reinen „Indianer" anzutreffen, ist ein **Traum der Völkerkundler;** der Hamburger *Rüdiger Nehberg* glaubte, bei den Yanomami die letzten „freien Indianer" anzutreffen: pure Romantik.

Rocksänger *Sting* besucht die Xingu-Indianer, alternative Gurus rühmen die umweltschonende Lebensweise der Amazonasindianer. Jeder kennt die bunten Bilder von den Indianer-Feten, die Schrotthaufen hinter den Bambushütten werden natürlich ausgespart.

„Ich kenne keine Gruppe Indianer, die bereit wäre, so zu leben wie ihre Vorväter", sagt der nordamerikanische Anthropologe *Jason Clay*. Aber das wollen die meisten seiner Kollegen nicht hören. „Dem Ethnografen", so schreibt *Lévi-Strauss* über das Dilemma seines Standes, „stellt sich folgendes Problem: Der Wert, den er exotischen Gesellschaften beimisst – und der desto höher zu sein scheint, je exotischer sie sind –, hat keine eigene Grundlage; er ist Funktion der Verachtung und zuweilen der Feindseligkeit, die ihm die in seiner eigenen Umwelt geltenden Sitten einflößen. Während er in seiner Heimat die traditionellen Bräuche gerne untergraben möchte und sich gegen sie auflehnt, verhält er sich respektvoll, ja sogar konservativ, sobald er einer fremden Gesellschaft gegenübersteht."

Die Völkerkundler kommen immer zu spät. Der wahre „Primitive" ist der unentdeckte; kommt der Forscher hinzu, haben die Geister den Ort bereits verlassen – und das Wissenschaftsobjekt hat sich dem Blick entzogen. Nicht der „Wilde" ist der Menschenfresser, sondern ausgerechnet der, der ihn zu beschützen vorgibt. Diese Tragik spürt selbst noch der „alternative" Tourist: Er sucht ein „unberührtes Fleckchen Erde" – und ist der Erste, der es beschmutzt.

Zusammengezählt und im **Verhältnis zur Gesamtbevölkerung** leben in Brasilien nicht mehr Indianer als Sorben und Wenden in Deutschland. Anthropologen würden Indianer am liebsten vom Rest der Welt in Regenwald und Savanne isolieren; so wie man ein paar unglückliche Rothäute früher bei Hagenbeck hielt. Doch während die Ethnografen stehen bleiben, laufen ihnen die Indianer davon.

In der Verfassung Brasiliens wird den Indianern das Recht auf Selbstbestimmung und die Erhaltung ihrer traditionellen Lebensweise garantiert – doch die Wirklichkeit sieht ganz anders aus. Schon allein deshalb, weil die **Regierung in Brasília** kaum Mittel für den Indianerschutz zur Verfügung stellt und kein klares Konzept verfolgt. Gesetze und Vorschriften werden pausenlos umgestoßen, fast so schnell, wie die Leiter der Indianerschutzbehörde FUNAI, die dem Justizminister untersteht, wechseln.

Eine Grenzmarkierung der indianischen Lebensräume ist der erste Schritt, um den Ureinwohnern Land, Wasser und Luft zum Überleben zu sichern. Alle Regierungen in Brasília haben immer wieder beteuert, ihnen lägen die Indianer am Herzen, doch die Markierung und Sicherung von Schutzzonen und Reservaten ging sehr schleppend voran oder geschah erst auf Druck von internationalen Menschenrechtsorganisationen. Warum soll die Regierung einer kleinen, **exotischen Minderheit Sonderrechte** der Nutzung und Siedlung zugestehen – wenn immer noch 32 von 175 Millionen Brasilianern in bitterster Armut leben? Nach der bisherigen Rechtslage würden 11 Prozent des 8,5 Millionen Quadratkilometer großen Landes an 0,2 Prozent seiner Bewohner fallen; die Hälfte des Bundesstaates Roraíma beispielsweise würde den Indianern gehören. Die Zeitschrift *Veja* hat nachgerechnet: Auf jeden Indianer kämen sechs Quadratkilometer Land. Würden die weißen Brasilianer genauso belohnt, müsste die Erde allein für sie fünfmal größer sein. Oder – noch ein Vergleich: Die Bewohner der Favela *Rocinha* von Rio de Janeiro drängen sich auf vier Quadratkilometern zusammen, den Amazonasindianern (in etwa gleiche Anzahl) aber stehen auf dem Papier 820.000 Quadratkilometer zur Verfügung.

Solche schiefen Rechnungen werden in Brasilien immer wieder aufgemacht. Doch abgesehen davon, dass man schlecht die Existenz eines Waldindianers mit der eines urbanen Bettlers vergleichen kann:

Wer gilt als Indianer, wie viele sind es, und wo leben sie? Schon diese Fragen lassen sich nicht exakt beantworten. Man vermutet, dass auf brasilianischem Territorium 200.000 bis 300.000 Indianer mehr oder weniger so wie ihre einst fünf Millionen Vorväter siedeln. Die Indianer leben in Sippen und Stämmen, die oftmals nur ein paar dutzend, höchstens aber ein paar tausend Individuen umfassen. Sie können sich untereinander kaum verständigen – denn jeder Stamm hat seine eigene Sprache. Über einhundert Sprachgruppen wollen die Linguisten festgestellt haben. Die meisten brasilianischen Indianer trifft man in Amazonien an, aber viele kleine Stämme hausen auch in den angrenzenden Steppengebieten – und nicht wenige davon sind Nomaden.

Lassen sich mit Vorstellungen und Instrumentarien der 1. Welt in einem Winkel der 3. Welt soziale Konflikte lösen? „Die Markierung der Indianerschutzzonen hat eigentlich zum Ziel, in Amazonien eine geordnete, ökologisch schonende Entwicklung einzuleiten", so ein deutscher Experte. Aber kaum eine Region Brasiliens verfügt über verbindliche Raumordnungspläne. Wie will man Ähnliches gegen die geschlossene Front so gut wie aller Provinzpolitiker durchsetzen?

Und die Indianer sind auch **nicht die „edlen Wilden"**, zu denen sie die Romantik in Europa erklärt hat.

Wie eine Blutspur zieht sich die Piste durch den eisenhaltigen Ferralsolboden, bis sie an einem Schlachtfeld endet. Knochenbleich aufgesplittertes Holz, lappige Rindenfetzen, tonnendicke Äste, die abgetrennt im Grase liegen. Die Sonne hat das Laub bereits versengt. An dieser Stelle, wo bis vor kurzem noch die ausladende Krone des Urwaldriesen Schatten und Nahrung spendete, wird viele Jahrzehnte nur noch Gestrüpp wuchern. Auch die Nachbarbäume des mächtigen Mahagoni werden eingehen, weil das komplizierte biologische Geflecht durch den Raub des Edelholzbaumes zerrissen wurde.

Die **Waldfrevler am Rio Xingu** sind keine geldgierigen Weißgesichter, sondern Caiapó-Indianer. Sie haben nach Angaben der Umweltorganisation *Amigos da Terra* 11.000 Kubikmeter Mahagoni aus ihrem Reservat geschlagen, um das wertvolle Tropenholz gegen Radios, Bier und Schnaps zu tauschen. Die Firma *Silva Ltda* und andere Holzhändler haben das Holz aufgekauft. Davon wurden 9.000 Kubikmeter vorerst vom brasilianischen Umweltamt IBAMA und von der Bundespolizei konfisziert. Ans Licht gekommen sind die schändlichen Verträge der Holzhändler mit den Kaziken (= Häuptlinge) der Caiapó durch die Umweltschützer von *Amigos da Terra*.

Es geschieht nicht zum ersten Mal, dass Amazonas-Indianer, verführt und verlockt durch die Angebote der Holzhändler, mit der Motorsäge ihre Waldheimat zerstören. Ausgerechnet zur UNO-Umweltkonferenz 1992 in Rio schockte die Nachricht, dass der Caiapó-Häuptling *Paulinho Paiakan* mit Mahagoni-Handel zum Millionär geworden sei – er, der zuvor mit dem Umweltpreis „Global 500" von der UNO ausgezeichnet worden war.

037kb Foto: cg

Der Aufstieg und Fall von *Paulinho Paiakan* beleuchtet blitzartig ein Stück Realität aus Amazonien, das europäische Indianerfreunde gewöhnlich ausblenden. Die Indianer sind zumeist **Opfer der weißen Gesellschaft.** Die Mystifizierung der Naturvölker hilft ihnen ebenso wenig wie ihre Verteufelung als „wilde Bestien". Die Caiapó versilbern seit Jahren ihr Territorium an Holzhändler und Goldsucher. Dass sie das unter der Führung eines Kaziken tun, der weltweit als „Retter der Menschheit" gefeiert wurde, ist eine bittere Ironie. Andere Stämme, wie die Xingu, vermarkten erfolgreich ihre Exotik an Fotografen und Popsänger wie *Sting*. Die meisten Indianer jedoch leben genauso am Rande der Gesellschaft wie die Favela-Bewohner der großen Städte. Kein Anthropologe käme allerdings auf die Idee, diese Elendsviertel Lateinamerikas zu Schutzgebieten zu erklären.

Traurig, aber wahr ist es, dass mit der Dezimierung der Urbevölkerung durch die Europäer auch der **kulturelle Reichtum reduziert** wurde. Noch heute sterben täglich Worte und Begriffe unter dem Ansturm der modernen Zivilisation. Nur noch rund 150.000 Amazonas-Indianer sprechen - meist eher schlecht als recht - die Sprache ihrer Väter. 156 verschiedene Indianersprachen hat man in Brasilien identifiziert - die meisten werden nur noch von ganz kleinen Stämmen gesprochen, viele nur noch von einzelnen Familien. Anthropologen und Linguisten versuchen mit Tonband und Notizblock noch die letzten Zeugen uralter sprachlicher Kulturen festzuhalten - aber nicht selten kommen sie zu spät, so wie *Naimo Scher* von der brasilianischen Indianerbehörde FUNAI, der 1988 eine alte Umutina-Indianerin entdeckt hatte, die noch eine bis dahin unbekannte Sprache beherrschte; als *Scher* wenig später seine linguistischen Studien abschließen wollte, war auch diese letzte Zeugin gestorben.

Die Bilder aber bleiben: die Bilder vom „edlen Wilden", vom tapferen Krieger, vom weisen Medizinmann, der vielleicht das Mittel gegen Krebs in seinen Händen hält? Mit Verlaub - das ist Kitsch. Wer je ein **Indianerdorf** in Amazonien oder in der Buschsteppe von Mato Grosso betreten hat, wird instinktiv gewahr, dass sich ihm da keine „heile Welt" öffnet, sondern dass er auf Trümmer trifft. Ein Indianerdorf unterscheidet sich kaum von einer gewöhnlichen Favela, bloss dass die Behausungen eher aus Lehm oder Schilf denn aus Brettern oder Ziegeln bestehen. Nackte Kinder, Borstenvieh und Hühner purzeln durcheinander auf dem Boden,

Xingu-Häuptling - mit Lippenpflock herausgeputzt für die Kamera

der offenbar nur selten von Knochen, Plastiktüten oder alten Batterien gesäubert wird.

Zur vollen Wahrheit gehört auch, dass ein beträchtlicher Teil der brasilianischen Indianer von **staatlichem Almosen** lebt. Der Chef des Stammes, der *cacique,* holt sich jeden Monat von der nächsten FUNAI-Station seinen *salário mínimo* (Mindestlohn), der meist schon auf dem Heimweg vertrunken wird. Um die Reste der Beute schlagen sich die Frauen.

Dort, wo religiöse Gemeinschaften ihr Missionswerk betrieben haben, verfügen die Indianer zumeist über reichlich (überflüssige) Kleidung und mehr Kenntnisse der Nationalsprache. Man hat aber nicht den Eindruck, dass die **christliche Indoktrination** die Indianer zu mehr Eigeninitiative bewogen hat. Sie kennen vielleicht ihre Rechte besser, aber die eigenen Pflichten nicht so genau. Wie ist es sonst zu erklären, dass eine Dorfgemeinschaft am Monte Pasqual (Bahia) lieber gehungert hat, als ihre zahlreichen jungen Männer zu bewegen, eine zerbrochene Straßenbrücke zu reparieren? Das sei Sache der Regierung; wenn man die Brücke mit eigener Kraft repariere, gebe das den Behörden bloß einen Vorwand, noch weniger zu tun, lautet die erstaunliche Begründung.

Brasiliens Indianerfrage hat viele Facetten, und die Wirklichkeit ist allemal komplexer, als die Fantasie erlaubt. Indianer sind Menschen wie du und ich, und sie in den Stand der Unschuld zu erheben, ist genauso unmenschlich wie das Gegenteil. Die Last der Geschichte (der Genozid an den Ureinwohnern Südamerikas) darf uns nicht dazu veranlassen, die Realität aus den Augen zu verlieren. Und diese Realität muss in einer **sensiblen Integration der Indianervölker** und nicht in deren Ausgrenzung bestehen. Ein Indio im Anzug und mit Aktentasche auf den Straßen von São Paulo zu sehen, ist gottlob nichts besonderes mehr.

Militärs und Großmachtträume

In keinem anderen Land Lateinamerikas geben sich die Uniformierten so **leger und locker** wie in Brasilien. Wo sonst stehen selbst Offiziersklubs gelegentlich Zivilisten als Restaurants offen? Und in welchem anderen Land werden pensionierte Offiziere unverblümt als „Pyjama-Generäle" verspottet?

Im Unterschied zum restlichen Lateinamerika sind die **Militärs nicht die „Geburtshelfer der Nation"** gewesen, haben sie keine Befreiungskriege gegen die alte Kolonialmacht führen müssen. Bekanntlich setzte sich der unbotmäßige Sohn des portugiesischen Königs aufs Pferd, zückte den Säbel und schrie „Unabhängigkeit oder Tod!" und damit war Brasilien tatsächlich unabhängig und der Königssohn nun der Herrscher des neuen Landes. Kein Tropfen Blut war geflossen.

Das heißt aber nicht, dass die Uniformierten in Brasilien sich nicht **in die Politik eingemischt** hätten. Denn kaum 80 Jahre nach der Unabhängigkeit zettelten ehrgeizige Offiziere einen Putsch gegen die Monarchie, gegen *Pedro II.*, an. Die ersten Präsidenten der Republik waren infolgedessen Militärs. Und zeitweise regierten sie auch ganz ohne Parlament, von 1964 bis 1985 beispielsweise. Die Militärs waren zwar meistens nicht der Staat, aber ein Staat im Staate sind sie durchaus auch heute noch.

Am 25. August ist in Brasilien der „Tag des Soldaten"; er soll an den Geburtstag von Marschall *Luis Alves de Lima e Silva* (1803–1880) erinnern, dem Kaiser *Pedro II.* einst wegen seiner Verdienste im **Krieg gegen Paraguay** den Titel „Herzog von Caxias" verlieh. *Duque de Caxias* gilt als eine Art *Blücher* Brasiliens. Genau genommen ist der Krieg gegen Paraguay (1864–1870) im Rahmen der sogenannten „Triple-Alliance" (mit Uruguay und Argentinien) der einzige große Krieg gewesen, den Brasiliens Streitkräfte bestehen mussten.

Sonst gab es nur kleinere Scharmützel gegen Rebellen und die Italien-Kampagne des brasilianischen **Expeditionscorps** (September 1944 bis Mai 1945 - insgesamt 25.334 Mann, Krankenschwestern inlusive, von denen 457 den Krieg nicht überlebten), das ohne die Logistik der Nordamerikaner nicht einmal die Bucht von Rio de Janeiro hätte verlassen können. Gleichwohl belastet der Zweite Weltkrieg die Pensionskasse der Streitkräfte erheblich (40.000 berechtigte Rentenbezieher unter den Nachkommen gefallener Soldaten!).

So gehörte denn Brasilien (wie fast alle lateinamerikanischen Staaten) zu den „Siegernationen" über Nazi-Deutschland, doch wirkliche kriegerische Auseinandersetzungen blieben dem größten Land Lateinamerikas bis heute erspart.

Die „goldenen Jahre“ der Militärs waren die von 1964 bis 1985. Mit der „Revolution“ von 1964 übernahmen **Militärpräsidenten** das Ruder. Sie beriefen sich bei ihrem (unblutigen) Putsch darauf, Recht und Ordnung wiederherzustellen – und viele Brasilianer fanden das gerechtfertigt, denn in den drei, vier Jahren zuvor hatten Streiks und politische Tumulte die Nation nicht zur Ruhe kommen lassen. Die „politische Klasse“ (üblicher Ausdruck in Brasilien) hatte sich von links bis rechts durch hemmungslose Korruption und Postenschacher selber diskreditiert.

Einmal am Ruder, sahen es die Militärs als ihre Hauptaufgabe an, bis zu den letzten Grenzen in Amazonien vorzustoßen und Brasilien zu einer ökonomischen, politischen und militärischen **Supermacht** zu machen. Gigantische Bauten wie die *transamazônica,* das weltweit größte Wasserkraftwerk in Itaipú, Atomkraftwerke, die Brücke über die Bucht von Rio und eine umfassende Infrastruktur mit Energieversorgung und Verkehrsadern wurden in Angriff genommen. Auslandskapital floss wie nie zuvor nach Brasilien – ein „ökonomisches Wunder“ konnte bestaunt werden. Der Preis dafür war allerdings eine wachsende Verschuldung und eine rasch fortschreitende Geldentwertung, die letztlich die Militärs zwang, die Regierung wieder an Zivilisten abzugeben.

Nun waren die Generäle wieder gezwungen, rein militärische Planspiele zu pflegen. In den Führungsstäben und Kriegsschulen übt man bis heute immer wieder die klassischen Szenarios der Landesverteidigung: Der **Feind** marschiert ein, wie schlagen wir ihn zurück? Der einzige Feind war jahrzehntelang Argentinien – und so ist es kein Wunder, dass nahezu sämtliche militärischen Einrichtungen in Brasilien im Süden stärker als sonstwo vertreten sind. Dass eine Bedrohung aus dem Süden lauert, ist derweil so absurd wie die immer noch gehegte Vorstellung der brasilianischen Militärs, feindliche Kräfte – getarnt als Nicht-Regierungsorganisationen, Missionare oder Wissenschaftler – könnten Amazonien infiltrieren, Indianer aufwiegeln und das Gebiet der nationalen Souveränität entziehen.

Dass eine ganz andere Gefahr im Norden – und noch mehr im Westen – droht, wollen die Militärs hingegen weniger wahrhaben: nämlich die Durchdringung des Amazonas-Gebiets mit den Desperados des organisierten Verbrechens, den **Drogendealern.** Bislang haben sich die führenden Militärs in Brasilien erfolgreich gewehrt, in den Drogenkrieg gezogen zu werden; aber sie werden noch böse Überraschungen erleben. Vor allem, weil sie ihren Blick verzückt in den Himmel richten (Welt-

So wohnen manche Reiche in der Monsterstadt – hinter Stacheldraht

038kb Foto: cg

raumehrgeiz) oder auf die weite See hinausschauen, wo die Großmachtträume der Marine liegen. Eine realistische, den möglichen inneren und äußeren Bedrohungen Rechnung tragende Strategie steht noch aus.

Laut Verfassung und rein formal basieren die brasilianischen Streitkräfte (Truppenstärke: Heer 189.000, Luftwaffe 50.000, Marine 48.600 – seit 1991 auch Frauen, derzeit ca. 6.000) auf **Wehrpflicht.** Tatsächlich aber werden gerade 3 Prozent der meldepflichtigen jungen Männer herangezogen – natürlich aus den Unterschichten.

De facto besitzt Brasilien eine **Berufswehr,** das gilt für die hochtechnischen Gattungen Luftwaffe und Marine erst recht. „Professionalisierung statt Universalisierung", lautet denn auch die Marschrichtung. Professionalisierung – wofür? Ein kontinentales Schwellenland wie Brasilien steht im Grunde nur vor der Wahl: entweder ein politisiertes Barfuß-Massenheer auszuheben (frühere „Rote Armee" Chinas) oder eine hochmobile Einsatztruppe mit leichten Waffen aufzustellen. Jeder weitere Ehrgeiz, etwa flächendeckend mit modernsten oder schweren Waffen präsent zu sein, verbietet sich schon aus finanziellen Gründen. Außerdem besteht dazu kein militärischer Bedarf.

Wie gering die **finanzielle Ausstattung** der Streitkräfte ist, lässt sich an den Budgets der vergangenen Jahre ablesen. Die Militärausgaben betragen rund 1,5 Prozent des Bruttoinlandsproduktes. Von der Kaufkraft her mussten sich die brasilianischen Streitkräfte im Jahr 1999 mit nur noch rund der Hälfte des Geldes zufrieden geben, das sie noch 1990 zur Verfügung hatten: Das zeigt den dramatischen Bedeutungsverlust, der die Streitkräfte nicht nur in Brasilien, sondern auch beim Nachbarn Argentinien traf.

Mit den brasilianischen Streitkräften ist kein Staat zu machen – doch da es keine echte Bedrohung gibt, fällt das keinem auf. Die Bedrohung, die tatsächlich vorhanden ist, geht von den Streitkräften selber aus – gemeint ist nicht etwa ihr politischer Ehrgeiz, der gleich null ist, sondern der Ehrgeiz ihrer Admiräle, Generäle und Brigadiers, kostspielige **Rüstungsprojekte** zu verfolgen. Diese ruinieren zwar nicht gerade die öffentlichen Finanzen, aber ziehen doch das Geld ab, das sonst für eine vernünftige, realistische Verteidigungspolitik übrig bliebe.

Das **Heer** ist der arme, große Haufen der Streitkräfte. Um Kosten zu sparen, lassen die Kommandeure Gemüsebeete anlegen oder schicken ihre Wehrdienstpflichtigen halbtags nach Hause, damit sie nicht als Mitesser Löcher in den Etat fressen. Das berühmte *Bataillion da Selva* in Manaus, das an die Presse immer wieder malerische Dschungel-Kämpfer-Fotos schickt, gleicht mehr einem potemkinschen Dorf als einer leistungsfähigen Kampfschule; Offiziere halten sich davon fern.

Überhaupt gilt eine Versetzung nach **Amazonien** als Degradierung. Zwei Drittel der Garnisonen Brasiliens müssten in Amazonien stehen – es sind nicht einmal zwanzig Prozent. Man bleibt doch lieber in Rio de Janeiro, Porto Alegre und zur Not auch in Brasília.

Atom-U-Boote sind strategische Waffen für den globalen Einsatz: Weltkriegswaffen. Flugzeugträger sind das auch. Und Brasilien will nicht nur ein Atom-U-Boot besitzen, nein, seine Admiräle wollen auch **Flugzeugträger** lenken. Mit dem Schrotthaufen *Minas Gerais* besitzen sie einen solchen Dinosaurier – doch der macht sie nicht glücklich. Deshalb haben sie gleich noch einen zweiten (ein ausgedientes Schiff der Franzosen) gekauft ...

Obgleich die **brasilianische Presse** sich nicht scheut, politische Skandale aufzudecken, geht sie mit den Militärs samtpfötig um. So unterblieben denn auch ironische Kommentare, als zum Heiligabend 2000 bei einer offenbar feuchtfröhlichen Feier der Matrosen das U-Boot S-21 *Tonelero* sanft in den Hafenschlick neun Meter tiefer absoff. Die Besatzung erfreute sich eines ungleich günstigeren Schicksals als die Matrosen der russischen *Kursk,* die wenige Monate zuvor im Eismeer ertrunken waren: Alle Brasilianer wurden pudelnass und verkatert gerettet.

Teuto-Brasilianer und andere

Deutsche

„Vom Himmel hoch, da komm ich her ...", altdeutsche Weihnachtslieder klingen aus der Liederhalle, während draußen das Thermometer auf 30 Grad klettert und die Grillen ihr Gegenkonzert anstimmen. Wer zur Weihnachtszeit in den Süden Brasiliens reist, wird solchen Kontrasten häufig begegnen. Blumenau, die „heimliche Hauptstadt" der Provinz Santa Catarina, ist den Brasilianern allerdings weniger wegen der Weihnachtsbräuche als der Trinksitten halber bekannt. Das „Oktoberfest" der Stadt gilt als das weltweit zweitgrößte. Aber Bayern haben in Blumenau nie gelebt. Die Gründungsväter waren waschechte **„Preußen".** Sie kamen aus Sachsen, der Pfalz, dem Hunsrück und Pommern, anno 1848, und die Obrigkeit steckte sie in grünen Drillich, „Grünbäuche" heißen sie noch heute.

Der Apotheker *Dr. Hermann Blumenau* rudert mit seinem Freund *Ferdinand Hackrath* den Itajaí-Fluss hinauf. Sie halten sich dicht am Ufer, denn der Fluss strömt reißend zwischen den Urwaldriesen dahin. Aus dem dunklen Dickicht knackt und krächzt es bedrohlich. Die beiden Deutschen stoßen in den südbrasilianischen Dschungel vor, um eine **neue Heimat für ihre Landsleute zu suchen.** Als ein donnernder Wasserfall die Weiterfahrt versperrt, gehen sie an Land. Sie schlagen Pflöcke in die Erde und beschließen, bei der kaiserlichen Regierung Brasiliens eine Konzession für die „Gesellschaft zum Schutz der deutschen Auswanderung" zu beantragen. Zwei Jahre später, am 2. September 1850, stehen an gleicher Stelle neben *Blumenau* und *Hackrath* siebzehn erschöpfte Personen mit Hab und Gut im „Kühlen Grund" und wissen nicht, ob sie lachen oder weinen sollen.

Der große Treck der Hungerleider aus Europa hatte Anfang des 19. Jahrhunderts eingesetzt. Die Gemahlin des ersten brasilianischen Kaisers, *Leopoldine von Habsburg,* förderte die **Ansiedelung** ihrer Landsleute im Süden des Reiches. Staatspolitisch ging es darum, die Grenze zu den spanischsprechenden Nachbarn zu sichern. Jede Einwandererfamilie, so versprach Kaiser *Pedro I.,* solle einen Quadratkilometer Land erhalten und zehn Jahre lang Steuerfreiheit genießen. Kleinbauern und Handwerker waren besonders willkommen, denn Plantagenherren und Viehbarone hatte man schon genug.

Mit der Brigg *Anna Louisa* segelten die ersten Auswanderer ins gelobte Land. Am 25. Juli 1824 gründeten sie ein Dorf und nannten es zu Ehren der Kaiserin *São Leopoldo.* Der 25. Juli wird in den Vereinen Südbrasiliens auch heute noch gebührend gefeiert. Die **bettelarmen Emigranten** aus den deutschen Landen hatten damals weniger Grund zur Freude: „Für die Eltern der Tod, für die Kinder die Not, für die Enkel das Brot", hieß es.

Bis zur Jahrhundertwende hatten sich bereits viele Tausend Teutonen in Südbrasilien angesiedelt. In manchen Tälern wurde nur Deutsch gesprochen. Die Deutschen stellten neben den Italienern und Polen die meisten Einwanderer in den Südprovinzen. Deutsche Traditionen wurden mit Inbrunst gepflegt – leider auch zur **Nazi-Zeit:** „Am Sonntag, 7. November 1937, veranstaltet die hiesige Ortsgruppe der NSDAP im Wilhelm-Gustloff-Heim ab 6 Uhr abends das 1. Eintopf-Essen im Winterhilfswerk 1937/38. Alle Volksgenossen werden hierzu herzlich eingeladen – DAF-Ortsgruppe Blumenau / NSDAP-Ortsgruppe Blumenau": eine Anzeige aus der „Blumenauer Zeitung". Die Brasilianer übten Geduld mit ihren deutschtümelnden Neubürgern. Bis ihnen das Treiben zu bunt wurde und sie mit den USA gegen die „Achse" in den Krieg gingen. Deutsch wurde ganz einfach verboten.

Die Wasser des Itajaí sind längst darüber hinweggeflossen. **Deutsch ist wieder „in"** in der Provinz Santa Catarina. Wer Klöße schätzt und frisches Bier mag, der schlendert an der *Loreley* vorbei zur Ausflugsschänke *Frohsinn.* Im Vestibül der rustikalen Jause hängen die Fotografien dreier Staatsbesuche: vom *Grafen Zeppelin,* von *Karl Carstens* und *Helmut Kohl,* 1992. Der Blick schweift von der Terrasse über das enge Tal: „Aus blauen Wogen steigt ein Land / an Schönheit, Glanz und Armut reich / Der Urwald ist sein Prachtgewand / Auf Erden ist kein Land ihm gleich / Aus den Orangenhainen heraus / schaut hier mein liebes Vaterhaus / Hier fand des Nordens blonder Sohn / ein neues Heim auf grüner Flur / Hier spendet ihm verdienten Lohn / die ewig schaffende Natur ..." – deutsch-brasilianischer Heimatkalender 1966.

Dr. Blumenau und die deutschen Kolonisten kämpften zäh ums Überleben. Die kleine deutsche Siedlung wurde häufig von Epidemien und Überschwemmungen heimgesucht. Indianerüberfälle „stellte man schnell ab". Die Gemeinde bezahlte den *Friedrich Deeke* als „Burgerjäger", der die indianischen Botokuden vertreiben sollte. 1877 fing er ein „zahmes Botokuden-Mädchen" ein, das der Direktor des Kolonialvereins „Hammonia" aufnahm und „zivilisierte" – eine damals viel beachtete philanthropische Geste.

In **Blumenau** blieb man unter sich. Aber die Stadt mauserte sich allmählich zu einem wichtigen Industriestandort. *Hermann* und *Bruno Hering* kamen aus Chemnitz und brachten ihre Webstühle mit. Sächsischer Fleiß paarte sich mit brasilianischer Baumwolle. Das Geschäft lief glänzend. Aus Blumenau wurde sozusagen Heringsdorf. Noch heute übt die *Companhia Hering* großen Einfluss auf die Stadt aus, die inzwischen 200.000 Einwohner, 65.000 Autos, 1.000 Fabriken, 73 Schulen und 33 Schützenvereine zählt. Im Klub Tabajará treffen sich die Honoratioren aus den Sippen der *Herings, Zadroznys* und *Fritzsches* zur Gipfelpolitik. In Blumenau mucken keine aufmüpfigen Gewerkschaften auf, weil die Firmenpatriarchen klug genug waren, dem Wohlergehen und der beruflichen Bildung ihrer Belegschaften große Aufmerksamkeit zu schenken – eine für Brasilien ungewöhnliche Unternehmerphilosophie.

Die Deutschen aus dem Süden werden in Brasilien als zuverlässig und tüchtig **geschätzt – doch nicht unbedingt geliebt.** Dazu sind sie zu *chato,* zu steif und holzköpfig. Aber wenn das Bier fließt oder die Männerchöre Weihnachtslieder anstimmen, bemerken die angereisten Touristen aus Rio de Janeiro oder São Paulo verwundert, dass ihre deutschstämmigen Landsleute nicht nur zu arbeiten verstehen, sondern dass sie auch feiern können.

Um das zu entdecken, muss man gelegentlich gewisse Härten in Kauf nehmen: **Schmuddelwetter,** so wie im Hamburger November; es nieselt grau vom Himmel, das Thermometer zeigt knapp acht Grad. Hinter den beschlagenen Scheiben ziehen die grauen Wohnblocks von Novo Hamburgo vorüber. Wir befinden uns im Juli und 30 Breitengrade südlich des Äquators auf einer brasilianischen Autobahn. Dick vermummte Polizisten winken an einer Unfallstelle vorbei. Ob die ersten deutschen Einwanderer mit solchem Winterwetter gerechnet hatten?

Das Kaminfeuer prasselt, der Wind pfeift durch die dünnen Wände. Die Pensionsgäste rücken enger zusammen. Draußen schütteln sich die ausladenden Baumkronen der Araukarien, der Südkiefern, die mit ihrem schlanken Stamm und den ausladenden Ästen an Kerzenleuchter erinnern. Bei diesem Wetter jagt man keinen Hund vor die Tür – aber gerade deshalb kommen die Touristen in die Sierra, um die **Sensation der Kälte** zu verspüren. Das Fernsehen meldet neue Rekorde: Auf null Grad soll das Thermometer fallen! In Rio de Janeiro friert man schon bei zwanzig Grad; hier unten im Süden aber, in Gramado, rieselt fast jedes Jahr einmal der Schnee – wenn auch nur für wenige Minuten. Beste Gelegenheit, die eingemotteten Pelze und die gestrickten Pullover herauszuholen; Handschuhe nicht vergessen!

Bei **„Tante Nilda“** wird die Kälte mit *café colonial* besiegt: ein stundenlanger kulinarischer Kampf gegen den Magen. *Wilhelm,* der Ober, trägt nach der Bestellung erst einmal Eisbein, Würstchen und Sauerkraut auf. Daran schließt sich eine kalte Wurst- und Käseplatte an. Mit Toast und Kräckern wird der Übergang zur süßen Seite vollzogen. Nun kommt ein

Tablett mit einem Dutzend hausgemachter Marmeladen und Gelees. Gebäck und Eis und Kuchen folgen. „Gewässert" wird mit Milchkaffee und einer Kanne heißer Schokolade – der stopfende Kakao soll das Platzen der Gäste verhindern. Für diese Art der Körperverletzung sind pro Person umgerechnet fünf Dollar zu zahlen. „Hat es Ihnen nicht geschmeckt?", fragt *Wilhelm* betroffen, weil wir die Ananastorte nicht angerührt haben.

In manchen Gebieten könnte man glauben, durch deutsche Dörfer zu fahren, sogar die Milchkannen auf den Holzböcken beiderseits der Landstraße fehlen nicht. Die Orte tragen Namen wie „Leopoldina", „Allesgut" und „Teutônia". **Teutônia,** 6.000 Einwohner, machte Schlagzeilen in der brasilianischen Presse: ein Ort ohne Obdachlose, schrieben die Zeitungen. Bürgermeister *Elton Klepker* ist darauf besonders stolz. Allerdings sorgen die Dorfschulzen auch dafür, dass es so bleibt: Die Teutonen wollen unter sich bleiben – selbst wenn sie nur noch „Hundsbuckel-Deutsch" radebrechen und das Brotbacken längst verlernt haben.

Traubenernte in Rio Grande do Sul

Italiener

Je weiter sich die Straße nach Norden in die Sierra schraubt, desto häufiger tragen die Dörfer auch italienische Namen. **Bauern aus den Abruzzen und Winzer aus Venetien** ließen sich im 19. Jahrhundert in den Bergen nieder. So blühen in Rio Grande do Sul Milchwirtschaft und Weinkultur, Industrie und Handwerk einträchtig nebeneinander, feiern die Leute *Kermes* und *Carnevale,* singen deutsche und italienische Lieder und sind doch selbstbewusste Brasilianer.

Volare, volare, ohohoho! – mit voller Phonstärke hallt der italienische Gassenhauer von den Betonwänden der Ausstellungshalle zurück, stärker als das Echo in den Dolomiten. Es ist **Weinmesse** in Bento Gonçalves, der Hochburg der brasilianischen Weinproduktion. Die „Ragazzi di monti" hauen aufs Blech. Unten in der Halle wird gebechert. Oben auf der Bühne schmettert nun ein brasilianischer Pavarotti italienische Arien; rosige Trockeneisnebel umwabern ihn. Polenta und Pizza schaffen die notwendige Grundlage, um die Schoppen gut zu überstehen. Der Rebensaft kommt aus der Leitung, aber die Zapfhähne hat man an leere Weinfässer geschraubt.

Wo kommt der viele Wein nur her? Die Rebenfelder bedecken nur einen geringen Teil des Berglandes, 60.000 Hektar im Lande. Meist handelt es sich um kleine Areale, mitten aus dem Busch gehauen. Die **Weinbauern** haben kaum das notwendige Kapital, größere Felder zu bewirtschaften. Ihre Holzhütten stehen gleich neben den Rebenstöcken und den Maisfeldern; Kühe, Hühner und Schafe gehören dazu. Wo man anklopft, wird man herzlich empfangen. Jeder macht seinen eigenen Wein – aber der größte Teil der Ernte geht an die Kooperative. In den Bretterbuden der brasilianischen Winzer fehlt die Behäbigkeit süddeutscher Weingüter oder die Eleganz französischer châteaus. Die Weinbauern in Rio Grande do Sul sind immer noch Pioniere, die ihre Ernte dem Dschungel abtrotzen.

Japaner

Die Kraft Brasiliens, jeden Neuankömmling binnen zweier oder dreier Generationen einzugemeinden, hat selbst vor den Japanern nicht halt gemacht, die in den 1920er-Jahren (in Japan gab es damals noch Hungersnöte) in Scharen kamen und sich als billige **Kaffeepflücker** verdingten.

Das ist natürlich längst Geschichte. Aber wer im Telefonbuch von São Paulo blättert, wird auf Hunderte von *Yamasakis* und *Iguchis* stoßen. Vier bis fünf Millionen Menschen ist die „japanische Gemeinde" groß, in São

Paulo kann man mehrere nippo-brasilianische Tageszeitungen kaufen. Auf den Universitäten sind die *nisseis* (**Japaner der zweiten Generation**) wegen ihrer Bildungswut gefürchtet. Viele junge *nisseis* haben versucht, in ihrer alten Heimat wieder Fuß zu fassen – man ließ sie nicht oder sie waren schon so „verwestlicht", dass sie sich in der starren japanischen Gesellschaft nicht mehr einpassten.

Spanier und Portugiesen

Über Spanier und – natürlich – Portugiesen braucht man kein Wort zu verlieren – sie haben sich am schnellsten in Brasilien assimiliert und bis auf einige verkalkte Klubs mit heimwehkranken Alten pflegen sie keine besondere Subkultur, es sei denn, es rechnet sich ökonomisch.

Araber

Die nahöstlichen Einwanderer, unschwer an ihren Namen zu erkennen, halten noch eher zusammen und heiraten untereinander. Der Brasilien-Besucher wird verblüfft sein, wie viele **Kibe-Imbisse** es in Brasilien gibt, und eine orientalische Fast-Food-Kette („Habib's") ziert sich mit einem dicken Typ in Schnabelschuhen und Fez und einem Zwirbelbart, aus dem die schlechten Zähne lugen.

Juden

In São Paulo und Rio de Janeiro sind natürlich auch größere jüdische Gemeinden zu Hause (allerdings viel weniger als in Argentinien). Mehrere **Einwanderungswellen** haben die Juden nach Brasilien gebracht – eine nennenswerte ostjüdische Immigration in den 20er Jahren – und dann der Exodus der von *Hitler* vertriebenen westeuropäischen, insbesondere deutschen Juden. Die Beziehungen zwischen den orthodoxen Ost-Juden und den eher weltlich gesinnten West-Juden waren selbst im brasilianischen Exil nicht immer frei von Spannungen. Man traf sich erst dann gemeinsam, als Nobelpreisträger *Albert Einstein* 1938 Rio de Janeiro besuchte.

Brasilien war immer ein **Einwanderungsland** – obgleich heute nur noch ein Rinnsal von Immigranten in Brasilien Zuflucht sucht (zum Beispiel osteuropäische Spezialisten und angolanische Flüchtlinge). Es steht außer Zweifel, dass die Einschmelzung all dieser Millionen Menschen zu Brasilianern eine einmalige kulturelle Leistung darstellt.

Schule der Nation

„Pädagogik der Unterdrückten“

Das kahle Haupt und der schlohweiße, wallende Bart verliehen ihm den Habitus eines Propheten, dabei wollte er alles andere, als von der Kanzel herab philisophische Wahrheiten verkünden: **Paulo Freire,** der berühmte Pädagoge der Brasilianer, der das Leben so liebte wie die Lehre.

Bis zum letzten Atemzug wollte er unter den Menschen sein, die er am meisten liebte – den jungen und alten, denen die Sprache, das Lesen, Schreiben und Sprechen, helfen sollte, die **„Kultur des Schweigens“** zu durchbrechen. Er war bis zuletzt noch voller Pläne, seine als „Pädagogik der Unterdrückten“ weltweit bekannte Methode des Lernens und der Bewusstwerdung fortzuentwickeln und zu verbreiten.

Paulo Freire kam am 19. September 1921 in Recife, Nordostbrasilien, im Schoß einer verarmten aristokratischen Familie auf die Welt. Mit Wehmut erinnert er sich später seiner ersten *professorinha,* die ihm liebevoll das „be-a-ba“ (ABC) und die Regeln der **Sprache** beibrachte. Dieses Thema hat ihn nicht losgelassen: Wie lernen die Menschen zu sprechen und ihre Umwelt zu „begreifen“?

Paulo Freire begann 1947 seine berufliche Laufbahn mit der **Alphabetisierung** erwachsener Landarbeiter und rebellierte gegen die erstarrte Orthodoxie der Sprachpädagogik, die mit ihrem grammatikalischen Rigorismus und der blutleeren Hochsprache eher wie ein Damoklesschwert den Analphabeten bedrohte, als dass sie ein geeignetes Instrument gewesen wäre, seine Sprachlosigkeit zu überwinden und sich im Leben zurechtzufinden. Die Erziehung sollte für die Armen sein und nicht für die Eliten, forderte *Freire.*

Paulo Freires **Grundsätze** – z.B. „Der Lehrer ist Schüler, Politiker und Künstler“ – sind heute in die moderne Pädagik eingegangen. Selbst in den ärmsten Dörfern lernen die Kinder und Erwachsenen nicht mehr nach abstrakten Regeln, sondern an den handfesten Beispielen aus ihrer Umgebung. Und sie lernen, gemeinsam zu handeln – auch gegen ungerechte Zustände.

Bildungssystem

Und die Zustände sind auch bei den Schulen ungerecht. Brasilien hat mit seinen **Klippschulen** keine Zukunft. Noch jede Regierung versprach Besserung, doch nicht wenige Betriebe lehren lieber selber ihre Beschäftigten auf eigene Kosten das kleine Einmaleins.

Dass Bildung und Ausbildung wichtiger sind als Straßenbau oder Stahlproduktion, um ein Land zu entwickeln, hat erst unlängst wieder die Weltbank festgestellt. Im Vergleich mit Europa, Nordamerika und den Asiaten schneiden die Lateinamerikaner dabei schlecht ab. Besonders niedrig ist das **Bildungsniveau** in Brasilien, so niedrig, dass dort qualifizierte Menschen fehlen, die in der Lage sind, moderne Maschinen zu bedienen. Die Industrie ist gezwungen, durch Eigeninitiative den öffentlichen Bildungsnotstand zu korrigieren.

Wie der materielle so ist auch der geistige Besitz in Brasilien sehr ungerecht verteilt. Zwar verfügt das Land über einige gute Universitäten und Forschungsinstitute, doch nur ein Prozent der 35 Millionen Schüler erreicht die Hochschulreife. Vor sechzig Jahren wurde die allgemeine Schulpflicht in Brasilien eingeführt – doch immer noch bleiben fast zehn Prozent der Kinder (2,7 Millionen) der Schule fern. Die **Analphabetenquote** konnte zwar in den vergangenen Jahren von 20 Prozent auf etwa 12 Prozent der erwachsenen Bevölkerung gesenkt werden, in absoluten Zahlen allerdings stieg die Anzahl der Lese- und Schreibunkundigen geringfügig an.

Mit sechs Jahren kommen inzwischen so gut wie alle Kinder in die Schule, und als Erstes müssen sie eine **Schul-Uniform** – T-Shirt und Hose – erwerben. Aber ob sie auch regelmäßig zum Unterricht erscheinen, ist eine andere Frage.

Und das gilt auch für die schlecht besoldeten Lehrer. Die real geleisteten Unterrichtsstunden liegen regelmäßig weit unterhalb des Solls. Die **Schlampigkeit,** mit der die öffentlich besoldeten Pädagogen ihrer Aufgabe nachgehen, wird auch durch ihre häufigen Streiks nicht besser.

Die brasilianischen Klippschulen sind Brutstätten der oberflächlichen Halbbildung. Nicht einmal die Hälfte der Schulanfänger erreicht den Primärschulabschluss *(primeiro grau)* nach acht Jahren; gerade mal jeder fünfte Schüler kommt bis zur mittleren Reife beziehungsweise dem *segundo grau,* dem **Schulabschluss** (ohne Prüfung) nach mindestens elf Jahren Schule. Ein solcher Bildungsabschluss wird inzwischen von den meisten Unternehmen, Banken und der öffentlichen Verwaltung selbst für einfache Sachbearbeiter gefordert.

Wer die Absicht hat, an einer der zahlreichen **Universitäten** zu studieren, muss eine Eingangsprüfung *(vestibular)* bestehen. Die Qualität des *vestibulars* ist sehr unterschiedlich, viele Privat-Universitäten setzen die Tests bewusst niedrig an, um „Kunden" zu fangen. Insgesamt erreichen

Studentin aus Minas Gerais

040kb Foto: cg

nur eine Hand voll brasilianischer Universitäten ein Niveau, das dem europäischer Hochschulen entspricht.

Neben dem üblichen Schulgang gibt es noch zahlreiche private Institutionen, die sich zur Aufgabe gestellt haben, erwachsenen Menschen verlorene Bildungsabschlüsse zu ermöglichen. *Supletivo* heißen die Schulklassen, die bis spät abends ihre Pforten geöffnet haben. Sie erfüllen gewissermaßen die **Funktion von Volkshochschulen** mit dem klaren Ziel, dass die Kursanten eine höhere Qualifikation erreichen.

Die öffentlichen Universitäten, die in der Regel mehr Ansehen als die privaten (mit Ausnahme der kirchlichen) Hochschulen genießen, bieten in der Regel auch noch Kurse für Gasthöhrer oder Berufstätige zur **Weiterbildung** unter dem Siegel *extenção* an. Doch insgesamt gesehen sind die Bildungsinstitutionen des Landes meilenweit entfernt von allen Anforderungen, die der Arbeitsmarkt stellt.

Warum bringen die Schulen Menschen hervor, die **für das berufliche Leben nicht gut vorbereitet** sind? Am Geld kann es nicht allein liegen; Brasilien gibt rund vier Prozent seines Brutto-Inlandsprodukts für die Erziehung seiner heranwachsenden Bürger aus – das ist zwar nur die Hälfte von dem, was die Vereinigten Staaten aufwenden, aber nicht wesentlich weniger, als Brasiliens südamerikanische Nachbarn in die Zukunft investieren.

„Unsere Schulen arbeiten unproduktiv und langsam, unsere Lehrer sind ungebildet und die Schulbürokratie ist ein einziger Filz", klagte Erziehungsminister *Paulo Renato Souza*. Er empfand es als Hohn, dass seine Regierung den Löwenanteil (81 Prozent) des **Bildungsetats** für den Lehrkörper an den Universitäten ausgibt, mit dem Ergebnis, dass die akademische Ausbildung rund 18 Prozent aller Bildungsausgaben im Lande verschlingt, aber nur einem Prozent der Jugendlichen zugute kommt – just den Söhnen und Töchtern aus wohlhabendem Hause, die zumeist über teure Privatschulen den Sprung in die akademischen Höhen geschafft haben. „Wir müssen das ganze System vom Kopf auf die Füße stellen", forderte der Minister.

Das **Missverhältnis zwischen den hohen Ausgaben für die Bildungselite und den niedrigen für das Volk** bleibt nicht auf die Bundesebene beschränkt, es wiederholt sich auch in den Bundesländern und den Gemeinden – und beim Lehrpersonal. Volksschullehrer müssen sich mit umgerechnet 150 bis 250 Euro durchschlagen, Uniprofessoren können, wenn sie sich gewitzt anstellen, bis zu zehnmal mehr einstreichen, ohne dass ihnen große Leistungen abverlangt werden.

Geld mag ein Anreiz für bessere Leistung sein. Das behaupten jedenfalls die Lehrer-Syndikate, die sich für manche Privilegien ihrer Standes stark machen, nicht aber für die Qualifizierung der Pädagogen. Brasilianische **Lehrer** sind selber oft halbe Analphabeten. Jeder dritte Pauker hat noch nicht einmal den Abschluss, den seine Schule vermitteln soll. Unter den Professoren an lukrativen Privat-Unis tummeln sich unzählige, die das Abitur nicht geschafft haben, aber durch „Vitamin B", also gute Beziehungen, und obskure Kanäle Lehrstühle ergattern konnten.

Immerhin, 1998 wurde ein **neuer Anfang** gemacht: 60 Prozent der von der Verfassung vorgeschriebenen Erziehungsausgaben müssen für die Grundschule verwendet werden, sodass wenigstens 250 Dollar pro Schüler und Schuljahr zur Verfügung stehen. Außerdem soll ein Teil der Gelder in einen Fonds fließen, mit dem die Lehrer auch in armen Gemeinden bezahlt werden können, damit keiner von ihnen mehr mit einem Hungerlohn von weniger als 200 Euro im Monat nach Hause gehen muss.

Der Nachhilfeunterricht für den Lehrkörper beseitigt allerdings noch nicht das **Schuleschwänzen;** in den zurückgebliebenen ländlichen Regionen und den Favelas ist das das größte Problem. Die Kinder gehen nicht regelmäßig in die Schule, weil sie von den Erwachsenen auf die Straße zum Betteln und Müllsammeln geschickt werden oder auf dem Feld schuften müssen. Mädchen sollen im Haushalt mithelfen, lesen und schreiben zu können, ist „überflüssig".

Nur wenige Kommunen unternehmen bislang ernste Anstrengungen, diesen Teufelskreis zu durchbrechen. Doch selbst wenn Brasilien sein ehrgeiziges Ziel erreicht, so gut wie alle Kinder wenigstens durch die Grundschule zu bringen, bleibt immer noch ein Millionenheer von erwachsenen Menschen übrig, die gerade mal ihren Namen schreiben können. Mit solchen Menschen lässt sich keine moderne Industrienation aufbauen. So gut wie alle großen Unternehmen sind deshalb gezwungen, ihre Beschäftigten zu schulen, und zwar nicht nur für den speziellen Job, sondern auch im ABC und im kleinen Einmaleins.

„Wir stehen vor der Alternative: Wollen wir eine hohe Rotation nach dem Prinzip von hire-and-fire hinnehmen, was sehr viel kostet? Oder ist es nicht besser, wir schulen unsere Leute, reduzieren die Arbeitsunfälle, schaffen höhere Produktivität und weniger Maschinen-Ausfälle durch Professionalität und größere Zufriedenheit und geben den Leuten darüber hinaus eine Chance, sich als mündige Bürger zu fühlen?" *Karl Werner Ross,* der *diretor-presidente* von *Degussa do Brasil,* sagt das nicht, um sich zu schmücken. Das Unternehmen, das er führt, produziert mit seinen 600 Mitarbeitern eine Palette von mehr als 1.000 Produkten – da kommt es auf jeden an: Statt Fließbandmontage wird in den Hallen noch handwerklich geschafft.

Vom Fabrikboden bis zum Hörsaal ist es ein weiter Weg. Obgleich die größten Probleme in Brasilien bei der Grundausbildung liegen, glauben die Hochschullehrer, ihnen widerfahre alles Schlechte. Die **Universitäten** schauen in den Himmel, und dabei verlieren sie nicht selten den Bodenkontakt.

„Unsere erste Universität wurde erst 1922 gegründet, und zwar durch ein Dekret; der Anlass dazu war wichtig, hatte aber nichts mit Erziehung zu tun: Der belgische König besuchte Brasilien, und das brasilianische Außenministerium sollte ihm eine Ehrendoktorwürde verleihen. Da der König nicht protokollgemäß geehrt werden konnte, weil wir keine Universitäten hatten, wurde zu diesem Zweck die *Universidade do Brasil* gegründet. So konnte Leopold auch hier Doktor werden. Auf diese Weise wurde die erste brasilianische Universität gegründet, eine Universität, mit der es – wie man weiß – seither ständig auf und ab geht", lästert *Darcy Ribeiro,* der die Universität von Brasília (gegen den Willen vieler Politiker) gegründet hatte.

Einen **„Elfenbeinturm"** der Gelehrten hat es nie gegeben, weder im 19. Jahrhundert, als der französische Dichter *Sainte-Beuve* die Metapher prägte, noch in der Antike, als *Horaz* von einem „elfenbeinernen Tore" in die Abgeschiedenheit sang. Wissen ist Macht. Ein hässliches Wort, wie viele Forscher finden, so hässlich wie „Wettstreit", „Bildungsmarkt" oder „Anforderungen der Gesellschaft". Davon wollen die meisten Akademiker in Brasilien nichts wissen.

Immerhin, brasilianische Wissenschaftler lösten in Fachkreisen kürzlich gleich zwei Paukenschläge aus. Einmal gelang es 200 **Genbiologen** in São Paulo in gemeinsamer Arbeit, die vollständige Erbsubstanz (DNS-Struktur) eines Bakteriums zu entziffern, das im Obstanbau jedes Jahr Millionen-Schäden anrichtet. Und zum anderen gelang es der gleichen Gruppe von Forschern, 500.000 Sequenzen der DNS-Struktur eines Tumor-Typs zu identifizieren.

Forschung und Wissenschaft blühen nur in einer offenen, globalen Gesellschaft. Die jüngsten Erfolge brasilianischer Genbiologen sind auch nur durch **internationale Kooperation** zustande gekommen. Geholfen hat auch die Weisheit der Politiker, der Forschung in São Paulo Gelder zu geben und die Bescheidenheit dieser, mit dem Geld zu forschen und nicht etwa neue Elfenbeintürme zu errichten.

Brasilien ist weltweit mit gerade mal 1,2 Prozent in allen wissenschaftlichen Publikationen vertreten – das ist ein Platz unter „ferner liefen ...", aber immerhin mehr, als alle anderen lateinamerikanischen Staaten auf die Waage bringen. In São Paulo fließen rund ein **Prozent der Steuereinnahmen in die Forschung,** da kommen pro Jahr etwa 700 Millionen Dollar zusammen. Davon können die Wissenschaftler im armen Nordost-Bundesstaat Piauí nur träumen, da hat der Staat gerade mal jährlich 50.000 Dollar frei, das reicht noch nicht mal, um Bücher anzuschaffen.

Deshalb trifft die von Deutschland geförderte wissenschaftliche Zusammenarbeit mit den **armen Regionen** Brasiliens beispielsweise auf enge Grenzen. Da fordern Dekane deutsche Philosophen an, die über *Nietzsche* lesen sollen, verstehen aber nicht, dass der teutonische Nachwuchsakademiker, der sich auf ein solches Abenteuer einlässt, besser einen spielerischen Grundkurs zur Einführung in die Philosophie gibt, weil er feststellt, dass seine Schüler weder Deutsch noch Englisch beherrschen und kein einziges philosophisches Werk je gelesen haben.

Tropische Musen

Die Musen und die Museen hatten im alten Griechenland miteinander zu tun: im Musentempel, dem Sitz der Musen, den Museen eben und den **„Orten gelehrten Tuns".** In Brasilien aber haben die Musen diese Orte längst verlassen, ja sie meiden sie und mischen sich unters Volk. Natürlich finden sich auch in Brasilien gelehrte Zirkel und gebildete Kunstkritiker: Die besseren Zeitungen sind voll von selbstverliebten Essays über den Zeitgeist und die hehre Kunst. Aber mit der wirklich gelebten künstlerischen Aktivität hat dieser Akademismus nichts gemein. Kunst wird in Brasilien mehr als anderswo **„aus dem Bauch heraus"** gemacht.

Musik

Wenn es eine Muse gibt, die Brasilien geküsst hat, dann ist es die Musik. Das Samba-Land steht für die **glückliche Verschmelzung afrikanischer Rhythmen und portugiesischer Melancholie,** für überschäumende musikalische Lebensfreude wie für intime, gehauchte Chançons. Die Namen zeitgenössischer Interpreten, die Namen von *Gal Costa, Gilberto Gil, Gaetano Veloso, Charlinhos Brown, Milton Nascimento, Maria Bethania* und und und, sind in der ganzen Welt bekannt. Und jeder in Brasilien kann ihre Lieder mitsingen.

Überhaupt: Musik ist Lied, rein instrumentale (also zum Beispiel klassische) Musik reißt die Brasilianer kaum hin. Die menschliche Stimme ist das allerwichtigste **Instrument** der brasilianischen Musik. An zweiter

xxxkm Foto: mb

Stelle kommt die Gitarre, dann folgen die Schlaginstrumente, fast alle afrikanischen Ursprungs. Brasilianer schaffen es, auf einem Bierglas Synkopen zu zaubern und mit einem Löffel eine ganze Rhythmusgruppe zu ersetzen.

Brasilien ist die Heimat des **Bossa Nova,** des Samba, der gesungenen Poesie. Hier ist nicht der Platz, um den Kosmos der brasilianischen Musik auszuleuchten, wie es etwa *C. Schreiner* („Musik Lateinamerikas") getan hat. Ein Meister des „typisch brasilianischen Sounds" war ohne Zweifel *Baden Powell de Aquino.* Er war (und ist) in Europa wahrscheinlich der bekannteste brasilianische Musiker und gilt als Erfinder des *Bossa Nova,* jener schwebenden, leichten und melancholischen Chançons, die in den Bars und Boutiquen von Rio de Janeiro geboren und in den 1960er Jahren geradezu zum musikalischen Erkennungszeichen Brasiliens wurden.

Die gesungene Poesie von **Baden Powell** brauchte keine aufwendige Verstärkertechnik – die Gitarre und das Lied, das war alles. Der swingende, jazzige Sound im Samba-Rhythmus, der fast nur gehauchte Text, das war intime Musik wie eine Fuge von *Bach* und doch zugleich auf Platten gepresst – *música popular brasileira.*

Baden Powell (der Vater hatte ihn so nach dem Begründer der englischen Pfadfinder-Bewegung getauft) zeigte schon als Schulbub musikalisches Talent, und mit 15 spielte er bereits in den Vorstadtkneipen Rios. Er

Das Fernsehen versaftet seine Zuschauer – Bild des Künstlers Renato Mattos

kam aus armen Verhältnissen und seine späteren Erfolge, besonders in Europa, machten ihn nicht wie andere blind für soziale Ungerechtigkeit in seiner Heimat.

Baden Powell, Stan Getz, João Gilberto, Tom Jobin und der Poet *Vinicius de Moraes* – das sind die Namen, die mit dem Bossa Nova, die mit Rio und der brasilianischen Musik immer verbunden bleiben. Und so wie bei beinahe allen anderen kulturellen Importen schaffen es auch die brasilianischen Musiker spielend, sich **fremde Elemente** (wie zum Beispiel Rap) sofort anzueignen und in einen eigenen, swingenden brasilianischen Sound zu verwandeln. Die musikalische Seele Brasiliens hat alle Moden und Modernismen überlebt, trotz der Globalisierung und Amerikanisierung der internationalen Unterhaltungsindustrie.

Visuelles Schaffen

Im Unterschied zur Musik hat Brasilien wenig Maler, Bildhauer und Regisseure hervorgebracht, die weltweit bekannt sind. Bis zum Anfang des 20. Jahrunderts ist man eigentlich nur den europäischen Moden gefolgt, erst 1922 setzte in São Paulo ein **eigenständiger Stil der Moderne** ein, der auch die Literatur einbezog. *Portinari, Segal* und die drei *Andrades (Carlos Drummond, Mário* und *Oswald)* gehörten zu dieser Generation.

Die **Filmkunst** erreichte in den 1950er- und 1960er-Jahren ihre Blüte – *Glauber Rocha* wäre hier an erster Stelle zu nennen. In jüngster Zeit hat der brasilianische Film mit *Brasil Central* (Silbener Bär der Berlinale, 1998) Aufsehen erregt, doch unter der Vorherrschaft von Hollywood, den knappen Kassen und dem voll durchkommerzialisierten Fernsehen hat der künstlerisch wertvolle Film einen schweren Stand.

Der Brasilianer *Sebastião Salgado* aber gehört zu den weltweit berühmtesten **Fotografen.**

Literatur

Ivete de Abreu hat ihr Leben lang nichts anderes gemacht als Tee gekocht, Plätzchen gebacken und den Tisch gedeckt, darüber ist sie alt und grau geworden. Doch ihre Gäste, die ein-, zweimal im Monat in der Avenida Presidente Wilson von Rio de Janeiro den Fünf-Uhr-Tee schlürfen, sind keineswegs jünger: 40 bemooste Häupter, die sich *immortais,* „Unsterbliche", nennen, denn sie gehören zur *Academía Brasileira de Letras,* zur brasilianischen **Literaturakademie.**

Der Parnass der Dichter und Denker wurde vor fast einhundert Jahren von dem „Klassiker" der brasilianischen Literatur, von *Machado de Assis,* ins Leben gerufen – natürlich nach dem Vorbild der Académie Française. Dazu gehören die goldbetressten Uniformen, die altbackene Klub-Atmosphäre, der rhethorische Bombast. Die „Unsterblichen“ wären längst gestorben, hätten nicht immer wieder Präsidenten und Plutokraten durch kleine Pralinen das Schattendasein der Akadamie verlängert und sich selbst einen Sessel im geistigen Olymp erkauft.

Die Drohnen-Existenz der Academía Brasileira de Letras mag bezeichnend sein für einen Teil des Kulturbetriebs im Schwellenland Brasilien, dessen Schulsystem nicht zu den besten der Welt gehört. Sollen deswegen etwa die brasilianischen **Schriftsteller aufhören zu dichten?** *João Ubaldo Ribeiro,* dessen Werke auch ins Deutsche übersetzt wurden, gibt dazu die passende Antwort: „Reicht es nicht, dass wir Hunger haben und Millionen von Analphabeten ... sollen wir auch noch unsere Kultur verlieren? Nein, ich bin stolz, brasilianischer Schriftsteller zu sein!“

Stolz und Talent machen allerdings nicht satt. Die meisten brasilianischen Dichter können **von der schriftstellerischen Arbeit allein nicht leben,** Erfolgsautoren wie *Jorge Amado* oder *Paulo Coelho* sind eine Ausnahme. Fast alle großen Frauen und Männer der brasilianischen Literatur gingen und gehen zusätzlich einem Brotberuf nach, sei es als Diplomat *(Carlos Drummond de Andrade),* Polizeichef *(Rubem Fonseca),* Bibliothekar *(Márcio Souza),* Universitätsprofessor *(Milton Hatoum),* Arzt *(Moacyr Scliar)* oder Reporter *(Ignácio Loyola Brandão).* Die Tantiemen aus Übersetzungen übersteigen nicht selten die Einnahmen aus den heimischen Auflagen. Schließlich bieten die Massenmedien, ganz besonders das Fernsehen, ein paar Chancen für Autoren, sich als Drehbuchschreiber oder Dramaturg über Wasser zu halten.

Künstler und Kulturschaffende haben so gut wie keine Lobby in Brasilien – eher ist es umgekehrt: Viele Politiker nutzen die kulturelle Prominenz, um sich ins rechte Licht zu setzen. Man könnte das als **„Politisierung“ der Kultur** bezeichnen – aber was für eine ist das? Schauspieler und Sänger lassen sich vor den Karren politischer Kampagnen spannen, oft der materiellen Not gehorchend, nicht dem eigenen Triebe. Gerechterweise muss man jedoch hinzufügen, dass die brasilianischen Künstler im Widerstand gegen das Militärregime (1964–1983) vorangingen.

„Jeder knackt die Flöhe auf seine Art“ und „Auf harten Pritschen lässt sich trefflich träumen“, sagt der Volksmund. Die **brasilianische Volkskultur,** die sich aus europäischen, afrikanischen und indianischen Quellen speist, hat selbst die Sklaverei überlebt; sie ist vital und widerstandsfähig – beispielsweise gegen die Tendenz der Amerikanisierung. Anders als in Deutschland singen die Brasilianer ihre Texte und ihre Lieder und nicht die aus Hollywood oder Tennessee. Vielleicht liegt in dieser Volkskultur das Geheimnis für den Überlebenswillen einer Nation. Um noch einmal *João Ubaldo Ribeiro* zu zitieren: „Das Leben ist nicht nur Brot. Soll ich etwa eine Bäckerei aufmachen? Werde ich dadurch meinem Land nützlicher sein als in meinem Beruf, dem des Schriftstellers?"

Architektur

Brasiliens berühmtester Architekt, der Schöpfer Brasílias, ist inzwischen so etwas wie das Denkmal seiner selbst geworden.

Oscar Niemeyer wurde 1907 in Rio de Janeiro geboren; er besuchte die Escola Nacional de Belas Artes und trat nach seinem Architektur-Studium 1934 in Kontakt mit dem Team von *Lúcio Costa,* dem damaligen Direktor der Kunstakademie und Verfechter der modernen Architektur. Dass sich in den dreißiger Jahren ausgerechnet in Brasilien der Boden fruchtbar für die Entfaltung des Internationalen Stils erwies, war kein Zufall. Mit *Getúlio Vargas* war nämlich ein Caudillo, ein charismatischer Autokrat, an die Spitze gekommen, der die „Republik der Großgrundbesitzer" in einen modernen Industriestaat umkrempeln wollte.

Le Corbusier war 1936 mit der *Graf Zeppelin* an die Copacabana gekommen; er steuerte Entwürfe für ein neues Erziehungsministerium bei, die *Oscar Niemeyer* begeisterten. Hier zeigte sich die Hand eines Meisters, der sich souverän über alle Konventionen und Traditionen, den Terror des rechten Winkels, die Enge der barocken Stadt, den „Gang des Esels" hinwegsetzte, der radikal mit „Licht, Luft und Sonne" experimentierte und seine Bauten als „Maschinen" pries. Gegen den Widerstand der akademischen Kreise und der Provinzpolitiker setzten *Costa* und *Niemeyer* einen Entwurf für das Ministerium durch, der nur geringfügig von der Skizze *Le Corbusiers* abwich.

Juscelino Kubitschek wurde 1957 zum Präsidenten Brasiliens gewählt. *Kubitschek* wollte „50 Jahre in 5 Jahren" überspringen, er machte Ernst mit dem alten Traum, im Zentrum des Landes, auf der menschenleeren, unwirtlichen Hochebene Planalto, eine **neue Hauptstadt** zu errichten – *Lúcio Costa* und *Oscar Niemeyer* wurden mit der Herkulesarbeit betraut. Brasília wurde in 1.000 Tagen aus dem roten Steppenboden gestampft und am 21. April 1960 als „Metropole des 3. Jahrtausend" geweiht.

Niemals zuvor haben zwei Männer – *Lúcio Costa* als Stadtplaner, *Oscar Niemeyer* als Architekt – schöpferisch so freie Hand gehabt, gewissermaßen lieber Gott zu spielen und eine Stadt für 400.000 Bewohner bis ins kleinste Detail zu planen. Das Ergebnis ist aus einem Guss, Brasília gleicht aus großer Höhe betrachtet einem Flugzeug, und aus der Nähe einem **Gesamtkunstwerk,** in dem die Menschen auf ihren Trampelpfaden gegen den Plan nur stören. Der Traum der Architekten, eine Utopie in Beton zu gießen, mutierte in Brasília zum Dogma der reinen Form. 1987 wurde Brasília von der UNO zum „Kulturerbe der Menschheit" erhoben.

„Die Architektur muss immer überraschen und Neugier hervorrufen, sonst taugt sie nichts", bekennt der alte Mann. Dabei ist **Oscar Niemeyer** sich treu geblieben. Seine ersten Werke wie etwa der Club und die Kirche in Pampulha, würde er heute nicht wesentlich anders halten. Glas und Stahl sind ihm so fremd wie der Gedanke, Gebäude müssten bequem wie eingelaufene Schuhe sein. Dass die Menschen in Brasília (seiner Stadt!) sich nicht auf den vorgeschriebenen Wegen halten und stattdessen eigene Trampelpfade treten oder sich – wie geschmacklos! – gestreifte Hollywoodmarkisen über die Veranda hängen, mag er nicht sehen. Der Mensch hat der perfekten Form zu folgen – und nicht umgekehrt. Das ist das Credo des Betonkopfs.

Ein schönes Credo, wenn man selbst Schöpfer der perfekten Form ist und als Guru der Moderne verehrt wird. Obgleich doch *Oscar Niemeyer* sich weigert, wenn er kann, ein Flugzeug zu benutzen oder gar den Computer zeichnen zu lassen. Darüber ist er längst erhaben, aber schaf-

042kb Foto: me

fen tut er noch mit 100 Jahren. *Oscar Niemeyer* mag keine Schnörkel. Was seine Denkmale betrifft – sie stehen in der ganzen Welt. So schnell kriegt die keiner kaputt.

Sportskanonen

Eine Sportnation mag man Brasilien nicht nennen: Im Medaillenspiegel der **Olympiaden** taucht Brasilien nur unter „ferner liefen ..." auf. Das mag daran liegen, dass der brasilianische Staat es niemals als seine Aufgabe angesehen hat, die Nation mit Muskeltraining und Marathon auf die Siegerpodeste zu zerren.

Aber **sportbegeistert** sind die Brasilianer schon, jedenfalls beim Fußball, beim Tennis und beim Autorennen.

Fußball

Wer wissen möchte, wo die **Wiege des brasilianischen Fußballs** steht, der muss hinaus nach Bento Ribeiro fahren, beispielsweise. Der muss die Nerven haben, sich in überfüllte Vorortzüge zu quetschen und wie in einem Viehwaggon hinausrumpeln aus Rio de Janeiro, hinaus in eine der grauen, staubigen Vorstädte und Favelas, denen die Christustatue auf dem Corcovado-Berg den Rücken zudreht. Hinaus in die Millionendörfer der sumpfigen Niederung – dort, wo die Proletarier hausen, die werktätigen Massen, die Kleinbürger, Krämer, die Putzfrauen und die Schuhputzer, die alle ein wenig dunklere Haut zu Markte tragen als die Bewohner an der Atlantik-Promenade.

In **Bento Ribeiro,** in der Rua General Cesar Rabino 114, einer holprigen Straße, in einem der niedrigen hühnerbrüstigen Häuser, in denen meist zwei, drei Familien die wenigen Räume teilen, da ist der kleine *Ronaldo Nazario de Lima* mit zwei Geschwistern aufgewachsen. *Sónia,* die Mutter, musste die Familie mit Gelegenheitsarbeit allein durchbringen, der Vater war getürmt; da war *Ronaldo* schon mit 14 Jahren das Ass unter den Barfußkickern.

Ronaldo, auch *Ronaldinho,* „der kleine Roland", nennt man ihn hier, das glattrasierte Idol mit dem Zahnlückenlächeln. (Nicht zu verwechseln mit dem in Europa bekannten *Ronaldinho,* der in Brasilien *Ronaldinho Gaúcho* genannt wird.) Jeder draußen in Bento Ribeiro will *Ronaldo* nun

Strandgymnastik – auch das ist eine Art Sport

persönlich gekannt haben. Der Weltstar aus der Gosse: zweimal „weltbester Fußballer des Jahres" (1996 und 1997). Und das mit 21 Jahren. Beim Jugendklub von Ramos (nicht die beste Gegend von Rio) trat er an, und 1991 wurde er bereits international bekannt als Super-Torschütze in den Begegnungen der Weltjugend-Liga. 1993 wechselte *Ronaldo* zu Cruzeiro, Belo Horizonte, und von da an wurde er zum Liebling der Nationaltrainer. Mit 17 Jahren nahm der Junge bereits an der WM 1994 in den USA teil – noch auf der Reservebank. Und dann kauften sich die europäischen Vereine *Ronaldo* reihenweise zu schwindelerregenden Summen ab.

Inter Mailand bot für *Ronaldo* 55 Millionen Dollar: Einen solchen Haufen Geld können sich die Leute in Bento Ribeiro gar nicht vorstellen – mit der Summe könnte man jedem Bewohner der Vorstadt, ob Greis oder Knirps, einen Tausender in die Hand drücken, und es blieben immer noch so viele Dollar übrig, um alle Straßen zu teeren.

Ronaldo hat jedenfalls sein Versprechen gehalten: Mit dem ersten großen Geld hat er seiner Mutter ein Haus gekauft. Das steht draußen in Jacarepaguá, auch keine feine Gegend, aber es hat ein richtiges Dach und einen kleinen Garten, und die Kinder der Nachbarn spielen nicht Fußball auf der Straße, sondern Tennis im Klub.

Den richtigen Fußball kann man buchstäblich auf den Vorstadtgassen der Metropole heranwachsen sehen. Er wird **barfuß** getreten, denn Leder an den Füßen kennen die Jungs nicht, das kennen sie nur am Ball. Ihre Gummilatschen legen sie ab – als Tormarkierung und um sie vor Verschleiß zu schützen – oder sie ziehen sie als Handschuhe an. *Uma pelea,* ein bisschen kicken, dazu braucht es keinen Anlass. Vor der Schule, nach der Schule, während der Schule, auf der Straße. *Ronaldo* war so vernarrt in das Leder, dass er die Schule Schule sein ließ. So berühmt zu werden wie *Ronaldo,* davon träumen so gut wie alle krausköpfigen Barfußkicker. Und nicht nur einer von den Knirpsen, die den Ball besser beherrschen als das ABC, hat das Zeug dazu.

Dabei war der Fußball in Brasilien kein heimisches Gewächs. Die **Engländer** hatten natürlich die Mode eingeführt.

„Gooooooooooool!": Ein Urschrei aus brasilianischer Brust. „Toooooor!" Der fünffache Fußball-Weltmeister Brasilien (1958 Schweden, 1962 Chile, 1970 Mexiko, 1994 USA, 2002 Tokio): Welche Nation kann den Gelbgrünen auf dem Rasen schon das Wasser reichen?

„Goool!" Gool? Das klingt nicht nach portugiesischer Hochsprache. Die Nation von *Pelé, Romãrio, Bebeto* und *Ronaldo* hat den Fußball zwar zur wahren Kunst verzaubert, aber erfunden hat sie das runde Leder nicht. Das waren bekanntlich die Engländer. Das *Gool* kommt natürlich

von *goal,* und der Strafstoß blieb ein *penalty:* Alle Fachbezeichnungen des *football* stammen aus reinsten viktorianischen Quellen. Südlich des Äquators zerfließen die Bezeichnungen nur ein wenig in der Hitze: *Gooo!!*

Achttausend Fußballvereine und mindestens zehnmal so viele Teams, die dem Leder hinterherrennen. Ihre Jungs lernen eher Bälle treten als laufen, behaupten die Brasilianer stolz. Nicht jedem Brasilianer sind die Namen der großen Spieler geläufig, aber alle, ob fußballbesessen oder nicht, kennen **Pelé** – *Edson Arantes do Nascimento* –, der über 1.200 Tore geschossen hat und in den vergangenen Jahren ein höchst erfolgreicher Geschäftsmann geworden ist.

Brasilien und der Fußball: eine **hundert Jahre alte Leidenschaft,** wie die Kulturanthropologin *Claudia Mattos* die Geschichte mit dem runden Leder in ihrer Heimat bezeichnet. Der Flirt begann im Schatten des Zuckerhuts, auf dem Wasser, in der Bucht von Botafogo. Dorthin pilgerten in der „Belle Epoque" die feinen Herrschaften ebenso wie die Dienstmädchen und die jüngst in die Freiheit entlassenen Sklaven, sich an einem sonntäglichen Spektakel zu delektieren: der Regatta der Ruderklubs. Und aus den Ruderklubs entstanden die weniger feinen Klubs um den Ball.

Der **Mythos** um das runde Leder wurde in Rio geboren, und hier, in den hiesigen Vereinen, lebt er nach wie vor: der aristokratische Mythos von *Fluminense,* der Aufsteigermythos von *Flamengo,* der Mythos der *underdogs* von *Vasco* und der magische Mythos von *Botafogo.*

Die Fußballbegeisterung in Brasilien trägt **religiöse Züge;** die Spieler knieen auf dem Felde nieder, wenn sie einen Treffer erzielt haben, die Trikots werden gesegnet, die *galeras,* die Fan-Klubs und die Fetischisten führen Feld- und Kreuzzüge gegeneinander. Die religiöse Inbrunst hat in Brasilien die Kirchen verlassen und ist in die Fußballstadien gewandert.

„Gott ist Brasilianer", lautet ein gängiger Spruch. Wenn das stimmt, dann muß er Fußball spielen können, so göttlich wie *Pelé,* so unbekümmert wie *Ronaldo.* Gut Fußball zu spielen, heißt in Brasilien aber nicht, nur Tore zu schießen. Fußball spielen ist **Kunst und Akrobatik,** aber doch nicht kalte Berechnung. Rasse und Eleganz, tänzerische Einlagen, Pirouetten und Staffetten, der Ball, der muss verführt werden wie eine schöne Frau. Der Gegner, das ist eher ein Rivale, einer, den man nicht überwältigen, sondern ausstechen muss. „Beim Fußball ist der schlimmste Blinde der, der nur aufs Leder starrt", spottet der bekannte Regisseur *Nelson Rodrigues.*

Wenn Wut und Trauer, Triumph und Jubel sich in Tränen lösten – sie hätten die große Schüssel des Maracanã längst überfließen lassen. Und dieses Maracanã ist das **größte Fußballstadion der Welt,** immer noch, auch nach 55 Jahren noch.

Das große Auge von Rio de Janeiro: Selbst auf Satellitenaufnahmen ist das elliptische Rund von 800 Metern Durchmesser noch zu erkennen. Nach der nächsten Eiszeit werden die Archäologen seine Betonfundamente vielleicht als die Reste einer gigantischen Tempelanlage interpretieren; so falsch wäre das nicht.

10.000 Arbeiter hatten das Stadion in nur zwei Jahren errichtet; 500 Tausend Sack Zement, 10 Tausend Tonnen Stahl und drei Millionen Keramikfliesen sind verbaut worden. Für 180.000 Zuschauer hatte man es geplant. Aber als im Maracanã, eine Woche nach seiner Fertigstellung, im Juni 1950 die Fußballweltmeisterschaft eröffnet wurde, da passten 200.000 hinein. Brasilien hatte sich das Riesen-Ei geleistet; man wollte unbedingt die **Weltmeisterschaft** austragen, die von 1942 schon oder die von 1946 – beide fielen ins Wasser oder besser gesagt dem Krieg und Nachkrieg zum Opfer. 1950 kam keiner mehr an Brasilien vorbei – zum ersten Mal wurde die WM (die vierte überhaupt) außerhalb Europas, wenn auch ohne Deutschland (das „Wunder von Bern" ereignete sich erst vier Jahre später), Ungarn und Argentinien, ausgetragen: das Halbfinale und Endspiel im Maracanã.

Und dann, am 16. Juli 1950, die Stunde der Wahrheit. Das Team aus Montevideo steht wie eine Eins. In der 1. Minute der 2. Halbzeit: *Gooooool! Friaca* schiebt das 1 : 0 für Brasilien rein; drei Minuten Ovationen. Aber 20 Minuten später gleicht *Schiaffino* für Uruguay aus. Und in der 33. Minute schockt *Ghiggia* 200.000 Brasilianer, die glauben, ihr Herz bleibe stehen. 2 : 1, da gibt es nichts zu deuteln. **Uruguay ist Weltmeister, Brasilien untröstlich.** „Das ist unser Hiroshima", kommentiert der Schriftsteller *Nelson Rodrigues.*

Da haben sie nun das größte und schönste Fußballstadion der Welt gebaut, um die Weltmeisterschaft auzutragen – und wenige Wochen nach seiner feierlichen Eröffnung erleidet Brasilien gerade dort seine tiefste, seine schmerzlichste Schmach auf dem grünen Rasen. Gewiss, Brasilien, inzwischen unangefochten vierfacher Weltmeister, ist fast immer unter den besten Teams – welche Nation macht das schon nach? Ja, man hat auch verloren, zuletzt erst 1998 im Finale gegen Frankreich. Aber keine Niederlage schmerzt bis heute so sehr die kollektive Seele der Fußballnation wie die von 1950 gegen Uruguay im Maracanã.

Mehr als eine Milliarde **Zuschauer** haben die harten Betontribünen gedrückt, haben ihre Kehlen heiser geschrien und die Hände über den Kopf zusammengeschlagen. Viele Dutzend Menschen sind im Maracanã niedergekommen und auch niedergetrampelt worden. *Pelé,* der Fußballkönig, hat das Stadion verhext; am 19. November 1969 schoss er hier sein tausendstes Tor. Unzählige Begegnungen von *Fla-Flu, Flamengo* gegen *Fluminense,* die Rio-Rivalen, sind hier ausgetragen worden.

Frank Sinatra hat hier vor Hundertausenden gesungen, und der mittlerweile verstorbene Papst *Johannes Paul II.* hat hier die Messe gehalten: 1980 und 1997. Das **Maracanã hat alle aufgenommen:** *Sting* und *Billy Graham,* Rockstars und Erweckungsprediger, den Weihnachtsmann, der mit dem Hubschrauber kam, ebenso wie die Zeugen Jehovas bei der Massentaufe, die Reiter aller Harley-Davidsons wie die Soldaten, die auf ihren Einsatz beim Militärputsch warteten.

Längst hat das riesige Beton-Ei Risse bekommen; wie oft hat man es schon umgebaut? Man braucht es noch, das Maracanã. Jedenfalls solange, wie Brasilien einen Gott anbetet, den Gott des grünen Rasens.

Autorennen

Der grüne Rasen ist die Bühne für den Fußball, auf dem grauen Asphalt von Interlagos bei São Paulo aber spielen sich in der Rennsaison Dramen ab, die die Brasilianer zu Emotionen hinreißen, die dem Fußball kaum nachstehen.

Einer unter den PS-Rittern ist sogar so etwas wie ein Heiliger der Nation geworden: **Ayrton Senna.** Wäre *Ayrton Senna* im Bett gestorben, hätte man ihn wohl schon vergessen. Er ist aber mit 300 Stundenkilometern an der Betonwand von Imola zerschellt. Die Welt war Zeuge.

Der 1. Mai 1994 sei der traurigste Tag ihres Lebens gewesen, beteuern die Brasilianer in Umfragen: trauriger als der Tag, da Brasilien in der WM 1950 gegen Uruguay mit 1 : 2 verlor, trauriger als der Tag, als die grün-gelbe Elf 1998 in Paris gegen Frankreich mit 0 : 3 unterlag und nicht fünffacher Weltmeister wurde.

Wer diesen 1. Mai 1994 am Bildschirm in Brasilien miterlebt hat, der wird sich auch heute noch daran erinnern können, wie eine ganze Nation ungläubig erstarrte und dann in Tränen ausbrach. Immer wieder und wieder zeigten alle Kanäle in Zeitlupe die letzten Millisekunden im Leben von *Ayrton Senna.* So als wollten selbst die hartgesottensten Reporter nicht daran glauben, dass am Ende dieser unscharfen Videoaufnahmen die Mauer stand, der **Tod.**

Die kinetische Energie, mit der der Formel-1-Williams in der Kurve von Tamburello gegen die Betonwand prallte, entsprach in etwa einem Fall aus der Höhe des Empire State Building in New York. Der helmbewehrte Kopf von *Ayrton Senna* wurde aufgeknackt wie ein Walnuss, Blut und Gehirnmasse spritzten über das Wrack und den Asphalt. Die Notärzte und Pistenwarte hüllten *Sennas* zerfetzten Körper ein, um dem Publikum den Anblick zu ersparen. *The show must go on,* entschieden die Sportfunktionäre. Dabei war noch am Tag zuvor *Roland Ratzenberger,* Österreichs Nachwuchstalent, auf der gleichen Piste tödlich verunglückt.

Ayrton Senna. Eine Million Brasilianer haben ihn zu Grabe getragen. Drei Tage Staatstrauer waren angeordnet. Sie bahrten seinen Leichnam im Parlament von São Paulo auf, sie fuhren ihn auf einer Feuerwehrlafette quer durch die Metropole und sie bestatteten seine sterblichen Reste unter dem Rasen von Morumbi, Grab Nr. 11, Sektor 7, Abteilung XV. Die Bronzetafel wurde schon mehrfach gestohlen, aber frische Blumen finden sich immer an dieser Stelle.

Märtyrer *Ayrton Senna, Santo Senna,* der **„Heilige Senna".** Plätze und Parks tragen heute seinen Namen. Nie und nimmer sei er wegen eines Fahrfehlers gestorben – die Piste, die Mauer, Williams, die F1-Mafia, sie alle hatten *Ayrton Senna* auf dem Gewissen, davon waren Millionen Brasilianer überzeugt – sie sind es noch heute.

Wer sich in Gefahr begibt, kommt darin um. Wer Formel-1-Rennen fährt, spielt mit seinem Leben. *Senna* wusste das, das Publikum weiß es auch. Autorennen sind eine moderne Form der Pistolenduelle. Es geht um **Tod oder Triumph,** da können die Herren Funktionäre und Techniker soviel herumreden, wie sie wollen.

Man muss es schon als **Massenhysterie** bezeichnen, was sich beim Tode des Helden in Brasilien abspielte. *Zuleika Costa Rosa,* die junge Frau aus Curitiba, die nie im Leben *Senna* mit eigenen Augen gesehen hatte, hielt den Schmerz nicht aus. Sie erschoss sich, „um Ayrton Senna im Himmel zu treffen". Eine volle Woche lang orakelten alle Medien in Brasilien darüber, was *Ayrton Senna* für die Nation, die Welt und die Menschheit bedeute.

Der **Mythos Ayrton Senna** ist der Mythos von einem ordentlichen, leistungsbewussten, diziplinierten und willensstarken jungen Mann, dem die Zukunft gehört. Er ist das Gegenteil von *bagunça,* also dem Schlendrian, der Schlitzohrigkeit, der liebenswerten Schlawinerei, die man den Brasilianern so gerne nachsagt. Mit einem Wort: *Ayrton Senna* verkörperte die Hoffnung, aus Brasilien könne mit Fleiß und Disziplin doch noch etwas Ordentliches werden. Das ist vor allem der Traum der Mega-Metropole São Paulo, in der *Ayrton Senna* geboren wurde, und ihrer Millionen Händler und Handwerker.

Ayrton Senna stammte aus dieser **Mittelschicht,** sein Vater führte einen Großhandel für Baustahl. Mit vier Jahren durfte Klein-Ayrton schon einen richtigen Go-Kart steuern. Vater *Milton* tat alles, seinem Ältesten freie Bahn zu schaffen. Und Fahr-Talent hatte der Filius, weiß Gott!

Er blieb der große Junge sein Leben lang. *Ayrton Senna* war kein Party-Typ. Seine frühe **Ehe** zerschellte an seinem Ehrgeiz, immer vorne zu sein. Pole-Position! Außer Autos gab es nichts bei *Ayrton.* Die Liebeleien mit ein paar blonden Stars der brasilianischen Szene – das waren mehr Foto-Termine als ernste Affären.

The boy next door. So wünschte sich noch jede Mutti den künftigen Schwiegersohn: offen, sympathisch, unkompliziert, athletisch und treu. So war *Senna.* Dass hinter der freundlichen Fassade ein **fanatischer Siegertyp** lauerte, der es nie und niemals leiden konnte, einen anderen vor sich zu haben, dass er einen Pakt mit dem Teufel geschlossen hatte und von göttlichen Offenbarungen sprach, Stoßgebete in den F1-Himmel schickte, mit sich rang, sich opferte für eine fixe Idee, nämlich immer Erster zu sein – wer wollte und will das schon wissen?

Ayrton Senna, 161 Grands Prix, drei Weltmeisterschaften, 41 Siege, 65 Pole-Positions, 19 Bestzeiten – es hat andere gegeben, so wie den Argentinier *Juan Manuel Fangio,* die noch mehr **Rekorde und Siege** eingefahren haben – doch keiner, darin sind sich die Cracks wie *Alain Prost, Niki Lauda, Nelson Piquet, Emerson Fitipaldi* oder *Michael Schumacher* einig, fuhr so göttlich wie er.

Märtyrer sind Opferlämmer für die Träume der Massen. *Ayrton Senna* mag das kurz vor seinem Tod gespürt haben. Er wollte **aus dem Formel-1-Zirkus aussteigen.** „Höchstens bis zum Jahr 2000 noch", hat er gesagt. Er hatte mit 20 Millionen Dollar pro Jahr seine Schäfchen im Trocknen, längst eine eigene Holding errichtet, 1993 die Generalvertretung von *Audi* bekommen und weltweit seinen Namen vermarktet, zum Beispiel auch als Comicfigur für Kinder.

Auf dem Ring wollte er der Erste sein. Jenseits der Bande aber bekümmerten ihn die Chancenlosen. Wenige Wochen vor seinem Tod hatte er seine Schwester *Viviane* gebeten, eine wohltätige Stiftung, ein Kinderhilfswerk, zu gründen. Die Einnahmen aus der Vermarktung seines Namens sollten in dieses Werk fließen. Einige tausend Kinder und Jugendliche in Brasilien verdanken der **Senna-Stiftung** einen besseren Start ins Leben.

Ayrton Senna – o Santo, „der Heilige". Wäre *Ayrton Senna* im Bett gestorben, wäre aus ihm kein Heiliger geworden.

Fußball und die Formel 1 – ist das alles? Natürlich nicht – **Strand-Volleyball** oder **Tennis** mag für viele Brasilianer viel wichtiger sein.

Das allerwichtigste beim Sport in Brasilien aber ist nicht die Verbissenheit, schneller, höher oder weiter zu kommen, sondern die **Freude am Spielen.**

043kb Foto: cg

LEBEN IM ALLTAG

*„Die Hündin ist auch nur ein Mensch,
wie jeder andere."*

(Sozialminister Rogerio Magri, 1991,
angesichts des Vorwurfs,
den Dienstwagen benutzt zu haben,
um seinen Hund zum Trimmen zu fahren)

Ankunft, Begrüßung, Abschied

Auf Tropentauglichkeit wird der ahnungslose Reisende bereits bei der **Ankunft auf dem Flughafen,** sei es in Rio, São Paulo oder Recife, getestet. Damit ist nicht nur das ermüdende Schlangestehen gemeint, bis man vor die polizeilichen Pförtner des Tropenparadieses treten darf, die nur eine Frage stellen: *„Passport?"* Diese Audienz, die jedesmal das Herz schneller schlagen lässt – „hat man auch wirklich ein reines Gewissen?" –, kann kleine Ewigkeiten dauern, bis der Beamte, den Pass durchblätternd, endlich den Stempel hineinknallt. In unseren Ohren klingt es dann wie das Knallen von Champagnerkorken. Überstanden! Die nächste Mutprobe steht erst wieder beim Rückflug bevor.

Oh ja, die strengen Augen des Gesetzes! Hat man auch wirklich dieses komplizierte **Einreiseformular** korrekt ausgefüllt? Was bedeutet denn „Name", „First name", „Christian name" (gilt das auch für Buddhisten?) oder „Sobrenome"? Und welche Kontaktadresse gibt man bloß an? Soll man wahrheitsgemäß schreiben: „Beim Vetter in Dingsda" oder: „Im Busch"? Die Zöllner würden sich bedanken. Ist man nun als Tourist unterwegs oder in Geschäften, beispielsweise als Vortragsreisender, Kakteenfreund oder Journalist? Schwere Gewissensentscheidungen sind vor den richtigen Kreuzeln zu treffen. Und sie können Folgen haben: Geschäftsleute, die so ehrlich sind zuzugeben, sie würden der Geschäfte wegen nach Brasilien reisen, müssen damit rechnen, an der Grenze abgewiesen zu werden – denn sie brauchen ein spezielles Visum.

Der Ehrliche ist der Dumme, besonders bei der Grenzpolizei. Nur als „Tourist" ist man Mensch und (vogel)frei. Am besten ist es in jedem Fall, jeden **wildfremden Frager** mit einem fröhlichen *„Tudo bem?"* („Alles klar?") zu entwaffnen und dabei den rechten Daumen lustvoll in die Höhe zu strecken (gilt auch für Damen).

Damit ist schon mal das erste Eis gebrochen. Falls Sie glauben, der Landessprache mächtig zu sein, ist es wichtig, vor jeder Erklärung die Formel *„Negócio é o seguinte …"* („Die Sache, das Geschäft verhält sich folgendermaßen …") voranzustellen. Mit diesem **verbalen Eröffnungszug** leiten die Brasilianer jede Erklärung, Rechtfertigung, Entschuldigung ein. Die Formel ist aufschlussreich, suggeriert sie doch, man befände sich in „Verhandlungen" – ein deutscher Beamter aber verhandelt nicht. Mit dem *negócio* befindet man sich also bereits im Anflug auf den *jeitinho* („Auswegchen", siehe „Die hohe Kunst des Lebens – das brasilianische Lebensgefühl" im Kapitel „Weltsicht und Selbstverständnis"), den Kuhhandel, das Innerste, was Brasilien zusammenhält.

Angenommen, Sie haben die behördlichen Klippen umschifft und treten nun hinaus in die Ankunftshalle und nehmen ein Taxi in die Stadt, so sollten Sie den Fahrer mit *„Tudo bem"*, *„Negócio é o seguinte"*, freundlichem Klapsen auf die Schulter, *„Meu irmão"* („mein Bruder") oder *„companheiro"* („Kollege") und breitem Grinsen darum bitten, den Taxameter einzuschalten, damit es am Ende der Fahrt keinen Ärger gibt.

Wem immer der Reisende in Brasilien begegnet, er möge daran denken, dass er die Person (nach europäischem Standard) schon seit Jahrzehnten kennt und liebt. Und deshalb **begrüßen** sich die Herren mit halber Umarmung, Klopfen auf die Schulter, Umklammerung des Unterarmes und eventuellem Streicheln über Brust und Bauch. Den Damen gegenüber ist keinerlei Zurückhaltung angebracht: eine liebevolle, sanfte Umarmung, ein Küsschen auf die linke und die rechte Wange, eventuell noch mal das ganze von vorne, und nun „Schau mir in die Augen, Kleines!", auch wenn es eine achtzigjährige Matrone ist.

So, wie sich Brasilianer begrüßen, würde man in den USA bereits wegen „sexueller Aggression" im Kittchen landen. In Brasilien aber ist man süchtig nach Hautkontakt; Mitteleuropäer sollten da ganz schnell mit ihren Pullovern auch den verklemmten Puritanismus ablegen. *Tudo bem?*

Es reicht, bei der Begrüßung einfach *„Oi"* zu sagen und *„Tudo bem, como vai?"*, „Alles klar, wie geht's?" Außer wenn man es mit hochgestellten Persönlichkeiten zu tun hat, redet man sich in Brasilien mit „Du" *(você)* an. Und wenn man den Vornamen das Gegenübers nicht weiß, kann man ruhig mit *querida* („Liebes“) oder *amor* („Geliebter“) die Konversation beginnen.

Herzeland Brasilien: Unehrenhaft, wer sich Schlechtes dabei denkt. Wie die Gewohnheiten der Begrüßung und Konversation, so sind auch die **Kleidervorschriften** in Brasilien äußerst leger (bei den Herren) oder körperbetont (bei den Damen) bis zur Transparenz. Das gilt nicht nur für von der Natur begünstigte Menschen, auch Dicke verstecken ihr Volumen nicht, und Schwangere zeigen bewusst den Bauch, damit alle Welt am Glück des werdenden Lebens teilhaben kann.

Man sollte allerdings die heftigen Liebesbeweise bei der Begrüßung und Unterhaltung nicht zu ernst nehmen. Vor allem nicht solche **Schwüre,** man müsse sich unbedingt wiedersehen, mal zu Besuch im Haus vorbeikommen oder wenigstens miteinander telefonieren. Das sagt man so.

Und zum **Abschied** wieder Küsse, Umarmungen, Daumen hoch, und *„Tschau!“*.

Lebenslauf eines Brasilianers

Ein Brasilianer (Brasilianerin) kommt auf die Welt, und schon gibt es Probleme. Vater oder Mutter müssen das Neugeborene auf dem Amte melden. Ohne Geburtsschein ist man auch in Brasilien ein Niemand. Es laufen aber viele Niemands durch Brasilien, Leute, die zu spät, unter falschem Namen oder überhaupt nicht ins **Geburtenregister** eingetragen wurden. Im rückständigen Hinterland des Nordostens sind solche Fälle nicht selten. Das kann später Ärger geben, wenn dieser Mensch ohne Papiere in „zivilisierte Gebiete“ zieht. Auch auf die Kirche ist da nicht Verlass – ihre Taufregister sind unvollständig, termitenzerfressen und nicht gerade zuverlässig. Außerdem lassen immer weniger Eltern ihre Babys taufen.

Frühe **Kindheit und Jugend** gehen rasch vorüber, mit etwa 10 Jahren ist die Grenze erreicht, in den Tropen wächst man schnell. Der Anteil minderjähriger Mütter (10–17 Jahre) steigt in den Elendsvierteln unaufhörlich, wenn auch der Schulbesuch erfreulicherweise zugenommen hat. Ohne die Begegnung mit dem Alphabet wachsen heutzutage so gut wie keine Brasilianer mehr auf.

Allerdings ist die **„vaterlose“ Familie** in Brasilien leider eher schon die Regel als die Ausnahme. Geschieden wird schnell und heftig. Das Recht zur Erziehung der verbliebenen Kinder mag inzwischen auch dem geschiedenen Manne zugestanden werden, faktisch aber bekommen die

Mütter das Sorgerecht. Der geschiedene Mann muss hingegen blechen – und das nicht zu wenig. Es sind genügend Fälle dokumentiert, wo Gerichte den geschiedenen Vater zum Elend verurteilt haben.

Gleichberechtigung – das ist für Brasilianer ein viel zu abstrakter Begriff. Der „weichere" Machismo des Brasilianers im Unterschied zu seinen Kollegen in Hispano-Amerika lässt immerhin vieles zu, was ein stolzer Argentinier ablehnen würde: Windelwechseln zum Beispiel oder einen Kinderwagen schieben. Dabei vergibt sich ein Brasilianer nichts. Aber er ist, ebenso wie seine Frau, bestrebt, für „niedere" Arbeiten schnellstens Personal einzustellen. So haben wir das Phänomen zu verzeichnen, dass bereits Familien aus dem Mittelstand ohne Hausangestellte buchstäblich verhungern würden, weil weder Frau noch Mann gelernt haben, Reis und Bohnen zu kochen oder ein Schnitzel in die Pfanne zu werfen.

Dass Männer sogar Knöpfe annähen und Hemden bügeln können, wird in Brasilien meist ungläubig zur Kenntnis genommen. Wer so etwas macht, muss schwul sein, glauben selbst die Frauen, – die häufig auch nicht nähen und bügeln können, sondern es machen lassen.

Eifersucht ist eine nationale Eigenschaft fast aller brasilianischer Frauen, was sie nicht daran hindert, anderen schöne Augen zu machen, wenn sie sich vernachlässigt fühlen. Dem steht die Macho-Haltung der Männer gegenüber, die es allerdings meist für unter ihrer Würde halten, wegen einer Frau eine tödliche Auseinandersetzung zu riskieren. Im Grunde lebt jeder Brasilianer und jede Brasilianerin mit dem Bewusstsein im Herzen, dass die **Liebe** vergänglich ist, Romantik hat da trotz aller Beschwörungen nicht viel Platz.

Kindergeburtstage werden selbst bei den Armen aufwendig gefeiert. In den Familien der Mittelklasse legen sich Papi und Mami krumm, um dem Kinde eine Geburtstags-Show zu schenken. Da treten Clowns und Zauberer auf, da kommen Bands zum Spiel, da wird der Festsaal angemietet, da werden gedruckte Einladungen verschickt, Geschenklisten aufgestellt und schließlich Heerscharen von Kellnern herumkommandiert. So lernt der Knirps schon rechtzeitig, dass es für alles Dienstpersonal gibt und man den eigenen Finger nicht zu rühren braucht. Ein zehnjähriges Kind aus der oberen Mittelklasse kriegt ein Fest geliefert wie in Deutschland ein Abteilungsleiter beim 50-jährigen Firmenjubiläum. Mit Wattepusten und Sackhüpfen lockt man kein Kind hinterm „Ofen" hervor. Eine Reise nach Disneyland in Florida ist eigentlich das Mindeste, was ein Kind der Oberklasse zum Geburtstag erwarten kann.

Verwöhnte Jugendliche der Oberschicht

044kb Foto: cg

Die **Erziehung des Nachwuchses** in der Ober- und Mitteklasse ist in erster Linie darauf gerichtet, den erreichten Status zu halten und sich um die materielle Ausstattung zu kümmern. Bildung spielt keine Rolle, es sei denn, es handelt sich um unmittelbar verwertbares technisches Wissen, um Herrschaftswissen eben. Dass Studenten der Mittelklasse in Europa in den Semesterferien jobben (oft in Dienstleistungsberufen) und sich häufig mit wenig Geld durch die Welt schlagen, um sie kennen zu lernen, wird in Brasilien eher ungläubig zur Kenntnis genommen. Verreisen tun die Sprösslinge nur, wenn Mama und Papa ihnen die Taschen mit Dollars vollstopfen.

Mit 15 Jahren kriegt das Töchterlein seinen **Debütantinnenball.** Da kommt die ganze Favela zusammen, die Drogenbosse stiften Torten, und jeder wirft sich in schwarze oder weiße Schale. Die junge Dame wird als Braut ausstaffiert – sie wird nun wie beim Wiener Hofball in die „Gesellschaft" eingeführt, auch wenn sie längst nicht mehr so unschuldig ist, wie sie aussieht.

In den kinderreichen Favela-Haushalten, in denen die Mutter meist die alleinige Ernährerin ist und deshalb häufig außer Haus weilt, ist es selbstverständlich, dass die älteren **Geschwister** sehr früh schon Elternpflichten übernehmen, ganz besonders die Töchter. Die Geschwister-Beziehungen sind deshalb nicht selten ausgeprägter und haltbarer als die zu den wechselnden Vätern.

Mit 16 darf ein Brasilianer schon **wählen,** mit 18 muss er es. Ohne *título eleitoral,* also den „Wahlausweis", der schwarz auf weiß bestätigt, dass sein Träger abgestimmt hat, bekommt kein Staatsbürger Personalpapiere.

Wer nicht längst mit dem *primeiro grau,* also dem „Hauptschulabschluss", ins Berufsleben eingetreten ist, der bereitet sich auf dem *colégio* nun fieberhaft auf das *vestibular* vor, das brasilianische **Abitur.** Das wird aber nicht an der Schule abgelegt, sondern jede Universität lädt zu einer eigenen Eingangsprüfung ein. Um wenigstens da oder dort unterzukommen, üben sich viele junge Brasilianer in Akrobatik und versuchen, gleichzeitig an mehreren Hochschulen das *vestibular* zu bestehen. Die Privat-Unis (teuer!) machen es den künftigen Studenten am leichtesten. Es gibt also eine klare Rangfolge unter den Hochschulen.

Wer nichts wird, wird Wirt – das gilt auch in Brasilien. Wie immer die Zeugnisse sind, der **öffentliche Dienst** bietet den Aspiranten die sicherste Zukunftsperspektive, wenn auch nicht immer die finanziell beste. Lehrer kriegen beispielsweise einen Hungerlohn und schlagen sich oft mit zwei, drei Jobs gleichzeitig durch. Daran erkennt man wieder, welchen geringen Wert die Bildung in der Perspektive der Oberklasse einnimmt.

Clevere Quereinsteiger, etwa die Wahlhelfer von Politikern, können **sehr schnell Karriere machen** – am besten mit Vitamin B, also mit guten Beziehungen. *Fernando Collor* war mit 36 Jahren der jüngste Präsident Brasiliens, aber es ist absolut nicht ungewöhnlich, 25-jährige Bürgermeister und 30-jährige Minister anzutreffen. Brasilien ist halt ein junges Land, und es gibt viele Brasilianer, die bereits im Alter von 45 Jahren prächtige Staatspensionen beziehen, wenn sie nur früh genug die zahlreichen Quellen angezapft haben.

Wer von den **Damen** mit 25 Jahren keinen Mann gefunden hat, gilt als alte Jungfer, bei Männern ist man großzügiger. Die Hochzeit ist die letzte große Show der Brasilianerin, danach verfällt sie rasch in die Rolle der Gebärerin und frustrierten Dame des Hauses, die, wenn sie Geld hat, die Dienstboten herumscheucht (und meist keine Ahnung von Hauswirtschaft hat) oder die im Schweiße ihres Angesichts die Brut großzieht, weil der Gatte abgehauen ist. Die älteren **Herren** führen ihr eigenes Leben auf der Straße, in der Runde Gleichgesinnter. Bis auf die kurze Zeit der Kindererziehung leben Frau und Mann im Grunde genommen in zwei verschiedenen Welten. Die **Familie** als Schauplatz und Becken individueller Wünsche, Rollen und Ansprüche hat in Brasilien fast ausgedient. Intimbeziehungen kommen und gehen, ein verbindliches Rollenmuster gibt es nicht.

Bleibt nur noch der **Tod,** der alle trifft. Und von dem wird in Brasilien kein Aufhebens gemacht. Spätestens 24 Stunden nach dem Exitus liegt die sterbliche Hülle unter der Erde oder in der Urne. Das tropische Klima mag der Grund dafür sein, wahrscheinlicher aber hat es damit zu tun, dass die Brasilianer mit metaphysischen Dingen, außer mit Wundern, wenig anfangen können. Gerade mal die engsten Verwandten konnte man zusammentrommeln, um dem Verstorbenen das letzte Geleit zu geben. Das „bleibende Gedächnis" währt eine Woche bis zur „Messe des 7. Tages", dann fordert das Leben wieder volle Aufmerksamkeit. Einen Totenkult gibt es so wenig wie einen Leichenschmaus. Brasilianer leben im Hier und Jetzt, was vergangen ist, ist vergessen, was kommt, weiß doch keiner. Das Leben ist kein Lebenskreis, sondern ein Punkt, auf den sich alles konzentriert: auf die Freude am Leben.

Das leidige Geld

Die Brasilianer und das liebe Geld - das wäre ein Thema für mehrere tiefenpsychologische Doktorarbeiten. Die Sprache verrät schon einiges; **Bargeld** heißt *dinheiro vivo,* also „lebendes Geld". Daraus darf man ja wohl schließen, dass Schecks, Wechsel, Guthaben „totes Geld" sind. Mit anderen Worten - nur das Geld, das man in der Hand hat, ist „richtiges" Geld. Alles andere steht auf dem Papier und verflüchtigt sich ins Abstrakte.

Das mag ein Grund unter mehreren dafür sein, dass Brasilianer **mit ihrem Geld nie auskommen.** *José* hat ein paar Schuhe gekauft, nur acht Real hätten sie gekostet, erzählt er freudestrahlend seinen Kameraden. Nur acht Real - und sonst nichts? Naja, acht Real als Anzahlung, der Rest in sechs Monatsraten von ebenfalls je acht Real.

Bezahlt hat *José* acht Real, darauf kommt es an. Was die **Zukunft** bringt, weiß ja keiner. Die sechs Monatsraten - das ist ja eine Ewigkeit, und mit der kann man nicht rechnen.

Maria hat ein hübsches Kleid gekauft. Ihr Mann ist ganz verdutzt, hatte sie nicht gerade noch gejammert, sie habe kein Geld? Na und? *Maria* versteht den Einwand nicht, sie hat doch das Kleid mit Kreditkarte gekauft.

Szenen aus dem Alltag. Das Geld ist flüchtig, **am besten man gibt es gleich aus.** Die Inflation steckt allen Brasilianern irgendwie in den Knochen. Wer Geld behält, verliert es. In Deutschland sitzt die Angst vor Teuerung und Inflation auch tief. Doch die Deutschen glauben, sich davor durch Sparen und Häuslebauen zu sichern. In Brasilien herrscht die gegenteilige Ansicht.

Es wird den Brasilianern auch leicht gemacht. Man kann zum Beispiel so gut wie überall mit **vordatierten Barschecks** bezahlen, also Schecks, die erst später fällig werden. Selbst Tankstellen preisen an: „Heute tanken, in zwei Monaten zahlen". Mit vordatierten Barschecks statt mit Banknoten zu bezahlen, ist den Brasilianern in Fleisch und Blut übergegangen – in den Jahren der Inflation schützte das ein wenig gegen die Abwertung und außerdem bleiben Barschecks vor langen Fingern sicher, solange sie nicht ausgefüllt und unterschrieben sind. Allerdings führt die Leichtfertigkeit, mit Schecks zu zahlen, auch zu einem unerwünschten Nebeneffekt: Immer mehr Bürger landen auf der schwarzen Liste der Banken.

Schulden über Schulden kommen so zusammen. Aber *dívidas* sind nicht das gleiche wie „Schulden". In dem deutschen Wort steckt die „Schuld", die Sünde, die Unmoral. Im portugiesischen Wort steckt das Wort „teilen", *dividire.* Wer also in Brasilien Schulden hat, ist sich keiner Schuld bewusst, er ist höchstens „klamm" *(duro),* also in der Klemme. Er wird versuchen, die Klemme mit dem berühmten *jeitinho* zu lockern. *Renegociar a dívida,* die Außenstände „neu zu verhandeln" ist da die Devise. Brasilianische Regierungen sind eigentlich ununterbrochen dabei, Schulden neu zu „verhandeln", also zu strecken. Beispielsweise durch neues Schuldenmachen.

„Wie der Herr, so's Gscherr": Einem Brasilianer **Geld zu leihen,** heißt auf einen Lottogewinn zu setzen. Viel erfolgversprechender ist es umgekehrt, einen Brasilianer **anzupumpen.** Man sollte aber nicht den Fehler machen, die Schulden pünktlich zurückzuzahlen, denn das ist ein Zeichen von Schwäche. Mit milden Vertröstungen und herzzerreißenden Geschichten über den bervorstehenden Untergang der eigenen Familie wird man die Schulden immer wieder neu „verhandeln" können. Sicher lässt sich auch der Geldbetrag durch nichtmonetäre Gegenleistungen – man sorgt dafür, dass die Tochter des Gläubigers beispielsweise trotz schlechter Noten durch die Prüfung kommt – kompensieren. Brasilianer sind da großzügig.

Es geht ja nicht ums tote Geld. Es geht um die persönlichen Beziehungen, um Einfluss, um **Ansehen** und auch um Macht. Geld ist viel zu abstrakt. Wer eine Million auf dem Konto hat, ist ein armer Wicht. Wenn er aber goldene Kettchen trägt, einen Importwagen fährt, eine Rolex am Handgelenk sitzt, dann ist er ein feiner Mann. Mag er noch so hoch verschuldet sein.

Wie gesagt, Brasilianer haben ein großzügiges Verhältnis zum Geld. Wem ein paar Centavos beim **Einkauf** an der Kasse fehlen, dem wird beschieden, er möge halt später wieder vorbeikommen und den Rest bezahlen. Wer das tatsächlich tut, macht sich zum Clown. Umgekehrt wird auch gerne mal aufgerundet, vor allem, wenn das Wechselgeld fehlt.

Kleinliches Nachzählen zeugt von schlechter Erziehung. Geld ist Vertrauenssache. Man wird so gut wie nirgendwo im **Restaurant** oder im

Geschäft „beschissen". Die berühmten italienischen Ober, die leicht mal fünf Euro „aus Versehen" zuviel auf die Rechnung setzen, finden sich in Brasilien nicht. Es findet sich aber auch kein Kellner, der bereit ist, für einen Tisch „getrennte Rechnung" nach Einzelverzehr aufzumachen. Das soll doch, bitteschön, die Tischrunde unter sich ausmachen.

Die relative Geldwertstabilität der letzten Jahre seit der Einführung des Real 1994 hat das **Sparschwein** wieder ein wenig aufleben lassen. Gleichwohl – kein Brasilianer spart an, um sich dann etwas zu kaufen, sondern er kauft, was er will, und dann wird man weitersehen. Den kleinen Leuten kommt die Stabilität besonders zugute, die Reichen konnten sich ja mit Dollars und Immobilien gegen den Geldverfall absichern.

Besonders profitiert vom harten Real aber haben die **Geldfälscher.** Seit Einführung der stabilen Real-Währung türmen sich in den Tresoren der Notenbank die aus dem Verkehr gezogenen Blüten. Der brasilianische Finanzminister sieht die Falschgeldschwemme mit einem weinenden und einem lachenden Auge: Einerseits verursachen die gefälschten Banknoten wirtschaftliche Schäden in Millionen-Höhe; andererseits sind sie ein Vertrauensbeweis (der Unterwelt) in die Stabilität der Währung. Denn in den vorangegangenen Jahrzehnten der Hyperinflation hatte sich das Handwerk der Notenfälschung kaum gelohnt; die Geldscheine verloren ja bereits an Wert, bevor sie überhaupt aus der Druckerpresse kamen.

Ein weiterer Beweis für das Vertrauen der Kriminellen in die Härte der Währung mag man daraus ersehen, dass die Raubdrucker nicht mehr bloß die 100-Real-Noten oder die 50-Real-Scheine fälschen, sondern selbst die 10-Real-Lappen nicht verschmähen und bündelweise bevorzugt dort absetzen, wo das Geld im Gedränge schnell von Hand zu Hand geht – beispielsweise in Fußballstadien, Wettbüros oder im Straßenhandel.

Die falschen 10-Real-Scheine sind aber auch besser abzusetzen. Mit den teuren 100- und 50-Real-Banknoten braucht man Taxifahrern oder Zigarettenverkäufern gar nicht erst zu kommen; die meisten Kleinhändler lehnen es ab, solche Geldscheine zu kassieren – aus Angst, es handle sich um Blüten. Dabei sind die weitaus meisten gefälschten Geldscheine leicht auszumachen. Die brasilianischen Raubdrucker sind, da neu im Geschäft, noch ziemliche Anfänger.

Immerhin, die Computertechnik hilft auch dieser Branche. Die Zentralbank verfügt in ihrer Asservaten-Kammer über die schönsten Kunstwerke – beispielsweise über dicke Bündel von 100-Real-Noten, die auf der Basis von 1-Real-Geldscheinen hergestellt worden waren. Die Fälscher hatten die Banknoten chemisch „gewaschen" und neu bedruckt. Magnetzeichen und Wasserzeichen blieben erhalten – wenn auch an der falschen Stelle.

Über das mühselige Handwerk der Geldfälschung können die **Kreditkartenbetrüger** nur lächeln. Ihnen reicht in der Regel der Kohledurchdruck, den der Karteneigentümer vertrauensselig beim Bezahlen hinterlässt, um daraus ein Duplikat herzustellen, mit dem das Konto des Ahnungslosen geschröpft werden kann. Allerdings setzt die Kreditkartenfälschung ein hohes technisches Niveau voraus.

Die gängigste Art, mit „falschen Fünfzigern" zu blechen, besteht denn auch darin, ungedeckte oder **gefälschte Schecks** in Umlauf zu setzen. Das funktioniert zwar nicht auf Dauer, aber immerhin vorübergehend, und ist offenbar so verführerisch, dass die Banken regelmäßig fast ein Prozent solcher Zahlungsmittel zurückweisen. Die ungedeckten Schecks landen dann erneut beim düpierten Empfänger, der sie nicht selten hinter Glas, gleich neben der Kasse ausstellt: schöne Grüße vom Betrüger.

Verkehrschaos

Autofahrer

In allen Brasilianern steckt ein kleiner *Senna*. So schnell wie das Renn-As wollen sie auch sein; und nicht selten schlägt das Schicksal wie bei *Senna* zu. Mit 35.000 **Verkehrstoten** pro Jahr ist Brasilien rekordverdächtig.

Brasilianische Autofahrer kennen im Prinzip nur sich. Andere Verkehrsteilnehmer sind Freiwild, besondes dann, wenn sie ungepanzert auf zwei Beinen gehen. Die **Fußgänger** müssen sehen, wo sie bleiben, der Gehweg gilt dem Autoparker. Und die Polizei schaut gelangweilt weg.

Besonders dreist in der Missachtung der Freiheitsrechte anderer sind, man muss es leider sagen, die **Frauen am Steuer,** die, um wenige Schritte zu sparen, ihren Wagen direkt vor die Tür des Supermarktes setzen.

Was aber ein richtiger Macho ist, so kennt der nur eines: den Wagen bis zur Schmerzgrenze austesten. Wobei offenbar in den Fahrschulen Brasiliens die erste Grundregel lautet: den **Blick nach vorne richten** und den Rückspiegel nur zum Schminken verwenden. Was hinter dem Autofahrer passiert, ist passé. Die junge Nation blickt nach vorne über das Lenkrad.Und wenn da vorn sich ein Hindernis befindet, so fährt man so dicht auf, dass die zahlreichen Aufkleber am Wagen des Vordermannes einwandfrei zu entziffern sind.

Ein guter brasilianischer Autofahrer zeichnet sich auch dadurch aus, dass er permanent die **Spur wechselt,** um im dichten Großstadtverkehr von mehr als 50 Stundenkilometern eine Lücke nach vorne auszuspähen. Das **Abbiegen** nach rechts oder links hat grundsätzlich auf den letzten Drücker zu erfolgen und möglichst ohne Signalgebung – es sei denn, man lässt lässig die Hand aus dem geöffneten Seitenfenster winken.

Gleichwohl sind auch einige Pluspunkte in der Verkehrssünderkartei über Brasilianer zu vermerken. Brasilianer pochen nicht auf ihr Recht, auch nicht hinterm Lenkrad. Verkehrsverstöße anderer werden mit Gleichmut oder sogar Bewunderung registriert – man selber benimmt sich ja ebenso. Also, eine große **Fairness** herrscht in diesem Asphaltdschungel. Und es geht auch nicht besonders laut zu. Die Hupe wird weniger genutzt als das Gaspedal.

Und brasilianische Autofahrer haben **gute Instinkte** – die müssen sie auch haben. Folglich reagieren sie schnell, treten mit Volldampf auf die Bremse oder scheren urplötzlich aus. Volle Aufmerksamkeit ist gefordert, schließlich tauchen unangemeldet Schlaglöcher, Esel oder Kinder auf.

Kein Mensch in Brasilien leistet sich den Luxus deutscher Dusseligkeit oder amerikanischer Bequemlichkeit. Sei es auch nur, um ein paar Sekunden herauszuschinden – dafür riskiert man hinter dem Steuer alles. Obgleich die **eingesparte Zeit** dann bei der Arbeit oder beim Bier wieder ins völlig Unbestimmte verschwimmt.

Als die Stadt São Paulo vor einigen Jahren eine Motorrad-Rallye veranstaltete, siegte unter den 5.000 Teilnehmern ein 16-jähriger Junge, der, wie alle anderen, ohne den vorschriftsmäßigen Sturzhelm die Kurven genommen hatte. Nicht nur das! Es stellte sich nach der Preisverleihung heraus, dass der Kerl gar **keinen Führerschein** besaß. Die Stadtverwaltung sah aber keinen Anlass, dem Jungen den Preis abzusprechen – für den Führerschein sei die Stadt nicht zuständig. Das sei eine Angelegenheit des Bundesstaates. Basta.

In Brasília veranstalten die Sprösslinge der Begüterten öfter **nächtliche Wettrennen** mit den Autos der lieben Papis, die nichtsahnend im Bette schlummern. Immer wieder nimmt die Polizei ein Dutzend der ungeratenen Söhne in flagranti fest, wenn sie mit 140 Sachen über eine Avenida der autogerechten Hauptstadt schießen.

Gegen die Raserei gibt es allerdings ein wirksames Mittel: die **„Achsenbrecher“,** die an jeder Ortseinfahrt, oft mehrfach gestaffelt, jede Ölwanne zum Weinen bringen. Da fährt man nur einmal im Leben mit Vollgas drüber.

Ein recht wirksames Instrument, das in Brasilien neu ist, und das die Polizei nun einsetzt, ist die **Radarkontrolle.** Sie hat bereits über 10.000 Brasilianer als unverantwortliche Raser registriert, die neben harten Geldstrafen damit rechnen müssen, ihren Führerschein zu verlieren.

045kb Foto: cg

Ausgerechnet ein Gynäkologe, der aber keinen Notdienst leistet, gilt laut der Zeitschrift „Veja" als nationaler Rekordhalter in **Verkehrsstrafen:** Er schuldet dem Staat rund 10.000 Dollar an Gebühren – den Führerschein hat er aber immer noch.

Alkohol-Kontrollen haben sich in Brasilien als ziemlich wirkungslos erwiesen. Erstens gilt man in den Augen der Öffentlichkeit noch als fahrtüchtig, solange man auf einer geraden Linie fünf Meter laufen kann ohne umzufallen. Zweitens sind die wenigen Blasröhrchen, die die Polizei besaß, längst kaputt. Was soll man sich auch mit solchen Lappalien abgeben – erst nach dem Unfall tritt die Polizei in Aktion, aber doch nicht vorher!

Wie es zum Nationalsport gehört, einen heißen Reifen zu fahren, so erfinderisch sind die Brasilianer darin, Vorschriften zu unterlaufen und **Radarfallen zu umgehen.** Eine kleine, unvollständige Liste der Tricks kann das belegen – ohne dass hiermit der Leser zur Nachahmung angeregt werden soll. Man kann zum Beispiel das hintere Nummernschild verdecken oder verdrecken oder abmontieren. Oder man klebt eine Folie drüber, die bei Tage durchsichtig ist, in der Nacht aber den Fotoblitz der Radarfalle reflektiert. Noch einfacher ist es, das Nummernschild an

Mensch und Fahrzeug brauchen eine Verschnaufpause

verschiedenen Stellen anzukratzen: Das blanke Blech erfüllt den gleichen Blendzweck. Beliebt sind auch kleine Fälschungen mit dem Filzstift, da wird aus einem C im Schild ein O zum Beispiel.

Dass solche Manipulationen schlicht kriminell sind, dafür fehlt vielen Brasilianern das Unrechtsbewusstsein, geht es doch nur darum, die Obrigkeit zu überlisten und im Übrigen schnell voranzukommen.

Öffentlicher Nahverkehr

Transporterschleichung ist ein globales Phänomen. Statistiken über blinde Passagiere, Trittbrett- und **Schwarzfahrer** gibt es aber nicht. Die Techniken sind von Land zu Land verschieden. Bloß dort, wo der öffentliche Nahverkehr kostenlos angeboten wird (in ein paar Gemeinden Hollands), entfällt die sündige Verlockung freier, unbezahlter Fahrt.

Wo in Europa Paragrafen drohen, bannt in Brasilien das **Drehkreuz** die Transporterschleicher. Wer es allerdings schafft, unter den gleichgültigen Blicken der Schaffner unter dem Metallkarussel hindurchzukriechen, der darf das auch. Schlangenmenschen und kleine Kinder haben freie Fahrt. Die gewöhnlichen Sterblichen zahlen einen Einheitstarif. Beim Zoologischen Garten von Rio de Janeiro hat man statt einem Drehkreuz eine Latte in einem Meter Höhe angebracht: Zwerge kommen spielend durch, wer länger ist, muss zahlen. So einfach ist das.

Paco-pacos

Es gibt in Brasilien noch verkehrsfreie Räume, oder sagen wir besser, **TÜV-freie Räume.** Ganz weit im Westen zum Beispiel.

Was ist das? Es rumpelt über Land, stößt dunkle Schwaden aus, und wenn es liegen bleibt, ist eine Mutter kaputt. – Das ist ein *paco-paco,* ein Spardiesel, eine gewesene **Wasserpumpe auf Rädern,** ein Aggregat, das man mit Fantasie als Automobil bezeichnen könnte. Wenn da nicht allerhand fehlen würde, wie Scheinwerfer, Karosserie, Kofferraum, Scheiben, Sitze oder Bodenbleche. Aber das Ding fährt, wenn es sich bewegt.

Paco-pacos werden heiß geliebt; es handelt sich um **handgeschmiedete Unikate,** die den Asphalt scheuen und die großen Städte auch. Da würden sie schon wegen der Polizei keinen Meter weiterkommen. Aber in Peixoto de Azevedo und den anderen Goldgräberlöchern Amazoniens sind die Knalltopfzertrieblinge keineswegs selten anzutreffen. Ganz im Gegenteil, seit der Goldpreis im Keller und die Flüsse ausgewaschen sind, seit das Heer der Golddigger, der *garimpeiros,* weitergezogen ist, schlägt das Herz der sitzen gelassenen Dieselpumpen umso höher.

Denn nun versinken sie nicht mehr im Schlamm bei der sturen Arbeit, goldhaltigen Brei zu schlucken, sondern sie kommen herum im Wilden Westen Brasiliens.

Erfindergeist macht es möglich. Einer wie *Jair Graff* zum Beispiel, der schafft es, pro Woche zwei solcher Vehikel auf die Räder zu stellen. Man nehme einen ausgeleierten Dieselgenerator, schraube ihn auf ein stabiles eisernes Bettgestell, füge Kupplung, Gänge und Lenkung hinzu, zwei Achsen kommen drunter, vier plattgefahrene Reifen drauf, und fertig ist das Recyclemobil.

Die Farmer sind begeistert, sie haben keine Schraube locker, denn ihre *paco-pacos* sind **genügsame Esel.** Ein richtiger Jeep würde zehnmal mehr kosten und viermal mehr schlucken. Die brasilianische Zeitschrift *Veja* schätzt, dass allein im Staat Mato Grosso an die 1.000 *paco-pacos* durch die Gegend humpeln, eine Gegend, in der die meisten Pisten aus einer Perlenkette von Schlaglöchern bestehen.

Auf Geschwindigkeit und Beschleunigung kommt es da weniger an – obgleich schon mal 80 Sachen am Hang erreicht worden sein sollen. Da den meisten Vehikeln eine **beengende Karosserie fehlt,** können sie auch mehr schleppen, nur der Himmel setzt die Grenze, Kilometersteine, Ortsdurchfahrten oder Brücken sind nicht auszumachen. Wer mit dem *paco-paco* reist, braucht außer Sitzfleisch und Stehvermögen gute Bandscheiben und eine Raucherlunge, die den Staub verträgt.

Hubschrauber-Kooperativen

Von solch paradiesischen Zuständen können die **staugeplagten Bewohner von São Paulo** nur träumen. An manchen Tagen erreichen dort die stehenden Blechlawinen Längen, wie sie auf allen Autobahnen Deutschlands an einem Tag gemeldet werden. Zu Fuß kommt man schneller durch. Man kann aber auch zusammen einen Hubschrauber nehmen.

So wie **Fahrgemeinschaften** per PKW gibt es solche per Helikopter. Schon jetzt kreuzen durch den Smog der 18-Millionen-Stadt São Paulo fast 500 Hubschrauber täglich, nur in New York und Tokio sollen es mehr sein. Die meisten der Drehflügler sind im Auftrag großer Firmen unterwegs, die ihre Chefs durch die Luft schaukeln, manche aber auch im Dienst der Polizei.

Doch nun sind die Überflieger – sie kosten immerhin schon in der Anschaffung zehn- bis hundertmal mehr als ein besserer Benz – auch für gutbetuchte **Anwälte, Ärzte oder Modemacher** erschwinglich. Sie müssen sich nur einer Fluggemeinschaft anschließen, einer sogenannten Hubschrauber-Kooperative, da könnte sich das schon rechnen. Weit über dreihundert Mitglieder verzeichnet eine solche Helikopter-Kooperative in São Paulo. Wenn zehn Kunden sich einen der dutzend **Hubschrauber teilen** und jeder Teilnehmer zehn Stunden im Monat bucht, dann belaufen sich die Betriebskosten für den Shuttle von daheim (ein Landeplatz neben dem Swimmingpool wird sich doch wohl finden!) ins Büro und wieder zurück auf monatlich ungefähr zwei- bis dreitausend Dollar pro Nutzer.

Der **Kundenkreis für solche Fluggemeinschaften** dürfte im Großraum von São Paulo einige tausend Personen umfassen. Wer in eine der zwei Dutzend Helikopter-Kooperativen eintritt, erwirbt, wie bei einem Golfklub, gegen einige tausend Dollar einen Anteil an dem Flugapparat, den er zu nutzen gedenkt. Der Hubschrauber steht im Prinzip rund um die Uhr zur Verfügung, allerdings sind sechs Stunden Frist bei der Voranmeldung die Regel.

Die Luft-Kundschaft ist ein hochkarätiger Markt. Das hat der Kosmetik-Fabrikant *Luiz Freitas* schon früh erkannt. Weit draußen in der Steppe, vor den Toren São Paulos, hat der findige Unternehmer eine **Pizzeria mit Hubschrauberlandeplatz** errichtet. Wer will, kann sich die Pizza von dort einfliegen lassen. Snobs aber, wie der Multimilliardär und Zementzar *Antônio Ermírio de Moraes,* steuern höchstselbst an den Pizzaofen. Natürlich mit Rückendeckung aus dem Himmel, den Bodyguards im Helikopter.

Auto-Doppelgänger

Das ist Fortschritt! Die Schotten mögen ein Schaf, die Japaner eine Maus geklont haben – den Automardern von Rio de Janeiro aber gebührt die Ehre, Automobile verdoppelt zu haben, und das gleich im Dutzend.

Der Chauffeur *Flávio Gomes da Silva* staunte nicht schlecht, als ihm auf einer Schnellstraße im Norden der brasilianischen Metropole ein Ford-Escort entgegenkam, der nicht nur die gleiche Farbe, sondern auch das **gleiche Nummernschild** hatte wie sein eigener Wagen. *Flávio* reagierte blitzschnell, vollzog eine Vollwendung und verfolgte den „Zwilling" bis vor ein Haus in der Vorstadt Ilha do Governador. Dann rief er die Polizei.

Flávio hatten guten Grund, den Doppelgänger zu verfolgen; seit zwei Jahren waren ihm **Strafmandate** ins Haus geflattert – angeblich sollte er, der erfahrene Chauffeur, mit seinem Ford-Escort die Straßenverkehrsordnung immer wieder verletzt haben; sogar Radarfotos lagen bei der Polizei vor. *Flávio* konnte hundertmal beteuern, er sei an den fraglichen Orten niemals gewesen, die Strafe musste er doch zahlen – insgesamt waren schon fast 3.000 Real fällig. Es drohte Führerscheinentzug.

Flávio hatte doppelt Glück im Unglück: erstens, seinem Doppelgänger zu begegnen und zweitens, dass die Polizei wegen einer solchen Lappalie doch tatsächlich anrückte. So flog ein ganzes **Netz von Automardern** auf, die ihre Beute durch sorgsam ausgesuchte Nummernschilder und gefälschte Dokumente weißwusch – indem sie die geklauten Vierräder bereits vorhandenen Autos und ihren Eigentümern zuschrieben. Bei Polizeikontrollen war das vorteilhaft: Das Auto war ja in den Computern gespeichert, wenn es auch in Wirklichkeit gleich doppelt vorhanden war.

Die wenigsten Autohalter, denen ein Schatten auf der Straße folgte, konnten sich erklären, wieso sie gelegentlich mit Strafmandaten belästigt wurden – aber das schlechte Gewissen, vielleicht doch da oder dort die Verkehrsbestimmungen vergessen zu haben, veranlasste sie, die Strafe zu zahlen.

Ob durch die Festnahme der Auto-Kloner nun alle Doppelgänger aus dem Verkehr gezogen sind, dürfte fraglich sein. Nummernschilder und Auto-Dokumente zu fälschen, ist für **professionelle Kriminelle** kein großes Problem. Man kann sich vor den ungewollten Blech-Zwillingen nur schützen, indem man der eigenen Rostlaube ein „unveränderliches Merkmal", also eine schöne Beule beispielsweise, appliziert.

Tiere auf der Fahrbahn

Eine solche Beule könnte tierischen Ursprungs sein, denn eine Kuh kennt kein Parkverbot. Deswegen lassen sich **Rindviecher** hin und wieder gerne auf dem glatten Asphalt nieder oder glotzen ungläubig dem Autofahrer hinterher, der lieber in den Graben fährt, als das Vieh auf die Hörner zu nehmen. Kühe im Sinne der Straßenverkehrsordnung sind auch **Pferde** – etwa dann, wenn sie Pferdestärke demonstrieren, den Vierrädern aber meist unterlegen sind, und das leider häufig mit mehr als Blechschaden. Jedenfalls in Brasilien. Jedenfalls auf der Autobahn Rio de Janeiro – Teresópolis.

Die Autobahngesellschaft, die jenen Streifen über Gebühren pflegt und verwaltet, hat nun, um dem wilden Treiben der Vierbeiner Einhalt zu gebieten, sechs Cowboys eingestellt, die rund um die Uhr nichts anderes zu tun haben, als ihre Lassos zu schwingen und die Ausreißer einzufangen. Die Kuhjungen haben alle Hände voll zu tun. In drei Jahren haben die **Asphalt-Cowboys** nicht weniger als 3.000 Pferde, 1.360 Kühe und

Asphaltcowboys sorgen für tierfreie Straßen

40 Stiere von der Fahrbahn entfernt und auf den Pfad der Tugend zurückgebracht. Und das auf nur 80 Kilometern Strecke!

046kb Foto: cg

Die hohe Kopfzahl ist erstaunlich. Sie erklärt sich nicht zuletzt durch die Tatsache, dass viele Favela-Bewohner und **Straßenanrainer** Viehzeug halten und auf herrenlosem (aber nicht autofreiem!) Land herumlaufen oder grasen lassen. Bei Hühnern, Katzen und Hunden ist das für dieselben oft tödlich, nicht aber für die Autofahrer, die solche weichen Kleinziele meist glatt überfahren; deren plattgewalzte Bälge „schmücken" dann den Straßenrand wie Blumenrabatten. Aber mit den Paar- und Unpaarhufern wollen es die Autos lieber nicht aufnehmen.

Die Jagd der Cowboys hat sich bereits segensreich ausgewirkt. Die **Zahl der tödlichen Unfälle** wegen der Viecherei ist von 70 auf 50 pro Jahr zurückgegangen, und die Autobahngesellschaft mit den Cowboys ist von der „Internationalen Gesellschaft für Brücken, Tunnel und Autostraßen" (so etwas gibt es auch!) ausgezeichnet worden. Die Cowboys fühlen sich geehrt.

Sie sind schließlich richtige Profis. Im Schnitt brauchen sie weniger als 15 Minuten, um eine störrische Kuh Mores zu lehren. Wenn man bedenkt, wieviel Stunden die Fahrlehrer aufwenden, um den Zweibeinern zu erlauben, einen Führerschein zu erwerben, der vielleicht schon kurz darauf von der Polizei wieder eingezogen wird, dann ist das wirklich blitzschnell.

Fernbusse und Inlandsflüge

In der Regel wird ein Besucher Brasiliens nicht den Mut aufbringen, sich einen Wagen zu mieten. Das braucht er auch nicht: Brasilien verfügt über ein exzellentes **Fernbus-Netz.** In den sogenannten *leitos* kann man sogar ausgestreckt schlafen, wie in der 1. Klasse internationaler Airlines. Wer das Land wirklich kennen lernen will, der muss den Bus nehmen.

Die De-Regulierung des brasilianischen Flugmarktes hat zu einem Chaos der Tarife und Verbindungen geführt. Nur noch ganz große Artisten können sich mit Hilfe der Computer durch den **Dschungel der Tarife** und Diskonte schlagen. Die Traditionslinie VARIG ging 2006 bankrott, neue Gesellschaften wie TAM und GOL (und auch eine „neue", kleinere VARIG) beherrschen nun den Markt. Doch seit 2006 herrscht Chaos in der Luft – die Flugkontrolle soll den Militärs entrungen werden. Mit stundenlangen Verspätungen muss immer gerechnet werden.

Die anderen Fluggesellschaften locken inzwischen auch mit Nachlässen bei bestimmten Tagesrandverbindungen, im Charter oder bei Frühbuchungen. Was kundenfreundlich erscheint, ist in Wahrheit ein Skandal. Erstens sind die innerbrasilianischen **Flugpreise** im Schnitt mit die teuersten der Welt: Ein Two-Way-Normalticket Rio – Manaus kostet immer noch mehr als doppelt so viel wie Rio – Miami, obgleich die Strecke nur einen Bruchteil beträgt. Zweitens sind Tickets nicht mehr kompatibel, also unter den Linien austauschbar. Drittens reagieren die Linien auf *no-shows,* also Nichterscheinen, mit Geldstrafen bzw. Umbuchungen, die um Tage auseinanderklaffen, und viertens blickt keiner mehr durch – das Bodenpersonal am allerwenigsten, denn die Carrier stellen teilweise Studenten ein, die gerade mal ein paar Knöpfe drücken können.

Gleichwohl, wer Humor und Geduld nicht verliert, der wird sich auch auf den Flughäfen und Busstationen Brasiliens bald zurechtfinden. Man muss das Leben von der **spielerischen Seite** sehen, dann erlebt man in Brasilien keine Pleite. Auch nicht im Straßenverkehr.

Massenmedien und Werbung

Fernsehen

Der Regen prasselt auf das Wellblechdach, der Wirt stellt den Ton lauter. „Schwöre mir, dass Du mich nie wieder verlässt!", *Claudia Rainha,* die Tochter eines Industriemagnaten, fällt schmachtend in die Arme eines Rennfahrers, da geht die Tür auf, und die blonde Nebenbuhlerin steht im Raum. *„Epa!",* johlen die stoppelbärtigen Männer, der nachfolgende Reklamespot von *Insectisan,* dem Killer aller Kakerlaken, geht im Lärm unter. Ein neuer Kasten Bier wird herangeschafft. Die beiden Turnhosen-Indianer betteln um Zigaretten, die Kronkorken fliegen in die Ecke, aus der sich ein räudiger Köter trollt. Der Regen trieft die Bretterwand herunter in die Bierpfützen unter den Tischen. Draußen am Rio Negro ist es stockfinstere Nacht. Die **telenovela** aus dem 4.000 Kilometer entfernten Rio de Janeiro spielt in der 130. Folge weiter.

Was macht die Faszination dieser Endlos-Serien aus? Warum schlagen die *telenovelas* in der Zuschauergunst der Latinos mit Leichtigkeit jeden nordamerikanischen Thriller? Obwohl sie so billig produziert und technisch wenig perfekt sind, können sich die **Zuschauer** wohl eher mit den Novela-Figuren identifizieren als mit ihren Kollegen aus Hollywood. In den *telenovelas* toben Liebe, Hass, Rache, Neid und Eifersucht; die angloamerikanischen (und deutschen) Krimiserien folgen dagegen einer kalten Logik, die man in Brasilien nicht mag.

Roberto Marinho war der unumschränkte Herrscher über die elektronischen Wellen. Er hatte vom Vater die Zeitung in Rio de Janeiro geerbt. Weil er den Putsch begrüßt hatte, durfte er während der Militärregierungen sein Fernsehimperium mit Hilfe des amerikanischen Time/Life-Konzerns ungestört aufbauen – obwohl ausländische Beteiligungen eigentlich verboten waren. *Roberto Marinho* setzte von Anfang an auf Videotechnik und „unpolitische" Unterhaltung. Damit traten die *telenovelas* ihren Siegeszug an.

Aber nicht nur *telenovelas* stehen auf den 24-Stunden-Programm. Die brasilianischen kommerziellen Fernsehkanäle liefern sich **gnadenlose „Tortenschlachten" um die Gunst der Zuschauer.** Seifenopern, Talkshows, Hollywood-Schinken, Sport – das sind, wie anderswo auch, die Waffen, Sex und Crime die Munition, die verschossen wird. Scham und Zurückhaltung kennen die Sender nicht: Unfallopfer werden bereits auf der Tragbahre und dem Weg in die Klinik interviewt, Killer wie Komplizen behandelt, wenn sie nur schön fotogen und medienwirksam sind, Exhibitionisten dürfen ihre Neurosen wie Rosen präsentieren, Frauen wird an den Busen gegrabscht und unter den Rock gegriffen, die Schamgrenze fällt um so tiefer, je höher die Einschaltquoten steigen – und umgekehrt. Das brasilianische Fernsehen: ein elektronischer Rummelplatz und ein multimediales Gruselkabinett.

Es ist schon lange Tradition, **Radiolizenzen und Fernsehkanäle** an Freunde in der politischen Klasse zu verteilen. In Brasilien besitzen fast ein Drittel aller Volksvertreter im Kongress solche Genehmigungen; nur wenige dieser Sender produzieren allerdings eigene Programme – in der Regel beschränken sie sich darauf, die Sendungen der großen Fernsehkonzerne auszustrahlen – *Roberto Marinho* also zu Diensten zu sein.

In Brasilien verfügt das Fernsehen über ein **De-facto-Monopol bei der Mediennutzung;** der Löwenanteil der Werbeetats großer Unternehmen geht an die Fernsehreklame. Die elektronischen Massenmedien befinden sich überwiegend in privater Hand (von wenigen staatlichen Kanälen und Missionssendern abgesehen), und sie werden durch Werbung finanziert. Mit Kreuz und Schwert wurde der Kontinent „kolonisiert". Die

046kb Foto: me

Braunsche Röhre hat das Kreuz längst abgelöst. Die Kirche ist schon froh, wenn sie das Geld auftreibt, ein paar Sendeminuten zu kaufen.

Presse

Eine Druckerlaubnis oder eine Sendelizenz mag für den Inhaber eine Goldgrube sein; nirgendwo in Lateinamerika betrachten es die Medienzaren als ihre Aufgabe, etwa den Analphabetismus zu bekämpfen. Die Berichterstattung wird so zurechtgeschnitten, dass sie die Werbung nicht stört. Eigene Korrespondenten leisten sich nur ganz wenige Presseunternehmen. Und in der geschriebenen Presse ist die **Klatschkolummne** das versteckte Herz. Hier kann sich die Eitelkeit der „Elite“ nach Lust und Laune austoben (und dafür zahlen). Seitenlang und mit Großfotos berichten die Gazetten von **gesellschaftlichen Ereignissen** wie Geburtstagsfeiern, Schönheitskonkurrenzen, Debütantinnenbällen und Vermählungen derer, die dazu gehören. „Sie hauchte ihr Ja mit der geziemenden Unschuld einer 18-Jährigen, bevor der Bischof den Segen gab. Nach der kirchlichen Trauung fand die Hochzeitsfeier im Hause des Konsuls statt. Ihre alte Freundin aus der unbeschwerten Jugend im Schweizer Pensionat war extra aus New York herübergekommen, um die Dekoration des Festes zu leiten. 200 Flaschen Pommery und 10 Kisten Whisky sollen an diesem Abend geflossen sein. Das opulente Dinner bestand aus Krebsschwänzen, gefolgt von eingeflogenen Wachteln und gespickten Rehrücken. Der Präsident ließ es sich nicht nehmen, dem Paar zu gratulieren. Die Hochzeitsreise soll erst auf die Bahamas und dann nach Paris gehen ..."

Werbung

Ton ab, Kamera läuft, Action! Zweihundert Kinderbeine beginnen, aufgeregt auf der Stelle zu hüpfen. Aus den Studiolautsprechern peitscht Popmusik. „Schu-scha, Schu-scha!", rufen die Kinder auf Kommando. Durch Trockeneisnebel schreitet staksig ein blondes Mannequin ins spotlight. Sie ist es: **Xuxa, die Fernsehfee Brasiliens,** in der erfolgreichsten infantilen Werbesendung der Welt.

„Guten Morgen, liebe Kinder hier im Studio und euch allen daheim, einen wunderschönen guten Morgen, auch den Erwachsenen und allen, allen, die jetzt zusehen, einen herzlichen guten Morgen und ein großes Bussi ...", *Xuxa* schürzt ihre feuchtroten Lippen, schließt ihre Schlafzimmeraugen und breitet die schlanken Arme aus. Close up *Xuxa:* Stupsnase zwischen eisblauen Unschuldsaugen, strohblonder Pony, frecher Pferdeschwanz, Schmollmund, der beim Lachen Mausezähnchen zeigt. Ihr Barbie-Puppengesicht passt perfekt in das Kindchenschema einer nordischen Nymphe. Blonde Haare, blaue Augen, lange Beine - so eine Kombination trifft man in Brasilien selten. Zehn Millionen Menschen - nicht nur Kinder - schalten jeden Morgen von acht bis zwölf die *Xou da Xuxa* von *TV-Globo* ein.

Was *Xuxa* liebt, was *Xuxa* trägt, was *Xuxa* trinkt - das prägt die Nation. Jeder Kindergeburtstag der Mittelklasse wird zum Xuxa-Fest. *Xuxa* macht aus kleinen Kindern große Konsumenten. Bei *Xuxa* auf dem Schirm geht es reinlich und moralisch sauber zu. Undenkbar, dass sich *Xuxa* nicht täglich die Zähne putzt oder den Achselschweiß bekämpft. *Xuxa* ist sauber - sieht man das nicht schon an der hellen Haut?

In jeder Favela, in jedem Dorf, schon in der Schule, im Klub und selbst bei der Müllabfuhr locken Schönheitswettbewerbe zum **Eintritt in die Welt der Werbung** und des Glamour. Kein anderes Volk scheint so erpicht darauf zu sein, gute Figur zu machen und zu zeigen, dass man sich (fast) alles leisten kann.

Der große Meister der TV-Verpackung in Brasilien ist **Hans Donner,** der künstlerische Direktor von *TV-Globo.* Vor 30 Jahren hatte es den Wuppertaler an die Copacabana verschlagen. Mit Glück und Dreistigkeit

Xuxa, die blonde Fernsehfee – das Idol der schwarzen Kinder

bekam der unbekannte Deutsche den Auftrag, für den weltweit viertgrößten privaten Fernsehkonzern ein neues Design zu entwerfen. „Nur in einem so jungen und verrückten Land wie Brasilien ist das möglich, was ich heute mache“, freut sich *Donner,* „nur hier sind die Leute so begeisterungsfähig, ist die Freude an Emotion so groß. Nur hier herrscht das organisierte Chaos, ohne das meine Arbeit nicht möglich wäre“.

Hans Donner hat zahlreiche Preise für seine Kreationen bekommen; doch nicht nur er allein – **brasilianische Werbeleute gelten weltweit als kreativ und witzig.** Ihre Agenturen haben beispielsweise auf der 44. Fachmesse in Cannes (1997) 18 „Löwen“ davongetragen, mehr als die Art-Direktoren aller anderen Länder bis auf Großbritannien.

Brasilianische Werbetexter und Art-Direktoren wetteifern wie die Sambaschulen um die schnellsten Takte und die besten Ideen, und nicht selten **schießen sie über das Ziel hinaus.** So drohte die biedere Reputation von *Volkswagen* in Brasilien unter die Räder zu kommen wegen einer Kampagne, die zum Kauf des „Golf 2000“ lockte: „Der kostet Sie nur 648 Dollar im Monat. Aber dafür bekommen sie hübsche Radarfotos (der Polizei) dazu!“

Die Unterwäsche-Firma *Duloren* scheint besonders erpicht darauf, die **Grenzen des guten Geschmacks und des Anstands** auszudehnen. Sie ließ eine Anzeige lancieren, auf der zwei brutale Kerle zu sehen sind, die eine junge Frau (in knappe „Duloren“-Dessous gezwängt) bedrängen. Ihr Opfer fleht um Hilfe: „Bitte legalisiert den Schwangerschaftsabbruch. Ich will nicht mehr länger warten!“ So wird aus einer Vergewaltigungsszene ein Reklame-Hit für Unterwäsche! Was haben sich die Leute der Agentur „doctor“ dabei gedacht? „Die Frau der 90er Jahre sitzt nicht mehr wie Dornröschen zu Hause, um auf den Ehemann zu warten“, rechtfertigen sich die *doctores.* Die Verleger lehnten die Veröffentlichung ab – stattdessen darf *Duloren* jetzt den Transvestit *Rogeria* großflächig publizieren. Der/die Herr/Dame steht mit heruntergelassenen Hosen vor zwei weiblichen Models in knappen Dessous und zitiert dabei *Che Guevara:* „Man muss hart bleiben, aber niemals die Zärtlichkeit vergessen.“

Selbst vor dem **Papst** macht die brasilianische Reklame nicht halt. Die Agentur einer Versicherung legte auf einem Plakat dem Papst den Spruch in den Mund: „Wenn Gott Brasilianer ist, dann bin ich ganz bestimmt carioca (Bürger von Rio)“. Der Werbegag der Versicherung amüsierte selbst sein Opfer, *Johannes Paul II.,* der sich fortan den Spruch zu eigen gemacht hatte. Von *Benedikt XVI.,* der Brasilien 2007 besuchte, ist nichts dergleichen überliefert.

„Was darf die Satire? Alles!“, hatte *Kurt Tucholsky* gemeint. Die Werbung in Brasilien beansprucht das längst für sich.

Sicherheitsprobleme

Die brasilianischen **Millionen-Metropolen** bergen bekanntermaßen ein (meist weit übetrtrieben dargestelltes) Risiko für die Bewohner, die Besucher und die Geschäftsleute, seien sie nun Kioskpächter an der Ecke oder Konzernbosse aus dem Ausland. Auf die Polizei ist meist kein Verlass, also muss man sich schon selber zu helfen wissen.

Allgemeine Verhaltenstipps

Einen Leitfaden zum Überleben im Asphaltdschungel hat die nordamerikanische Handelskammer in São Paulo für ihre betuchten Mitglieder herausgegeben. Es lohnt sich, darin zu blättern. So erfahren wir folgende Tipps: Gehen Sie nie aus ohne einen **Bargeldbetrag** etwa in Höhe von 20 Dollar, damit bei einem Überfall auf Sie die Gangster nicht mit leeren Händen heimgehen! Persönliche **Dokumente** sollten Sie nur als beglaubigte Kopie bei sich führen. Vermeiden Sie, Geld auf der Straße zu zählen, **Schmuck** zu tragen oder eine auffällige **Armbanduhr!** Bevor Straßenräuber zugreifen, sondieren sie sehr genau das Terrain. Man sollte deshalb auch zu **wechselnden Zeiten** und auf wechselnden Wegen sein Büro aufsuchen.

Man sollte auch besser nicht mit dem **Handy** auf öffentlichen Plätzen telefonieren – das weckt nur die Aufmerksamkeit der Kriminellen. Ebenso sollte man **Menschenmengen** meiden und Gruppen junger Männer besser ausweichen. Der Uralt-Trick vieler Taschendiebe besteht darin, einen künstlichen Auflauf zu erzeugen, sodass ihre Opfer abgelenkt sind, während die Langfinger in die Taschen greifen.

Bankautomaten sollte man meiden, und wo nicht anders machbar, auf keinen Fall mit Papieren in der Hand den Ort verlassen. Das Angebot von Fremden, bei der Bedienung des Bankautomaten behilflich zu sein, sollte man unbedingt abweisen.

Beim **Autofahren** sind folgende Grundregeln zu beachten: Nicht nachts bei Rot anhalten, sondern langsam über die Kreuzung rollen und dabei auf Gegenverkehr achten. Im Stau die Fenster hochkurbeln und nicht für Bettler öffnen. Taschen, Tüten und andere Gepäckstücke gehören in den abgeschlossenen Kofferraum. Alle Türen des Autos sollten verriegelt sein, und es ist besser, das Auroradio auf geringste Lautstärke zu drosseln. Beobachten Sie, welche anderen Verkehrsteilnehmer sich um das Auto bewegen! Besondere Vorsicht ist bei jungen Männern auf Motorrädern geboten! Beim Tanken sollte man mit Kreditkarte zahlen, sich aber das Durchschlagpapier geben lassen. Das eigene Auto sollte nicht zu sauber sein und keine auffälligen Aufkleber haben, die auf die Herkunft des Halters schließen lassen. Schrammen und Beulen sichern das eigene Auto besser vor Diebstahl als elektronische Alarmanlagen; außerdem empfieht sich der Aufkleber einer militärischen Einheit: Vor dem Militär haben selbst Diebe Respekt.

Autodiebstahl

Ingenieur *Sérgio Gonçalves* aus Rio ist ein rekordverdächtiger Pechvogel: Binnen fünf Jahren wurde er siebenmal seines Autos beraubt – viermal durch bewaffneten Überfall, dreimal durch Diebstahl. Das hat die Zeitschrift *Veja* herausgefunden. Die Polizei schweigt zu diesen Angaben lieber; sie hat auch guten Grund – denn sie ist selber in den Autoklau verwickelt.

In jeder Stunde werden auf den Straßen von **Rio de Janeiro** im Durchschnitt sieben Autos geknackt – im Jahr sind das rund 2,5 Prozent der 2,1 Millionen Vehikel, die um den Zuckerhut zirkulieren. In **São Paulo** wechseln jährlich sogar 100.000 Autos ohne Kaufvertrag den Besitzer. Der Autodiebstahl und -raub nahm in den letzten sieben Jahren doppelt so schnell wie die Wagenflotte zu. Für den Diebstahl der Autoradios kommen die Versicherungsgesellschaften inzwischen nicht mehr auf.

Trotz vieler technischer Kniffs und elektronischer Alarmanlagen ist der Autodiebstahl ein **sicheres Geschäft.** In São Paulo beherrschen rund zwanzig Syndikate mit über 400 Mitarbeitern den Markt. Fachlich beraten wird die Marder-Mafia durch Mitarbeiter der Zulassungsbehörden und der Polizei. Sie sorgen dafür, dass die Papiere der entwendeten Autos wieder „stimmen".

Die neuesten Modelle werden über die Grenze nach Paraguay verschoben (der dortige Präsident fuhr selber einen geklauten BMW). Die überwiegende Zahl der gestohlenen Autos aber wird **„recycelt"** und taucht auf den Secondhandmärkten in Gänze oder in Ersatzteile tranchiert am Stadtrand wieder auf. Beiderseits der Avenida Brasil im Norden von Rio de Janeiro haben sich unzählige Werkstätten niedergelassen, die auf solche Arbeiten spezialisiert sind. Falls dort einmal eine Polizeistreife vorbeischaut, bekommen die Meister vorher einen Wink. Das ist nur recht und billig, denn die „Frisiersalons" zahlen der Polizei Gebühren zur Aufbesserung des schmalen Soldes.

Ingenieur *Gonçalves* hat inzwischen gelernt. Statt sich mit Polizeiprotokollen und Versicherungen rumzuschlagen, muss man nur mit saftigen **Trinkgeldern** bei den richtigen Leuten winken. Dann taucht das geklaute Auto ganz schnell wieder auf.

Einbruch

My home is my castle – dieser angelsächsische Grundsatz erhält in den Mega-Städten Lateinamerikas eine ganz neue Bedeutung. Denn bis auf Zugbrücke und Burggraben dürften alle technischen Mittel, die Belagerung durch Feinde abzuwehren, noch heute aktuell sein.

Doch wer so ängstlich ist, dass er sich kaum noch vor die Tür traut, der sollte besser gleich zu Hause bleiben. Was ihn vor Unbill aber auch nicht schützt. Das traute Heim kann bekanntlich auch zur Hölle werden.

In Rio de Janeiro sind Super-Apartments in den vornehmen Vierteln Botafogo oder Copacabana spottbillig – *a preço de banana* („zum Preis einer Banane") – zu erwerben: 200 Quadratmeter für rund 50.000 Dollar beispielsweise. Aber keiner will sie kaufen. Denn die Wohnungen haben einen kleinen Nachteil: Ihre Fenster und Balkons liegen auf der falschen Seite, nicht zur Straße, sondern nach hinten raus mit Blick auf die Favela, die sich den Berg hochzieht. Der Blick ist nicht das Problem, das Problem sind die **Bleikugeln, die hin und wieder durchs Fenster fliegen,** sich in den Kühlschrank bohren oder an die Bettkante prallen, immer dann, wenn in der Favela der Drogenkrieg ausbricht.

Einige entnervte Bewohner der Rua Nascimento Silva haben deshalb zur Selbsthilfe gegriffen und die Fenster mit einer Art Panzerplatten verrammelt, andere schlafen nachts im Flur, viele wollen ausziehen und verkaufen. Wer will schon im Rinderbraten Bleischrot finden, so wie die Hausfrau *Maria Socorro?* Aber, gemach – es ist ja noch nichts passiert ... und das Finanzamt verspricht den Bewohnern Steuernachlass, eine Zitterprämie sozusagen.

Es wird auch nichts passieren, denn die Polizei läuft dem Verbrechen hinterher wie der Hase dem Igel. Aber das muss ja nicht gleich protokollarisch festgehalten werden. Die **Polizeistatistik** ist geschönt – das behaupten jedenfalls Rios Ärzte, die die Opfer der Gewalt (oft viel zu spät) auf den Operationstisch kriegen, oder die schlicht Angst haben, die Todesursache klar zu nennen.

Gewalt und Verbrechen tragen in Brasilien nicht selten karnevaleske Züge. Da hat man schon mal eine Bande von **Autoknackern** ausgehoben, die pro Tag im Schnitt fünf Autos geklaut und kannibalisiert hat, um die Autoteile auf dem Trödelmarkt zu verkaufen. Die Bosse der Bande sind – Polizisten. Seriöser war da schon der Autoknacker *Robson Kleber Augusto* aus São Paulo, der im Auftrag seiner „Kunden" begehrte BMW-Limousinen beschaffte. *Klebers* Geschäfte liefen so gut, dass der Mann sich eine Visitenkarte drucken ließ: „Robson Kleber Augusto, Autoknacker und Co. KG".

Völlig stillos verhalten sich hingegen die **Trödler und Bordstein-Krämer,** die die Gassen in Rios Zentrum jeden Tag aufs Neue in einen orientalischen Basar verwandeln. Die Polizei versucht das Gesindel zu vertreiben – aber die Händler kommen wie ein Hornissenschwarm immer wieder, und sie wollen die belebten Geschäftsstraßen natürlich nicht gegen einen abgelegenen Parkplatz vertauschen, den die Stadt ihnen zugewiesen hat. Beim vorerst letzten Versuch, die Straßen zu räumen, hagelte es Steine und Knüppel auf die Polizisten. Derweil schauten die Angestellten aus den Bürotürmen auf die Straßenschlacht hinunter – gegen Mittag war der Spuk vorüber. Und morgen geht es weiter?

Rio de Janeiro ist eine mit vielen Problemen geplagte Stadt, aber den Ruf, eine Löwengrube des Verbrechens zu sein, hat sie nicht verdient. Einige Leute wollen zwar aus der Bleiluft wegziehen – aber nicht aus der Stadt. Und, es gibt Hoffnung: Nach dem neuesten Statistischen Jahrbuch Brasiliens hat sich im Lande allerhand getan: Es gibt weniger Analphabeten, bessere Wohnungen und immer mehr Millionäre. Nur das Leben ist ungesünder geworden ...

Auch in **São Paulo,** und besonders dort.

„Sicher ist, dass nix sicher ist", hatte schon der Münchner Komiker *Karl Valentin* erkannt und hinzugefügt: „Drum bin ich vorsichtshalber misstrauisch." Ziemlich sicher ist wohl, dass keiner der wohlhabenden Bewohner im **Condominium Villa America** von São Paulo je von *Karl Valentin* gehört hat. Aber vorsichtshalber misstrauisch waren sie schon, denn sie hatten sich für zwei bis drei Millionen Dollar in die bestgehütete Apartmentburg der Metropole eingekauft.

Es hat aber nichts genutzt, wie die Nachbarn im Nobel-Viertel Jardins nun hämisch hinter vorgehaltener Hand kommentieren. Gegen drei Uhr früh waren an einem Freitag 15 elegant gekleidete und schwer bewaffnete **Ganoven in den Hochsicherheitstrakt für Betuchte eingedrungen** und hatten abkassiert – und das, obgleich 15 Fernsehkameras und eine zwanzigköpfige Mannschaft das Gebäude rund um die Uhr bewachen, Besucher gewöhnlich nur nach Ausweis- und Taschenkontrolle und Rückfragen eingelassen werden und die 750 Quadratmeter großen Apartments nur per verschlüsseltem Zahlencode im Aufzug erreichbar sind. Der ganze aufwendige Sicherheitsapparat schlägt sich denn auch darin nieder, dass die Bewohner von Villa América pro Apartment monatlich rund 3.000 Dollar für den Service bezahlen.

Die ganze schöne Sicherheitstechnik nützt eben nichts, solange der Geist willig, das Fleisch aber schwach ist. Dass die Banditen sich in das Hochhaus unbemerkt einschleichen konnten, war sicher nur mit Insider-Kenntnissen möglich. Und auch das weitere Vorgehen der Nadelstreifen-

Bande lässt darauf schliessen. Sie nahmen zuerst die gesamte Wachmannschaft fest, riefen dann den Hausverwalter und zwangen den mit vorgehaltener Waffe, bei allen 27 Apartments über Interfon anzuklingeln: Eine schwerwiegende Panne der Klimaanlage müsse sogleich durch Spezialisten repariert werden.

Die eingeschüchterten Dienstmädchen schlossen bereitwillig auf, und ihre schlaftrunkenen Herrschaften mussten zusehen, wie die Ganoven alle Pretiosen einsackten und sogar drohten, Safes aufzuschweißen – die Ausrüstung hatten sie mitgebracht. Die Herren Einbrecher waren aber feinfühlig genug, ihre Waffen vor den Kindern zu verstecken, und sie hätten sich auch sonst ganz manierlich benommen, berichten die Opfer.

Die Bande nahm aus der Garage nur einen Mercedes mit, an Wertgegenständen vermutlich aber mehr als zwei Millionen Dollar: Verständlich, dass sich die Geschädigten zu diesem Punkt bedeckt halten. Vermutlich gibt es in São Paulo keinen Ort mit einer solch hohen Vermögenskonzentration wie das Condominium Villa América.

Die Kriminellen konnten ungehindert mit ihrer Beute entkommen; sie hatten 15 der 27 Apartments geplündert. Bei den anderen Adressen wurde ihnen der Eintritt verwehrt – sei es, weil niemand zu Hause war, sei es, weil die Dienstmädchen vorsichtshalber misstrauisch waren und auf das Interfon-Geklingel um vier Uhr früh nicht geantwortet hatten.

Kriminelle Call-Center

Die Kreativität und Fantasie der Kriminellen in Brasilien ist schon fast bewundernswert. Sie gehen mit der Zeit, die Herren und Damen Ganoven. Call-Center und e-commerce: die große Masche im **Zeitalter der Telekommunikation** und des Internet. Warum sollen bloß die Banken und *Bill Gates* damit Geld verdienen? Das mögen sich ein paar pfiffige Abzocker gedacht haben, die in Rio de Janeiro ihr Handwerk betreiben.

Und das geht etwa folgendermaßen: Das Telefon klingelt. Am Apparat ein „altes Mütterchen" – jedenfalls nach der brüchigen Stimme zu urteilen –, das ein wenig konfus von der Pfarrei redet, zu der man auch gehöre, von christlicher Tugend und von einem Mann, einem Nachbarn aus dem Viertel, der **unverschuldet in Not geraten sei** und nun in einer Pappkiste hause und nicht wisse, wie er seinen Hunger stillen solle. Sie, die Anruferin, könne kaum noch aus dem Haus, aber sie wolle alle Nachbarn mobilisieren, um dem notleidenden Manne zu helfen; umgerechnet rund 50 Euro würden schon reichen, die gröbste Not zu lindern.

Ja, aber wie die gnädige Frau sich das vorstelle ...? Nun, der arme Mann sei bei ihr, der alten Dame, nicht weit vom Hause des Angerufenen, und er könne binnen zehn Minuten erscheinen, um die milde Gabe in Empfang zu nehmen. Wer ließe sich von soviel greisenhafter Hilflosigkeit sowie Warmherzigkeit nicht dazu verleiten, beim Klingelzeichen die **Haustür zu öffnen** und dem hageren Obdachlosen sogleich einen Schein in die Hand zu drücken? Leider aber ist es manchmal nicht nur ein hagerer bedürftiger Mann, der da vor der Tür steht, sondern eine Bande bewaffneter Jugendlicher.

Was aber lebt und blüht, das sind die kriminellen Call-Center mit den wunderbaren **Stimmen** und der gründlichen Recherche über die Stadtviertel und die menschliche Seele. Da können sich die Onlinebanken noch eine Scheibe abschneiden.

Fingierte Autopanne

Und hoch qualifizierte Gangster lauern am Straßenrand ...

Die Sonne strahlt freundlich, ganz Rio ist auf den Beinen, um in dichten Autokolonnen an die Strände zu fahren. Plötzlich trifft das Auto ein Schlag – so als wäre ein Stein gegen die Karosserie geschleudert worden. Hektisch gestikulieren die Insassen anderer Autos, die vorbeifahren. Eine Panne, ein Platter? Rechts ran, an den Straßenrand! Schon hält nebenan ein **Pick-up mit zwei freundlichen Herren.** Der Wagen hat weder einen Platten, noch tropft es aus dem Motor aufs Pflaster. Doch die beiden freundlichen Herren, die sich, welch ein Zufall, als Automechaniker vorstellen, meinen, sie hätten eine Stichflamme unter dem Motor gesehen, man solle doch mal die Motorhaube aufmachen und den Anlasser betätigen.

Motorhaube auf, der Blick nach vorne verdeckt, tatsächlich: Der **Motor** springt nicht an, und als er es nach dem vierten Versuch doch tut, läuft er nur noch auf zwei Töpfen. Da war also doch was? Die beiden hilfsbereiten Mechaniker schlagen vor, mit dem defekten Auto in die – zufällig – nahe gelegene Werkstatt zu fahren, um den Schaden dort zu beheben. Das Auto schleppt sich nur noch einige hundert Meter weit, dann bleibt es liegen.

Die Hilfsbereitschaft der beiden Herren ist jedoch nicht zu bremsen. Sie schauen sich den Motor noch einmal an und kommen zu dem Ergebnis, der elektronische Regler oder Zündverteiler sei wohl kaputt. Der seriös wie ein Bankangestellter aussehende Herr erbietet sich sogleich, ein neues Teil bei der **Werkstatt** zu holen und gegen das defekte auszutauschen; der zweite Mann bleibt beim defekten Auto zurück.

Fünf Minuten später ist der Helfer wieder da, hat ein fabrikneues Teil dabei, fummelt an den Kabeln, ersetzt das alte Stück und präsentiert eine flott geschriebene **Rechnung** einer Autowerkstatt namens *Kings*: Das komplizierte elektronische Teil kostet 342 Dollar – ein Kolbenfresser wäre teurer, meint der Engel der Landstraße. Man könne natürlich auch mit Scheck zahlen.

048kb Foto: cg

Die Freude ist groß über den so schnell behobenen Schaden, die bevorstehenden Weihnachtsfeiertage, die strahlende Sonne, die beiden so freundlichen Herren und über das „Glück im Unglück", das man hatte – egal, was es kostet.

Bei der Rückkehr ins heimische Viertel hält der „Gerettete" kurz bei seinem Automechaniker und erzählt dem Meister die Geschichte. „Ach", sagt er, und schlägt die Hände über dem Kopf zusammen, „da sind Sie nicht der erste, der dieser **Mafia auf den Leim gegangen** ist! Das ist doch ein uralter Trick. Der Zündverteiler kostet nicht einmal 80 Dollar, und an dem Auto war auch nie etwas defekt. Die Kerle haben Ihnen einfach nur blitzschnell die Zündkabel ausgetauscht, während Sie den Anlasser betätigten. Und der Schlag, den das Auto abbekam, war ein Hartgummiball, den die Gangster Ihnen unter den Wagen geworfen haben. Aber trösten Sie sich: Sie sind ja noch einmal heil **mit dem Leben davongekommen!** Den Scheck würde ich aber an Ihrer Stelle nicht sperren lassen, denn sonst kommen die freundlichen Helfer zu Ihrer Wohnung zum Abkassieren, aber nicht mit dem Schraubenschlüssel, sondern mit dem Ballermann."

Genug der Horrorstories! Dem Autor dieses Buches ist auch nach über 20 Jahren Wahlheimat Brasilien noch kein Haar gekrümmt worden. Vielleicht liegt es daran, dass er kaum welches hat. Doch unbestritten bleibt ein Fakt: **Brasilienbesucher** werden eher Opfer von Taschendiebstahl und Trickdiebereien, aber so gut wie nie Opfer von Gewaltverbrechen.

Auch beim Karneval gilt: Aufmerksam muss man schon sein

Versorgungsbetrieb

Mit den Dienstleistungen der Versorgungsbetreiber für Strom, Wasser, Abwasser, Telefon und der Post ist das in Brasilien so eine Sache. Die **Straßenreinigung** in Rio de Janeiro beispielsweise findet nicht nur bei ihren regelmäßigen „Miss-Müll"-Wahlen große Bewunderung, sie ist auch sonst recht vorbildlich. Auch die früher als extrem schlampig und korrupt berüchtigten **Verkehrswachen,** die in etwa dem TÜV entsprechen, sind neuerdings hoch effizient und unbestechlich.

Die radikale **Privatisierung** vieler öffentlicher Dienstleistungen in den vergangenen Jahren hat hie und da zu Verbesserungen geführt, vor allem aber zu Verteuerungen. Beneidenswert ist deren Geschäft aber keineswegs immer.

Die Direktoren der Gas- und Wasserwerke, der Stromerzeuger und des Kabelfernsehens hatten sich wieder einmal in Rio de Janeiro ausgeweint: Rund 400 Millionen Mark Verluste entstehen den privatisierten Dienstleistern pro Jahr durch **illegales Abzapfen.** Auf diese Energieräuber soll nun die Jagd eröffnet werden. Wie die Herren Jäger aber die *gatos,* die „Katzen", wie man gewöhnlich die heimlichen Abzapfer nennt, erwischen wollen, bleibt vorerst ihr Geheimnis. Eines ist immerhin bekannt geworden: Die Unternehmen wollen die Regierung bitten, eine besondere Katzenjagd-Truppe der Polizei aufzustellen.

Eine solche Truppe stände allerdings vor einer schier unlösbaren Aufgabe. Denn schätzungsweise zehn bis zwanzig Prozent aller Haushalte in der Neun-Millionen-Metropole Rio de Janeiro sind auf die eine oder andere Weise an einen „Bypass" angeschlossen, der kostenlosen Bezug von Strom, Gas, Wasser oder Kabelfernsehen ermöglicht.

Licht, Luft und Wasser sind, tagsüber und wenn es regnet, auch in Rio noch weitgehend frei verfügbare Güter. Teuer wird es nur, wenn die Sonne nicht scheint und der Regen ausbleibt, wenn man also an die Steckdose geht und den Wasserhahn aufdreht. Denn die Elektrizitäts- und Wasserwerke lassen sich ihre Dienste, wenn sie denn so gnädig sind, welche zu leisten, fürstlich entlohnen. Kein Wunder also, dass das Geschäft der „Katzen" blüht – ganz besonders natürlich in den ärmeren Vierteln.

Man braucht ja bloß mal durch die Straßen zu streifen und die Augen offenzuhalten. Wie Spinnennetze haben die Bürger **Stromkabel durch die Luft gespannt,** von Haus zu Hütte, vom Fenster zur Tür, quer über die Straße, und bedenklich verknotet, sodass kein Sperling mehr wagt, durch dieses Strippengewirr zu fliegen. Draußen in den Favelas zeigt sich ein ähnliches Bild: Ungekämmten Haaren gleich ziehen sich die Leitungen von jeder Hütte einzeln über die Blechdächer hinweg und verknoten sich am Lampenmast der Straßenbeleuchtung. Von da kommt nämlich der (kostenlose) Strom. Die „Katzen" bringen es fertig, eine Siedlung mit Tausenden von Bewohnern mit hellem Licht, aber schwarz zu versorgen. Und jedes Jahr fallen ein paar „Katzen" bei der Arbeit von den Starkstrommasten.

Beim **Wasser** ist das Anzapfen nicht so leicht zu bewerkstelligen. Aber auch hier gibt es „blaue Wunder" von illegalen, selbst geklempnerten Sozialtarifen. Das fällt umso leichter, als die Wasserwerke selber nicht so genau wissen, wo ihre Rohre verlaufen: Das Unternehmen verfügt zwar über zahlreiche Ingenieure, die sich die Finger nicht schmutzig machen wollen, aber nur über wenige Kanalarbeiter.

Die gute alte **Post** hingegen hat noch so gut wie keine illegale Konkurrenz. Doch vor deren Beförderung haben die Götter, das heißt die Postbeamten, den Schweiß gesetzt – in der Hauptpost der 20-Millionen-Metropole São Paulo zum Beispiel: „Eine Drucksache nach Rio de Janeiro bitte!" Das Lächeln der uniformierten Matrone hinter dem Schalter erstarrt zur dienstlichen Miene: „Drucksachen müssen offen eingeliefert werden!" „Aber die Sendung ist doch offen, die Heftklammer hier kann

049kb Foto: cg

doch jederzeit zu Kontrollzwecken geöffnet werden", entgegnet der Absender. „Sie müssen offen einliefern", erwidert der Drachen streng. „Dann entfernen Sie doch einfach die Heftklammer!", der Kunde unwillig. „Wie soll ich die entfernen?" „Am besten mit der Hand. Hier, ich mache es Ihnen mal vor!" Der Kunde öffnet den Umschlag und reicht ihn über den Tresen. Die Beamtin nimmt ihn mit spitzen Fingern entgegen. Der Inhalt müsse nun noch begutachtet werden. Sie wiegt die Broschüre, die sich im Umschlag befand, hin und her, blättert gelangweilt darin und greift zum Schlüsselbund. Briefmarken, Stempel, Bleistifte, Formulare, alles schließt sie ein und mit einem gemurmelten „Moment mal" entfernt sie sich in Richtung Amtsstellenleiter.

Inzwischen hat die Schlange hinter mir das Format einer Anaconda angenommen. Doch die Brasilianer sind, namentlich auf Ämtern, an „sozialistische Wartegemeinschaften" gewöhnt und scheinen sie geradezu als gute Gelegenheit zum Schwätzen zu nutzen.

Jetzt muss also der Amtsvorsteher über die Beförderung der Drucksache entscheiden. Mit dienstlicher Gründlichkeit und Ruhe blättert er in der Broschüre, die, da in Deutsch verfasst, wenig erbauliche Lektüre verspricht, zumal bunte Fotos in ihr fehlen. Doch, wer weiß, vielleicht verbirgt sich hinter seinem pockennarbigen Gesicht ein zweiter Kafka? Die anhimmelnden Blicke, die meine Postbeamtin auf ihn wirft, könnten dafür ein Hinweis sein. Jedenfalls scheint ihn die Lektüre über „Parteienprogramme in der Bundesrepublik Deutschland" so zu fesseln, dass er die Welt, den Dienst, die Schalterhalle und die Menschenschlange eine elende Weile völlig vergisst. Schließlich geruht der Chef, halb gelangweilt, halb erschöpft, die Broschüre an seine Untergebene zurückzugeben: Keine Einwände gegen den Versand.

Doch halt, jetzt beginnt der technische Teil der Operation. Die Postbeamtin verschwindet in einem Verschlag und kehrt nach ein paar Minuten mit vor Eifer roten Backen und einem Bindfaden zurück. Liebevoll schnürt sie um den Umschlag das Gebinde, lässt den Dienstschrank mit den Briefmarken, Stempeln, Bleistiften und Formularen aufrasseln, hebt den verschnürten Umschlag auf die Waage, schlägt in einer Tabelle nach und verkündet triumphierend: „44 Centavos, bitte!"

40 Pfennig für eine Drucksache von 200 Gramm über eine Entfernung von 400 Kilometern. Das lässt sich hören. Und die Menschenschlange, die atemlos das postalische Geschehen mit dem Gringo verfolgt hat, macht zufriedene Mienen. So ein Spektakel, so ein billiges Vergnügen, sogar kostenlos war es! Der Nächste, bitte!

PS.: Die Drucksache ist eine Woche später angekommen; eine vergleichsweise schnelle Beförderung im Vergleich zur Abfertigung. Vielleicht ist das ein Grund, weshalb die Post in Brasilien unter allen Ämtern das höchste Ansehen genießt.

Fernversprechungen dagegen beim **Telefon.** Man möchte seufzen: „Ach, wie war es doch vordem mit dem Telefon bequem ..." Doch die staatlichen Heinzelmännchen sind auch in Brasilien verschwunden und an ihrer Stelle versprechen private Telefonunternehmen nicht das Blaue vom Himmel, sondern auch „von jedem Ort und rund um die Uhr weltweit" telefonieren zu können. Vom Hotel in Belém war das aber schon nicht möglich.

So begab der Gast sich also zum Büro einer dieser modernen privaten Telefongesellschaften, um ein Ferngespräch zu führen. Früher war das ganz einfach – da bekam man von der Staatsgesellschaft einen Schlüssel und eine Kabine zugewiesen und konnte nach Lust und Laune weltweit telefonieren, vorausgesetzt man hatte Ländercode, Städtevorwahl und Teilnehmernummer zur Hand. Abgerechnet wurde hinterher. Nun aber, so bedeutet die junge Dame leicht indigniert, müsse man erst einmal eine „call-card" kaufen. Alles andere sei kinderleicht.

Erst also die 0800-902177 wählen. Dann die kaum leserliche Kartennummer 498865138, dann die 00, dann 49 (für Deutschland), dann die 228 für Bonn, und dann die Teilnehmernummer. Macht zusammen bloß 33 Ziffern. Aber halt! Nach der 0800-Nummer meldet sich eine Stimme aus dem „call-center", und diesem „call-girl" muss man dann die Kartennummer mitteilen. In Landessprache natürlich.

Trotzdem war der Wurm drin. Sodass sich dann die junge Dame auf großes Flehen hin schmollend bereitfand, das Wagnis eines internationalen Ferngesprächs – kinderleicht! – einzugehen. Um es kurz zu machen – „Fasse dich kurz", hieß das früher – sie schaffte es auch nicht. Erst nach mehrmaligen Versuchen und etwa einer Stunde Fingerhakeln mit den Tasten kam die Verbindung zustande. Mehr Nummern und mehr Nullen, so stehts um die Zukunft. Weltweit, und von jedem Ort, rund um die Uhr. Welch ein Fortschritt!

Doch woran liegt es, dass die sonst so höflichen Brasilianer sich **am Telefon in üble Rüpel wandeln?** Und immer falsch wählen? Wo ist Freund Pedro? „Pedro? Ach, der ist doch längst umgezogen! Keine Ahnung, welches seine neue Nummer ist", quäkt es aus dem Hörer. Im Telefonbuch die richtige Nummer herauszusuchen wäre lächerlich. Erstens hat das Telefonbuch so viele Fehler wie ein Hund Flöhe, und zweitens wechseln die Nummern in Brasilien schneller die Besitzer als diese ihre Geliebten. Also muss man darauf warten, dass Pedro mal wieder anruft.

Braslianer hauen wildfremden Menschen auf die Schulter und busserln jede Frau von links nach rechts ab – aber am Telefon wollen sie nicht mal

050kb Foto: cg

mit ihrem **Namen** rausrücken. Das kann man verstehen. Wer will schon gerne entführt, erpresst oder mit nächtlichen Drohanrufen gepeinigt werden? *Trote* – Telefonterror; auch damit kann man Geschäfte machen.

Es klingelt. „Hallo?" „Ich möchte gerne mit Maria Socorro sprechen, hier spricht Marlene." „Ja, aber hier gibt es keine Maria!" „Sind Sie Deutscher?" „Ja, aber was hat das mit Maria zu tun?" „Na, Maria hat mir immer von Deutschen vorgeschwärmt; ich würde gerne mal einen kennen lernen." „So, so; naja, aber wer sind Sie denn?" „Kicherkicherkicher".

Kurz und gut, die Leitungen der brasilianischen Telefongesellschaft sind rätselhaft und sie führen manchmal sogar zum Anschluss.

„Rio de Janeiro, auf dich bin ich erpicht, am Tag da fehlt das Wasser, und nachts da fehlt das Licht!" – ein alter Schlager. Und der gilt nicht nur für Rio. Seit die „Licht"-AG und andere **private Unternehmen die Energieversorgung** von Rio de Janeiro aus öffentlicher Hand übernommen haben, machen sie Gewinn: auf Kosten von einigen Tausend Entlassenen und nun auch auf Kosten der Konsumenten. Die finanzielle Sanierung scheint den neuen Versorgungsunternehmen wichtiger als ihr gesetzlicher Auftrag zu sein. Jedenfalls haben die privaten „Stromer" bislang kaum einen Centavo in die Modernisierung des Netzes gelenkt. „Die

Bingo-Salon in São Paulo

Stromversorger von Rio de Janeiro sind eine Schande in unserem Privatisierungsprogramm", tönt der Kommunikations-Minister, der eigentlich gar nicht zuständig ist. Doch dessen Meinung teilen die Betroffenen. Zwar dürfen sie deutlich höhere Gebühren pro Watt und Stunde zahlen, aber in den Genuss der versprochenen Spannung kommen sie kaum.

Doch die *cariocas* sind Weltmeister der **Improvisation.** Statt ihre Kunden in den Salon unter die Haube zu bitten, lädt die Friseuse *Denise Capelle* halt ihre Kundinnnen gleich auf der Straße zur Maniküre ein. Und die „Banco do Brasil" in der Rua Joana Angélica hat sich nach Ausfall der Computer wegen Stromausfall wieder ganz auf „Handarbeit" eingestellt.

Es geht eben auch ohne Watt und Volt, wenn man nur will. Bloß, ohne Improvisation und gute Laune läuft gar nichts!

Das Spiel mit dem Glück

Der Karneval und die **Lotterie mit den Tiersymbolen,** das *jogo do bicho,* gehören zusammen wie Zucker und Zuckerrohrschnaps. Die Wurzeln des Karnevals reichen bis in die Sklavenzeit und ins europäische Mittelalter zurück; die Tier-Tombola wurde dagegen vor etwa einem Jahrhundert von einem gewissen Baron *João Baptista Vianna de Drummond* ins Leben gerufen.

Kommerzienrat *de Drummond* war ein rühriger Unternehmer, der ein Vermögen mit dem Bau der ersten Eisenbahn in Brasilien angehäuft hatte. Seine Ländereien am Stadtrand von Rio de Janeiro verwandelte er in ein Tiergehege. Der **Tiergarten** wurde für den Publikumsverkehr freigegeben, und jeder Besucher konnte mit dem Eintrittsbillet zugleich an einer Tombola teilnehmen.

Adler, Affe, Bär, Elefant, Esel, Hahn, Hirsch, Hund, Kamel, Kaninchen, Katze, Krokodil, Kuh, Löwe, Pfau, Pferd, Schaf, Schmetterling, Schlange, Schwein, Stier, Strauß, Tiger, Truthahn und Ziege zierten von nun an die Besucherkarten. An der Kasse ließ der Baron eine Tafel errichten. Nach Toresschluss wurde dort angeschlagen, auf welches Tier das Los gefallen war; wer das entsprechende **Bild auf dem Billet** hatte, konnte den fünffachen Eintrittspreis als Gewinn kassieren.

Hat der Zoodirektor dem Glück ein wenig nachgeholfen? Gewiss ist nur, dass der Baron *de Drummond* mit seinem Einfall das große Los gezogen hatte: Bereits wenige Wochen nach Einführung der Tier-Tombola zog das Volk in Scharen hinaus nach Vila Isabel, aber nicht, um Elefanten zu füttern, sondern um Lose zu kaufen. Das *jogo do bicho* trat seinen Siegeszug an.

Nach dem Tode des Barons führten Kaufleute das *jogo do bicho* fort. Die Lotterie hatte nun mit dem Zoo nichts mehr zu tun. Die Tier-Bilder überdauerten (wegen der Leseunkundigen), das **Spiel-System** aber wurde durch Zahlenkombinationen erweitert. Je besser das Geschäft mit dem Glücksspiel lief, desto häufiger musste die Polizei eingreifen.

Die *malandros* („Jungs") aus der **Halbwelt** um den Hafen übernahmen das Spiel. Der Ruf des *jogo do bicho* litt darunter nicht – ganz im Gegenteil: Das Volk auf der Gasse hatte schon immer das Schlitzohr aus der Nachbarschaft mehr geschätzt als den Kaufmann und den Steuereintreiber. Doch die Obrigkeit sah mit Missgunst, wie sich da unter ihren Augen ein Geschäft entwickelte, an der sie keinen Anteil hatte: Mit dem Segen der Kirche wurden **Glücksspiele fortan verboten.**

Wie zu erwarten, erwies sich der Staat, von faulen Beamten und Schranzen besetzt wie ein Hundefell mit Flöhen, als unfähig, seine eigenen Verbote durchzusetzen. Das *jogo do bicho* war **nicht totzukriegen,** es blühte in den Hinterhöfen und dunklen Ecken erst richtig auf. Alle Brasilianer, besonders die *cariocas,* träumen davon, mit einem Trick, mit einem *jeito* die Obrigkeit zu übertölpeln, mit einem Minimum an Arbeit schnell reich zu werden. Gesetze, Vorschriften, Steuern und Schulden: nichts als Papier, lächerliche Pfennigfuchserei von Leuten, die man nicht einmal kennt.

Toto, Lotto, Tombola, alle Chancen, das große Glück bei staatlichen Auslosungen zu suchen, die die Regierungen dann doch einführten, schlagen die Brasilianer in den Wind: Das *jogo do bicho* ziehen sie vor. Putzfrauen, Dienstmädchen, Büroboten, Pförtner, Schaffner, Wächter, Kellner, Klempner, Krämer, das Heer der Tagelöhner und Gelegenheitsarbeiter, der bummelnden Beamten, der Tagediebe und Bettler, die Lumpenproletarier ebenso wie die Kleinbürger – sie alle sind die **treuesten Kunden** des *jogo do bicho;* schon mit Pfennigbeträgen winkt das Glück.

Sieben von zehn Brasilianern setzen auf die 25 Tiere der Tombola, und jeder gibt für Lose so viel aus wie für Zigaretten oder Bier. Der Adler, das bedeutet Intelligenz, der Hund steht für Treue, der Affe macht Faxen, der Pfau ist eitel, das Schwein dreckig, der Bär ist verschlagen; Schwangere setzen auf die Kuh, das Sinnbild für Fruchtbarkeit, Männer bevorzugen den Stier. Für jedes Tiersymbol steht eine Zahlengruppe von Null bis Neunundneunzig; unzählige **Wett-Kombinationen** sind möglich. Aberglauben, Traumdeuterei und Zahlenakrobatik helfen, den „richtigen" Treffer zu finden. Auf einem abgestempelten Papierfetzen, dem *poule,* bekommen die Spieler ihren Einsatz und Tipp an der Straßenecke notiert. Hunderte solcher *pontos* finden sich in jeder Stadt, in Rio de Janeiro allein 3.000, in São Paulo nicht weniger. In Windeseile und nach einem te-

Das Spüli von Che Guevara

In zehn Sekunden ist alles gesagt: „Der Wagen kostet Sie bloß 648 Dollar an Monatsraten. Dafür bekommen Sie aber hübsche Radarfotos von der Polizei dazu!".

So ein Spot kommt in Brasilien gut an. Und die Werbeleute in Sâo Paulo und Rio de Janeiro sind zufrieden. Sie haben aus ihrem Land eine **Supermacht der Reklame** gemacht. Die besten Commercials werden jedes Jahr in Cannes prämiert. Die meisten Medaillien fallen an die großen Agenturen aus Amerika und England. Die Brasilianer aber belegen regelmäßig den dritten Platz. Obgleich doch deren Werbemarkt mit sieben Milliarden Dollar nur ein Klacks ist. Nicht Geld, sondern Talent zählt eben.

Gisele Bündchen und *Pelé,* das Mannequin und der Fussballgott made in Brazil: weltweit bekannte Gesichter. Das von **Washington Olivetto** kennen nur Insider. Aber der ist einer, der macht aus Menschen Medienstars und aus simplen Produkten begehrte Preziosen. Dem Magier gelang das Wunder, einen Topfreiniger zum Propaganda-Prinzen zu küren. „Bom Bril", die Stahlwolle zum Scheuern, ist in Brasilien bekannter als Coca-Cola. Er war es leid, die dümmlichen Spots für Waschmittel zu produzieren. Die hätten die Intelligenz der Hausfrauen verspottet. Olivetto verwandelte den Topfkratzer in ein Top-Produkt. Der „Bom-Bril-Boy" kam auf die Welt. Sein bürgerlicher Name lautet *Carlos Moreno.* Und meist tritt dieses angejährte Muttersöhnchen in den kurzen Spots so schusselig auf, dass er dabei beinah vergisst, sein Produkt anzupreisen: Werbung, die sich selbst auf die Schippe nimmt.

Seit 23 Jahren läuft die Werbung für Reinigungsprodukte von „Bom Bril", länger als jede Telenovela. Sie ist die weltweit höchst prämierte Kampagne. Es gibt genügend Fans, die fiebern jedem neuen Spot entgegen. Der Boy von „Bom Bril" kennt keine Hemmungen. Selbst vor *Bill Clinton* und *Monica Lewinsky* machte er nicht halt: „Mit Bom Bril wird das Weiße Haus noch weißer – und alle hässlichen Flecken verschwinden!" Sonnenklar, welche Flecken da gemeint waren.

Der Saubermann vom Dienst zieht auch Idole durch den Kakao. Zum Beispiel **Che Guevara** im Räuberzivil: „Man muss Härte zeigen, ohne die Zärtlichkeit zu verlieren!" Die Waffe hält er in der Hand: eine Spüliflasche. Der Werbe-Guru *Washington* macht aus Medienstars Nummerngirls. Ein genialer Trick. „Ich bin ein Dieb des Lebens. Ich gehe auf die Märkte und die Kneipen, um den Leuten aufs Maul zu schauen. Eine Werbefritze, der 24 Stunden lang am Tag in seinem Studio hockt, ist wie ein Hund, der sich in den Schwanz beißt."

„Fußball, Popmusik und Werbung – das sind unsere Stärken. Und ich erkläre das ganz einfach damit, dass wir hier in Brasilien ein explosives Gemisch von Talenten haben. Ein Gemisch von Rassen und Kulturen. Die tropische Sinnlichkeit. Die Musik, die Spontanität und der Witz. Die Leidenschaft am Spiel. Die Kultur des Augenblicks". Olivetto hätte nach New York oder London gehen können. Das interessiert ihn nicht. Irgendwo in einem Großraumbüro zu verkümmern – nein danke.

Doch es gibt eine Fußnote und die steht im Polizeibericht: *Washington Olivetto* wurde am 11. Dezember 2001 von Gangstern entführt, die sich als Polizisten ausgegeben hatten. Das war kein Werbegag. Am 2. Februar kam er wieder frei – ein Stromausfall in der Rua Kansas hatte die Luftzufuhr in seiner Kiste, in die ihn die Entführer 53 Tage lang gesteckt hatten, unterbrochen. *Washington Olivetto* schrie um Luft und Hilfe – seine Peiniger waren zum Glück entflohen. Kommissar Zufall half bei seiner Entdeckung. Der hilft auch bei der Werbung – gibt selbst der Profi *Olivetto* zu.

lefonischen Schneeballsystem geben die Buchmacher die Einsätze an ihre „Bankiers" durch.

Die Würfel fallen hinter gepanzerten Türen in einem Hochaus von Rio. Abgeschirmt von feindlichen Eindringlingen und im Ambiente eines englischen Klubs entscheiden die zwei Dutzend Bosse des *jogo do bicho* über **Gewinne und Nieten.** Computer melden ihnen den Wettumsatz und die Verteilung der eingegangenen Wettkombinationen. Durch Computer kann natürlich auch die „Auslosung" manipuliert werden. Die Anhänger des *jogo do bicho* schwören darauf, dass es mit rechten Dingen zugeht, Skeptiker setzen dagegen lieber an den drei Tagen in der Woche, an denen die Ziehung der staatlichen Lotterie das *jogo do bicho* übernimmt.

Die Tier-Tombola ist das **größte private Unternehmen in Rio de Janeiro.** Mehr als zwei Milliarden Dollar Jahresumsatz erbringt die Lotterie im ganzen Land, die Hälfte davon allein in Rio de Janeiro; 40 Prozent des Wettumsatzes fließen in die Taschen der *bicheiros.* Die Bosse des Spiels beschäftigen allein in Rio de Janeiro 60.000 Hilfskräfte, im ganzen Land dreimal so viele, und so gut wie alle diese Leute wären auf dem offenen Arbeitsmarkt verloren. Die „Zoomafia" sucht sich ihre Mitarbeiter aus dem gleichen Milieu, aus dem sie selber stammt. Krüppel, Kranke und Kriminelle sind darunter, aber auch verlassene Frauen sowie Straßenkinder.

Bislang ist noch jeder Versuch gescheitert, die Tier-Tombola zu legalisieren und damit der Unterwelt zu entziehen. Die *bicheiros* genießen **politische Protektion,** ganz besonders in Rio de Janeiro. Unter den mager besoldeten Polizisten und den geldhungrigen Provinzpolitikern finden die *bicheiros* die besten Komplizen ihres schmutzigen Spiels. Mit dem Geld aus der Tierlotterie werden beispielsweise Fußballvereine und Wahlkampagnen finanziert.

Die *bicheiros* haben sich unentbehrlich gemacht, besonders im Karneval. Mit Dollarbündeln kauften sie sich bei den **Sambaschulen** ein und verwandelten die bettelarmen Gruppen in professionelle Teams. Neun der vierzehn besten Sambaschulen von Rio de Janeiro sind inzwischen in der Hand der *bicheiros.*

Die Spielleidenschaft treibt die Brasilianer über die Grenze nach Paraguay und Argentinien, nach Las Vegas und Monaco. Im eigenen Land hatte der Präsident *Caspar Dutra* 1946 unter dem Druck seiner bigotten Gattin jedes Glücksspiel verboten. Doch nach und nach kommen die **Spieltische,** heimlich geduldet, zurück. Bingo-Spielsäle gibt es mittlerweile in so gut wie jeder Stadt.

Aber die Tierlotterie schlägt keiner.

Shopping

Bäckereien

Jedes Land in der Welt hat seine widersinnigen, unlogischen und unpraktischen Seiten. In Deutschland zum Beispiel sind es die Schuko-Stecker und die Straßenbahntarife, in Schottland die zugigen Häuser und Außenkamine, die die Umwelt, bloß nicht die Zimmer beheizen. Und in Brasilien gehören die Bäckereien zum **anachronistischen Inventar.**

Die *padarias* sind an und für sich eine lobenswerte Institution, morgens gegen sechs oder sieben Uhr öffnen sie ihre Pforten und manche schließen erst um zehn Uhr abends, siebenmal in der Woche, versteht sich. Außerdem kann man in den brasilianischen Bäckereien nicht nur Brot und Brötchen kaufen, sondern auch Wein und Hundefutter oder wonach einem sonst der Sinn steht. Die wohlgelittenen **Tante-Emma-Läden** namens Bäckerei haben nur einen Haken: Sie rauben dem Kunden nicht nur das Geld aus der Tasche, sondern vor allem die Geduld.

Denn wisse: Wer eine brasilianische Bäckerei betritt, muss einen detaillierten Einkaufszettel mit sich führen, was die meisten Dienstmädchen ja tun, die morgens die Brötchen holen. Nur mit präzisen Kaufvorstellungen im Kopf oder auf dem Papier lässt sich der Kaufvorgang bewältigen. Statt sich nämlich erst die Ware auszusuchen und über die Ladentheke den Wunsch zu äußern, heißt es hier, den Schritt zur Kasse lenken. **Erst Geld, dann Ware,** das ist die Devise. Wahrscheinlich haben die brasilianischen Bäcker fürchterliche Erfahrungen mit Eierdieben machen müssen.

Also: Kaufwunsch präzise bei der Kasse anmelden, dann bezahlen, dann die Quittungen in Empfang nehmen. Erst mit diesen Papieren darf sich der Kunde dem Tresen nähern und die Ware in Empfang nehmen. Wer sich jetzt durch die leckeren Käsebrote oder Tortenstücke noch verführen lässt und **Zusatzwünsche** entwickelt, der wird zu Recht bestraft: Er muss zwei Felder zurück und sich wieder vorne an der Kasse anstellen, wie beim „Mensch-ärger-Dich-nicht".

Straßenhandel

Wer aber nicht nur Brötchen braucht, der geht in Rio de Janeiro in die **„Sahara".** Die „Sahara" liegt mitten in der verfallenen Altstadt von Rio de Janeiro. Wer sie durchquert, muss sich durch die Menschenmenge und die Berge von Plunder wühlen und das Geschrei der Händler und die bettelnden Kinder ertragen. Weil das an einen orientalischen Basar erinnert, nennen die *cariocas* (Rios Bewohner) das Viertel „Sahara".

051kb Foto: cg

Jede **Razzia** gegen den Straßenhandel endet in einem Pyrrhussieg. Kaum haben die „Bullen" die „Kameltreiber" aus einer Straße vertrieben, tauchen sie in einer anderen wieder auf. Die ambulanten Händler spielen mit der Polizei Katz und Maus. Wohin auch mit den 100.000 Trödlern in Rio de Janeiro und den 250.000 von São Paulo? Wo der Straßenhandel sich einmal festgesetzt hat, bleiben die Kunden mit der gefüllten Brieftasche weg; sie fahren lieber hinaus in die „Shoppingcenter", wo man geschützt vor Taschendieben, Sonne und Regen immer einen Parkplatz findet.

Shoppingcenter

Die Amerikanisierung des Handels durch Super- und Hypermärkte war auch in Brasilien nicht zu stoppen. Nirgendwo sonst auf der Welt haben sich die gigantischen Einkaufstempel so schnell breit gemacht wie hier. Ein Fünftel vom Umsatz des gesamten brasilianischen Einzelhandels (Autoverkäufer nicht einbezogen) entfällt inzwischen auf die klimatisierten Einkaufszentren. Es gibt mittlerweile **315 Malls mit 42.000 Läden** und neun Mio. Quadratmetern – ungefähr ein Zehntel der Fläche von Berlin, die jährlich von 200 Millionen Menschen frequentiert werden. Das heißt, im Schnitt besucht jeder Brasilianer einmal pro Jahr ein Shoppingcenter. Das Tropenland gehört damit zu den Top Ten der Branche.

Die Shoppingcenter beanspruchen enorme Areale, deshalb werden sie fast alle **auf der grünen Wiese** errichtet, vorzugsweise am Rande von Schnellstraßen und Neubaugebieten. Der anspruchsvolle Einzelhandel wandert ab, die Innenstädte veröden und verfallen. Am Sonntag sind die Innenstädte von Rio und São Paulo so menschenleer wie die von Hamburg oder Leipzig.

Keines der brasilianischen Einkaufszentren in Rio de Janeiro oder São Paulo ist bequem mit der Metro zu erreichen – die Kundschaft kommt mit dem Auto, und das heißt, die Shoppingcenter sind Ghettos der **Ober- und Mittelklasse,** die in scharf bewachten Apartmentburgen oder Villendörfern wohnt.

Der Exodus des Handels und der Begüterten aus der Stadt hinaus lässt das Leben in den Städten verkümmern; in den Shoppingcenter entsteht das **urbane Leben auf künstliche Weise** neu. „Wenn ich mit meiner Familie die Freizeit nicht am Strand verbringe, dann fahren wir ins Barra-Shopping. Für die Kinder ist es mit den Spielplätzen und der Eisbahn das Paradies, meine Frau kann stundenlang durch die Boutiquen ziehen, ich treffe mich mit meinen Freunden beim Bier, und abends gehen wir alle ins Kino oder in eine Show", schildert *Arnaldo da Silva,* ein Architekt, den Ablauf des Wochenendes. Das Barra-Shoppingcenter hat auch sonntags geöffnet.

Das ganze Wochenende zu öffnen, möglichst rund um die Uhr, streben fast alle Unternehmen der Branche an. Gesetzlich ist das möglich. Das brasilianische Ladenschlussgesetz von 1949, das Sonntagsruhe vorschrieb, wurde 1990 geändert. Voraussetzung für **längere Öffnungszeiten** sind Abkommen mit den Gewerkschaften, die Mindestruhezeiten und Freizeitausgleich für die Beschäftigten garantieren. In Rio de Janeiro haben sich die Tarifparteien folgendermaßen geeinigt: Maximale Arbeitszeit für die Verkäufer am Sonntag sind sechs Stunden, Überstunden werden mit 100 Prozent Aufschlag bezahlt, Essenbons im Wert von acht Real kommen hinzu.

Der Wettkampf um die Gunst des Kunden nimmt in Brasilien oft bizarre Züge an. Für kleinere Geschäfte ist es selbstverständlich, die Ware ohne Aufpreis innerhalb einer Stunde ins Haus zu liefern, soweit es in der Nachbarschaft liegt. Pausenlose **„Sonderangebote"** sollen zum Kauf anreizen, eine Höchstgrenze für den Preisnachlass ist nicht gesetzt.

Dass die **Preise** in den Shoppingcentern wie beispielsweise in den Hallen des französischen Konzerns „Carrefour" niedriger seien als beim

Kaufmann um die Ecke, ist eine von der Reklame verbreitete Illusion – das gilt nur für ein eng begrenztes Sortiment von „Sonderangeboten". Wer Nahrungsmittel und Frischobst billig einkaufen will, tut das am besten auf den Wochenmärkten. Und preiswerte Mode kaufen Sparsame besser in Hinterhofbasaren oder gleich bei der Fabrik ein.

Doch für das klimatisierte Ambiente mit den **„Erlebnisparks"** und Delikatessen-Theken sind die betuchten Brasilianer gerne bereit, ein wenig draufzuzahlen – Kreti und Pleti bleiben dafür draußen. Den neuesten Knüller plant das Unternehmen „Barra Point", dort sollen die Kunden demnächst sogar mit ihrer Motoryacht zum Shopping anlegen können.

Handwerk

Gut, ein Reisender, der Brasilien besucht, wird sich kaum in Shoppingcenter verirren, er sucht ja wohl eher nach etwas, was er mit nach Hause nehmen kann. In Brasilien sind das eher durch Ursprünglichkeit und Kreativität als durch lange Tradition auffallende Dinge – mit Ausnahme **indianischer Handwerkskunst,** die man in wenigen spezialisierten Läden findet: Körbe, Federschmuck, Ketten und Kalebassen.

Brasilien ist das Reich der **Edelsteine,** wer sie kaufen will, sollte Marktstudien treiben und nicht unbedingt den Straßenhändlern vertrauen. Der Deutsche *Hans Stern* aus Essen war der Mann, der den Wert und Reiz der Schmucksteine in Brasilien in den fünfziger Jahren des 20. Jahrhunderts entdeckte. Die von ihm gegründeten Läden namens „H. Stern" garantieren höchste Seriosität.

Jede Region Brasiliens hat ihr besonderes Handwerk. Ob es sich um naive Malerei handelt, um Blechspielzeug aus alten Dosen, um Lehmfiguren von *caboclos* (Landarbeitern), Klöppelarbeiten der Fischersfrauen aus dem Nordosten , um Holzdrucke, Muschelschmuck, Strohhüte, Figuren und Möbel aus schwerem Tropenholz oder handgeknüpfte Hängematten: Antike Stücke wird man so gut wie nicht mehr auftreiben, aber Sachen, die sich durch **Witz und Einfall** aus der üblichen Folkloreproduktion herausheben, ganz sicher.

Im Übrigen ist es die schlechteste Idee nicht, sich mit einer Hand voll duftender Limonen und einer Flasche Zuckerrohrschnaps daheim zurückzumelden.

„BRAHMA" (Abk. für Brauhaus Mannheimer) ist eine der Biermarken in Brasilien – am besten schmeckt es eiskalt als „chopp" (Schoppen) vom Fass

Essen und Trinken

Essen

Wir befinden uns in Amerika – und nicht in Frankreich. Die Siedler, die in die „Neue Welt" kamen, hatten keine Zeit, vielgängige Menüs zuzubereiten, sie brachten allenfalls ein paar Gerichte einfacher Hausmannskost mit in die zweite Heimat. Gewiss, die etwas heruntergekommenen **portugiesischen Edelleute** versuchten ein paar Delikatessen zu erhalten, und darunter sind leider der Dorsch *(bacalhão* – siehe Weihnachtsfest) und Desserts, die so süß sind, dass die Zähne schmerzen. Die Küche der **Ureinwohner** mag zwar nahrhaft gewesen sein, aber mager war sie sicher auch. Von dorther ist den Brasilianern *farofa* geblieben, Maniok, das umständlich entgiftet und geröstet werden muss und dann nicht viel besser als Sägemehl schmeckt. Die besten Sachen haben noch die **afrikanischen Sklaven** mitgebracht – aus den Resten, die ihnen die Sklavenherrn ließen, kochten sie heiße Sachen zusammen, mit viel Dendé-Palmöl, scharfen Gewürzen und *fuba,* einer Art Polenta aus Maisbrei.

Bevor wir uns an die Tafel eines der besseren Restaurants setzen und die Speisekarte studieren, sei ein Blick auf *Ze José* geworfen, den brasilia-

062kb Foto: cg

nischen „Otto Normalverbraucher“, der sich den Gang in ein gutes Restaurant kaum leisten kann.

José finden wir in der **Eckkneipe,** die *boteco* oder *botequim* oder besser noch *pé sujinho* genannt wird, was übersetzt „Dreckfuß“ heißt und darauf hindeutet, dass Zigarettenkippen, gebrauchte Servietten oder zermatschte Kakerlaken den Boden bedecken. Keine Angst! Hier läuft das beste Bier vom Fass, und dazu gibt es *pastel* (gefüllte Teigtaschen), *x-burger* (Käse-Burger) oder andere Burger, Sandwiches, und auch mal einfache Tellergerichte aus Reis, Bohnen und einem Fetzen Fleisch. Das wird zusammen mit scharfem Schnaps heruntergespült, das sättigt und macht Durst nach noch mehr *chopp* (Bier vom Fass). Die Eckkneipe ist der Ankerplatz der durstigen Kehle und Seele. Da gibt es keine Klassenunterschiede. Einen *cafezinho,* meist die Tasse halb voll mit Zucker, kann sich außerdem jeder leisten, oft gibt es ihn in Büros und Banken für die Kunden umsonst.

Brasilien ist ein Riesenland mit gigantischen Essensportionen, die jedesmal für zwei Personen reichen. Die Fastfood-Kultur macht leider auch dort nicht halt, doch von Nord nach Süd und Ost nach West finden sich entlang der Pisten unzählige **churrascarias,** die Buspassagiere und Ritter der Landstraße so gut und preiswert versorgen, dass europäische Autobahngastwirte vor Scham erbleichen müssten.

Und noch eine Erfindung hat die brasilianische Gastronomie hervorgebracht – **„Kilo-Restaurants“.** Das sind heiße Buffets, in denen man sich selbst so viel auf den Teller legt, wie man will, es wird pauschal nach Gewicht bezahlt. Das erinnert manchmal an Werkskantinen, hat aber bei ungleich größerer Auswahl einen heilsamen Effekt auf den Geldbeutel.

Saftiges Rindfleisch von glücklichen Kühen ohne Kraftfutter (also BSE-frei, dafür oft zäh) brutzelnd vom Grill und so viel wie der Magen packt – das mag die landestypische Krone der Kulinarik sein. Und man täusche sich nicht: In den großen Städten gibt es **Fleischpaläste,** die es wert wären, in das Guiness-Book of world records zu kommen. Schon allein die kalten und heißen Buffets, die neben dem *rodizio* (also dem permanenten Angebot verschiedener Fleischsorten, die der Ober mit dem Spieß an den Tisch bringt) locken, wird man nicht mal bei Feinkost-Käfer finden. Nebenbei: Wer ein Sushi-Fan ist, der sollte lieber nach Rio oder São Paulo reisen als nach Tokio, so preiswert und reichlich findet sich der rohe Hochseefisch sonst nirgendwo!

Das **„Nationalgericht“** der Brasilianer ist nichts anderes als Sklavenfraß, natürlich verfeinert. Die *feijoada* besteht aus schwarzen Bohnen, Schweinsfüßchen und -ohren, Bratwurst, Rindfleisch, Reis, Kohl und Orangen und vielem anderem, das in irdenen Töpfen köchelt. Ohne

Zuckerrohrschnaps und viel Bier bringt man diese Kalorienbombe kaum hinunter. *Feijoada* wird samstags gereicht, wahrscheinlich weil man dann bis Montag davon ausruhen kann. Ein Schwerstarbeiter-Essen.

Brasilien ist nichts für Vegetarier - obgleich die tropischen Früchte Hunger und Durst leicht löschen können. São Paulo und der **Süden** liegen im Dunstkreis des *churrasco:* Rindfleisch vom Rost und am Spieß bis zum Abwinken, dazu deftige Bratwürste, Hühnerschenkel, Schweinerippen. Im **Nordosten** ist *carne de sol* weit verbreitet, luftgetrocknetes Rindfleisch. In **Bahia** triumphiert die heiß-scharfe Afro-Küche mit Dendé-Palmöl. Überall an der **Küste** sind natürlich Meeresfrüchte angesagt.

Daheim jedoch heißt das **Standardgericht** vom Kindes- bis zum Greisenalter: Reis mit Bohnenbrei und ein Stück Fleisch dazu. Ernährungsphysiologisch ist dagegen nichts einzuwenden, in allen drei Zutaten stecken genügend Mineralien, Vitamine und Kalorien auf der Basis von Kohlehydraten, Eiweiß und Fett. Besonders abwechslungsreich ist dieses Trio ebensowenig wie die deutsche Ewigkeit von Kartoffeln, Schweinefleisch und Gemüse.

Aber es ist nun mal so, dass den Brasilianern daheim nichts mundet, wenn nicht das schwarze Bohnenmus den Teller verunziert. Ein **Abendessen** hat so auszusehen wie ein **Mittagessen,** und das **Frühstück** beschränkt sich in der Regel auf Milchkaffee mit einer Butter-Semmel.

Trinken

Den Durst löschen die Brasilianer mit eiskaltem (*estupidamente gelado* – „saudoof gekühlt"), leichtem Bier, aber auch mit eigenem Wein.

Als „Digestif" ist der **Zuckerrohrschnaps** üblich. Die *cachaça* hat im Volksmund viele Namen, „Feuerwasser", „Wasser, das der Vogel nicht trinkt", „Witwenmacher", „Blauchen" oder „Knöpf-die-Brust-zu" - mehr als dreißig Kosenamen insgesamt, aber nur eine Wirkung. Und wenn man zuviel davon genießt, muss man es am Tag darauf mit einem kräftigen Kater bereuen.

Gleichwohl, der Schnaps aus Zuckerohr, das brasilianische Nationalgetränk, ein klarer Rum, verliert nun mehr und mehr den Ruf des billigen Fusels und Sorgentrösters und gewinnt an Prestige und Aroma. In Rios *Cachaça-Akademie* kann der Kenner unter 300 Stöffchen wählen, darunter edlen Sorten, die wie Cognac im Glase stehen und auch so viel kosten - die Flasche etwa zu 100 Dollar.

Die *cachaça* hat längst die Kaschemmen verlassen und die Gourmettempel erobert. Wenn es nach den brasilianischen Produzenten ginge, so würden sie gerne die Welt mit ihrem Schnaps überfluten und den

Whisky unter den Tisch trinken lassen. Denn Brasilien ersäuft in Rohrzucker-Schnaps, seit immer mehr Autos den Treibstoffalkohol verschmähen und die Subventionen dafür versickern. 25.000 Schnapsmarken hat man in Brasilien gezählt, die „Hausmarken" aus der eigenen Brennerei im Hinterhof nicht mitgerechnet. In 500 Orten, vornehmlich im Nordosten des Landes und im Bergland Minas Gerais, wird der Schnaps destilliert – im Jahr kommen da 1,5 Milliarden hochprozentige Liter zusammen. Fünf große Brennereien decken in Brasilien rund 80 Prozent des Massen-Marktes ab. Cachaça-Kenner aber bevorzugen kleine, verschwiegene Destillen, die den Klaren noch auf offenem Holzfeuer kochen. „Wer nichts trinken kann, soll wenigstens am Glase riechen", lautet ein brasilianisches Sprichwort.

Und wer den puren Schnaps verschmäht, der sollte wenigstens eine **caipirinha** verkosten: Die *cachaça* wird über Eiswürfel und gestoßene Limonen gegossen und mit etwas Zucker gesüßt. Ein solcher Drink ist aber nun sicher nicht exportfähig, denn er wird nur frisch gemixt (wenn es *caipirinha* auch – welche Barbarei! – in Dosen gibt).

Seit rund einem Jahrhundert werden in Brasilien Reben gepflanzt. Aus zwei Dutzend Winzergenossenschaften wuchs eine ganze Industrie. Die größte Weinkellerei Lateinamerikas befindet sich in Bento Gonçalves. Ihre Gewölbe zu besuchen, gehört zum Pflichtprogramm. **Rot-, Rosé- und Weißweine** reifen still dahin; die Weißweine in blitzenden Aluminiumcontainern, die Rotweine in gewaltigen Bottichen aus Planken der Südkiefer. Die Rebensorten Cabernet-Sauvignon, Merlot, Pinot Noir, Riesling, Italica und Chardonnay stammen ursprünglich aus Europa; für die billigen Weine werden auch amerikanische Hybrid-Trauben verwendet.

Rund 3 Millionen Hektoliter Wein produziert Brasilien, ein kleiner Teil davon (sieben Millionen Liter) wird exportiert. Jeder Brasilianer trinkt pro Jahr im Schnitt zwei Liter Rebensaft; das ist nicht eben viel. Die Winzer könnten leicht das Doppelte und Dreifache produzieren. Denn die Böden sind gut und die Sonne ist gratis. Im subtropischen und tropischen Klima Brasiliens wachsen so süße Trauben, dass der Gedanke nachzuzuckern abwegig ist. Brasiliens Weinwirtschaft hat ganz andere Sorgen: Wer trinkt schon Wein im Lande? Wer hat das Geld dazu?

„Frau Bauer", „Häuserwein", „Sonnenberg", „Richtburg", „Sommerliebe" und „Katzwein" heißen die weißen, „Castell Chombert", „Torre Eiffel" oder „Chalise" die roten Weine. Trotz der fantasievollen Namen ist das meiste unausgegorenes Zeug. Aber im Lauf der Jahre haben die brasilianischen Winzer auch durchaus trockene und ausgefeilte Tropfen herangezüchtet, die sich vor der chilenischen und argentinischen Konkurrenz nicht verstecken müssen. In Garibali, zwanzig Kilometer südlich von

Bento Gonçalves, hat man sich auf **Schaumweine** spezialisiert. Alle drei Jahre findet auch dort im Juli eine Messe statt: Mit kostenlosen Plastik-Sektkelchen steht man frierend herum. Radio „Champagner" schickt heiße Rhythmen durch die Lautsprecher. Die lokale Polizei hat noch keinen wegen zu vieler Promille festgenommen; man gelangt nur mit dem Auto zur Verköstigung.

Auch für Anti-Alkoholiker ist reichlich gesorgt: Brasilien ist das Paradies der **Fruchtsäfte** – und die sind so gut wie immer frisch gepresst. Die Auswahl der tropischen Früchte ist so groß und ihre Namen sind uns oft so fremd, dass der neugierige Reisende in Brasilien Wochen brauchen würde, um alle zu probieren. Wer einen Kater bekämpfen muss, dem sei das kühle Fruchtwasser einer frischen Kokosnuss *(água de coco)* empfohlen.

Das Ende einer Mahlzeit und der Beginn einer guten Unterhaltung aber lässt sich ohne **cafezinho** eigentlich nicht denken.

Typen, die man nur in Brasilien trifft

Die despachantes

Despachantes (eigentlich: „Abschicker") haben im **brasilianischen Büro-Alltag** die gleiche Funktion wie im menschlichen Kreislauf die roten Blutkörperchen – sie sorgen für den Austausch der Energie und der Informationen, sie bringen den Laden in Schwung. Ohne diese dienstbaren Geister würde die öffentliche Verwaltung aus ihrem chronischen Koma nie erwachen, alle Eingaben, Anträge und Beglaubigungen blieben in den Tiefen der Schubladen liegen, den Termiten oder den Computerviren zum Fraß, verstaubt, gelöscht, erledigt: abgesunkenes Kulturgut sozusagen.

Der *despachante* sorgt dafür, dass Verwaltungsvorgänge tatsächlich vorangehen, dass der **Amtsschimmel auf Trab gebracht** wird, vielleicht sogar im Galopp die Hürden nimmt und nicht störrisch wie ein Esel stehenbleibt. Von alleine geht das nicht. Man muss den Schimmel füttern, streicheln, ermahnen und manchmal auch peitschen. Das ist nicht nur eine Frage des Geldes – denn die angebotene „Handcreme" kann sehr oft als Sand im Getriebe wirken – nein, da geht es wieder einmal um die Beziehung von Person zu Person, da geht es um Freundschaftsdienste. Der *despachante* ist der Freund der Verwaltung.

Im Prinzip funktioniert ein Amt wie ein Familienclan. Da kann ja auch nicht jeder kommen und sich einfach an den Tisch setzen. Da muss der,

der etwas will, einen **guten Freund vorschicken:** den *despachante.* Der lässt sich seine Dienste, je nach vermutetem Schwierigkeitsgrad, entlohnen. Man steckt ihm das Geld in die Hand, die Akte dazu, und schon dackelt der gute Mann – oft ein Pensionär, der das betroffene Amt aus alten Tagen meist so gut kennt wie seine eigene Westentasche – los, um manchmal Tage in den Höhlen der Administration zu verschwinden und am Ende triumphierend mit dem notwendigen Stempel und der Unterschrift wieder aufzutauchen.

Wer glaubt, er komme ohne *despachante* aus, der verfügt über eine gehörige Portion Ignoranz und offenbar viel Zeit. Vor Gericht lässt man sich ja auch durch einen Anwalt vertreten. Der *despachante* ist der Anwalt vor der Behörde. Und manchmal auch vor dem Bankschalter, dem TÜV, dem Reisebüro. Denn man **zahlt dem despachante für die Zeit,** die man selber glaubt sinnvoller verbringen zu können als beim Anstehen. Der *despachante* steht nicht an, er geht durch den Seiteneingang, um einen Freund zu besuchen. Wer das als Korruption bezeichnet, der versteht wenig von der menschlichen Natur der Brasilianer, die nichts so sehr hassen wie Papier und Paragrafen, aber für einen guten *batepapo* („Tratsch“) immer zu gewinnen sind.

Jaime, der Trauernde

Tröstende Worte helfen manchmal ja auch. Er hat sie alle unter die Erde gebracht. Den Staatspräsidenten wie den Fußballtrainer, den Star der *telenovela* wie die hoch verehrte Ordensfrau: *Jaime Sabino,* der Alte.

Der Witwer aus Rio de Janeiro ist bei den Totengräbern der Stadt bekannt wie ein bunter Hund. Immer ist *Jaime* zur Stelle, **wenn ein Prominenter bestattet wird,** immer versteht es der Mann mit der professionellen Trauermine, sich unter die Hinterbliebenen zu mischen, einen Griff am Sarg zu erhaschen und ganz vorneweg zur Grabstelle zu marschieren, a rigor im dunklen Tuch.

Was jene zur Trauer veranlasst, reicht *Jaime Sabino* zum Triumph. Denn am Tag danach findet sich der untersetzte Beileidsgast auf den **Pressefotos** wieder. Wer mag der unbekannte Mann dort sein, der so erschüttert am Grabe steht und seine Tränen unter einer Sonnenbrille verdeckt? *Jaime Sabino* ist es, dem Gräber die Welt bedeuten.

Sein Faible, sich unter Prominente zu mischen – und seien sie auch Verstorbene – und ein wenig von ihrem Glanz zu erhaschen, entdeckte der Rentner vor Jahrzehnten beim Staatsbegräbnis des Präsidenten *Getúlio Vargas.* Seither lässt *Jaime Sabino* keine „schöne Leich“ aus. Und er macht auch kein Geheimnis daraus, **wie es ihm gelingt, sich ans Grab**

zu drängen und als Konsul der Kondolenz aufzutreten, kostenfrei, versteht sich. Glanz fällt nicht vom Himmel. *Jaime Sabino* informiert sich frühzeitig über exklusive Sterbefälle. Und er ist rechtzeitig zur Stelle, gibt sich als Bürgermeister einer Kleinstadt aus, die dem Verstorbenen viel verdanke, reiht sich ganz vorne ein, murmelt Sprüche und macht den Traueronkel. Die Angehörigen sind ja so dankbar, dass da einer ist, der dem Abschiedsschmerz so würdevoll Ausdruck zu verleihen versteht.

Jaime Sabino hat ohne Zweifel **schauspielerisches Talent** - und eine Karriere als Bürobote und Kleindarsteller hinter sich. In einem Künstleralbum hat er säuberlich alle durch Pressefotos dokumentierten Auftritte aufbewahrt. Bloß, als seine Frau vor Jahren starb, waren keine Fotografen zur Stelle. Und was *Jaime Sabino* besonders bedrückt: Wer wird einmal ihn gebührend im Blitzlichtgewitter zu Grabe tragen?

Der Küssesammler

Jaime Sabino hat einen Kollegen, der den Glanz auf andere Art sammelt. Zuvor muss man jedoch besser darauf hinweisen, dass die **Brasilianer in der Regel keine fanatischen Sammler** sind, auch nicht von Bierdeckeln, Briefmarken oder Büchern. Die Museen im Lande gleichen eher Rumpelkammern. Was vorbei ist, ist vorbei, warum soll man sich damit beschäftigen? Außerdem zerfressen die Termiten ja doch alles. Und die Hartnäckigkeit, mit denen Deutsche ihr Hobby betreiben, der Perfektionismus und die Sucht, unpraktische Dinge zu besitzen, geht den Brasilianern ab. Doch ein paar ungewöhnliche Hobbys pflegen manche Brasilianer nun doch.

Da gibt es also den *beijoquero,* einen Pensionär aus Rio de Janeiro, der nicht Autogramme, sondern Küsse sammelt. Jawohl, Küsse! Und zwar die von Prominenten. Der *beijoquero* (wörtlich: „Ich will den Kuss") ist landesweit berühmt. Immerhin hat er es schon zu veritablen **Turbulenzen bei Staatsempfängen und Paraden** gebracht, wenn er sich unter falscher Flagge in den engsten Kreis der Honoratioren einschlich, um „Plopp!" dem verdutzten Präsidenten oder General einen Schmatzer auf die Backe zu drücken. Das geschieht dann in der Regel unter den Augen der Kameras, und die Fotos seiner „Blattschüsse", die sammelt der *beijoquero* natürlich, wie andere eben Autogramme.

Der Hobby-Küsser war während seiner „Tätigkeit" in Brasília durchaus gelitten. Galt doch sein Bussi als **Zeichen der Prominenz.** Und so soll es auch Leute gegeben haben, die die Nähe des *beijoqueros* gesucht haben. Kein Judas-Kuss, sondern eine Auszeichnung. Wer will da ungeküsst bleiben?

Ungeküsst bleiben (siehe „Der Küssesammler") wollen bestimmt nicht die *primeira damas* – die „Ersten Damen" im Lande, gemeint sind die „First Ladies". Der amerikanische Begriff macht klar: First Ladies blühen in der **Neuen Welt,** anderswo, wie in **Europa,** sind sie eher Nachtschattengewächse, die die Regenbogenpresse gelegentlich als Orchideen herausstellt, doch in den Garten der parlamentarischen Demokratie gehören sie nicht.

Aber auf dem Humus des barocken, tropischen Präsidialsystems Lateinamerikas **wuchern die primeira damas** wie bei uns die Brennnesseln auf den Müllhalden. Nicht nur der Staatschef führt an seiner Seite die bessere Hälfte vor die Kameras, und auch nicht bloß die Gouverneure der Bundesstaaten pflegen diesen Brauch – nein, was ein richtiger Bürgermeister ist, so braucht der auch seine First Lady. Falls diese nicht vorhanden, kann eine Tochter einspringen.

Bei den wenigen weiblichen Ausnahmeerscheinungen an der Spitze wäre natürlich eine männliche *primeira dama* konsequent. Aber hier gilt eher: keine Regel ohne Ausnahme. **Männliche First Ladies** gedeihen nur als Mauerblümchen.

Was aber macht eine primeira dama? Sie lächelt und himmelt ihren Göttergatten an. Sie besucht Hospitäler und eröffnet Kindergärten. Sie kümmert sich also um das „Gedöns", für das der Chef nun wirklich keine Zeit hat. Sie hält dem Mann den Rücken frei. Sie liefert rührende Stories darüber, wie es auch dort hoch oben im Palast so menschelt. Die *primeira dama* ist ein unersetzliches, wenn auch oft kostbares, Attribut der Macht. Gäbe es sie nicht, müssten die PR-Agenturen sie längst erfunden haben.

Allerdings lassen sich solche Geschöpfe **so schwer kontrollieren wie eigensinnige Rennpferde.** Sie brechen schon mal aus, bleiben trotzig stehen oder werfen den Reiter aus dem Sattel: Sternstunden der politischen Berichterstattung; und deftige Staatskrisen sind dabei nicht ausgeschlossen. Der Chef kann seine First Lady nicht so einfach entlassen und auf ein anderes Pferd umsatteln. Sie wurde zwar nicht vom Volk gewählt, die *primeira dama,* aber sie ist doch das Alter Ego der Spitze. Und nicht selten hat sie mehr Einfluss auf die Staatsgeschäfte, als dem Gatten lieb sein mag.

In der Verfassung ist die First Lady nicht vorgesehen, doch Verfassung hin oder her: Das **Volk** will nicht von einem papierenen Popanz, sondern von einem Mannsbild und manchmal auch von einer Frau, die ihren Mann steht, regiert werden.

José, der Fisch

Nur einer weiß, wo es langgeht. Nur einer kann Lotse sein. Dazu braucht man nicht mal ein Boot. Der alte *José Martins Ribeiro Nunes* ist wahrscheinlich der einzige Hafenlotse der Welt, der ohne Boot auskommt. Denn er kann **schwimmen wie ein Fisch.** Und deswegen nennen sie ihn *Aracajú nur Ze Peixe* oder „José, der Fisch".

Der Wassermann ist auch mit über 70 Jahren noch quicklebendig und legt pro Tag seine 12 Kilometer auf dem Rio Sergipe oder dem offenen Atlantik im Freistil zurück. Und er lebt immer noch im gleichen Häuschen am Flussufer, an der Avenida Ivo do Prado, wo er schon zur Welt kam.

„José, der Fisch" hat die Reportagen über sein Leben sorgfältig aufgehoben, aber zu Kopf gestiegen sind sie ihm nicht. Er kann sich gar nicht vorstellen, was an seinem Leben so besonders sein soll. Mit vier Jahren konnte er schon besser schwimmen als laufen, mit elf hat er es schon über den Rio Sergipe hinüber die eine Seemeile geschafft, und **als Junge** hat er den Fischern geholfen, die Boote sicher durch das seichte Flussdelta in den Atlantik zu lenken.

Aus dem Schwimmen wurde sein Beruf. Ein halbes Jahrhundert lang hat *José Martins Ribeiro Nunes* die großen Pötte aus dem Hafen von Aracajú hinaus auf den Atlantik gelotst – und wenn die Frachtschiffe dann in sicherem Wasser auf hoher See waren, dann ist der **Lotse José einfach von Bord gesprungen** und zurück an die Küste geschwommen, vier, fünf und auch schon mal zwölf Stunden lang. Zeit hatte er ja, und mehr als ein, zwei Schiffe pro Woche steuern den Hafen im Nordosten von Brasilien auch nicht an.

Deswegen waren es seltene Ausnahmen (aber sie gab es), wo „José, der Fisch" einen Frachter hinausbegleitet hatte und – an eine Seetonne geklammert – ein, zwei Nächte abwartete, um das nächste Schiff zu entern, das Aracajú ansteuerte.

Der Lotse ohne Boot ist recht wortkarg, wie es Fische halt sind. Das Salzwasser hat manche Falten in sein braun gegerbtes Habichtsgesicht gegraben. Schuppen hat er nicht.

Die Geschichten, die man sich über ihn erzählt, sind fast schon Fabeln. So auch die Story, als *José,* 1992 muss es gewesen sein, den russischen Frachter *Cheremkhovo* auf hohe See hinausgelotst hatte. Wie üblich schwang er sich nach ein paar Seemeilen über die Reling und verschwand in der bewegten See. Doch der ahnungslose russische Kapitän warf ihm einen **Rettungsring** hinterher. Erst nach umständlichen Funksprüchen mit der Hafenkommandatur konnte der Kapitän davon überzeugt werden, es habe alles seine Richtigkeit, der *José* fühle sich im Atlantik wie ein Fisch im Wasser.

Die Marine hat dem verdienten Lotsen ohne **Boot** nun doch eines geschenkt, ein halbes Wrack, das im Schlick des Rio Sergipe seinem Nirwana entgegenmoderte. Die *Jeremy* ist nun der Augapfel *Josés*. Liebevoll restauriert er den Kahn mit dem bisschen Werg und Farbe, die er hat. Der Wassermann mag ein Fisch sein, vor allem aber ist er ein Engel der Planken.

Die Strandflieger von Rio

Engel der Lüfte gibt es natürlich auch. „Marcello, ich liebe Dich! Maria". Irgendwo in dem Ameisenhaufen der Sonnenanbeter, Bierdosenvertilger und Atlantikschwimmer, irgendwo da unten am Strand der Copacabana muss er wohl stecken, dieser *Marcello*. Und er wird ja wohl die Botschaft lesen, die das **Flugzeug auf einer Schärpe** unermüdlich in kaum 100 Metern Höhe über die Köpfe der Menge durch die Luft schleppt?

Die **Liebesgrüße aus der Luft** kosten ein wenig mehr als ein Bukett Rosen. Aber so viel mehr nun auch nicht: umgerechnet 200 Euro für die Anfertigung der 20 Meter langen und 2,20 Meter breiten Luftschlange, dazu 300 Euro für eine Stunde Flug; zu buchen bei „Rio-Ar, Propaganda Aerea LTDA" oder den anderen drei, vier Unternehmen, die zur Sommerszeit den Himmel über den Stränden von Rio de Janeiro mit ihren einmotorigen Reklame-Brummern bevölkern.

Immer an der Küste lang nach Osten. Die Nobelviertel Barra, São Conrado, Ipanema und Copacabana entlang und vor dem Zuckerhut retour. 300 Fuß Höhe, nicht näher als 200 Meter an die Hochhaus-Mauer ran, den Flattermann im Rücken mit 170 Knoten immer kurz vorm Abschmieren, reine Routine? So was wagen nur **junge Kerle,** für 25 Dollar die Stunde. Nach ein paar Probe-Sturzflügen, das „Angeln" zu lernen, überlässt man sie ihrem Schicksal und der schönen Aussicht auf die Badenixen, die ihre Schokoladenformen in den Sand dort unten gießen. Besser, der Pilot sieht nicht hin.

Doch zugegeben, die **Sicht** aus zehnfacher Mastkorbhöhe ist atemberaubend. Man könnte die Fregattvögel beneiden, die mühelos und ohne Geknatter ihre Kreise ziehen über dem türkisgrünen Meer, der Perlenkette sandiger Buchten, den Straßenschluchten und dem sattgrünen, buckligen Küstengebirge, das die Wolkenkratzer von Rio allemal überragt. Aus dem Dunst grüßt von weitem der Christus, der vom Gipfel des Corcovado-Berges seine Hände segnend über Rio hält. Den Elendsvierteln der Stadt dreht er den Rücken zu.

054kb Foto: cg

Der **Pilot** hat jetzt dafür keinen Blick, er muss den Vogel sauber fliegen. Hinter ihm kommen andere *teco-tecos,* und vor ihm liegt die Wende im weiten Bogen über das offene Meer zurück. Die Fregattvögel halten respektvoll Abstand, aber die verdammten Kinderdrachen, die sie da von unten aufsteigen lassen, und dann die Hubschrauber der Polizei und Rettungsschwimmer! Mit der Schärpe kann man keine engen Kurven fliegen, und backbord, da drohen die Steilwände der Hochhäuser.

Schärpen durch die Luft zu ziehen, wo man bald Reklame mit Laserstrahlen auf den Mond beamt, scheint ja wohl ein bisschen romantisch, oder? Doch wie trommelt man ein paar Tausend Leute an einem Wochenende zu einer Demo der Grünen oder zu einem Rock-Konzert zusammen? Wie erreicht man die Menge? **In Rio: am Strand.** Der Strand ist der Marktplatz, die Promenade der Eitelkeit, die Kinderkrippe und das Wohnzimmer der Neun-Millionen-Metropole. Gäbe es ihn nicht, wäre Rio de Janeiro so gewöhnlich wie São Paulo oder Belo Horizonte.

In Rio de Janeiro wohnt die Seele Brasiliens, und sie badet im Ozean. „Ehrwürdiges Rio, einziges Rio, Ozean-Rio, Freund-Rio ..." Stadt der Poesie, trotz allem. *Maria,* die *carioca,* hat ihr Herz nicht in die Rinde, sondern in den Himmel geschnitzt. Wir wissen nicht, ob Marcello angebissen hat. Der Pilot aber hat seine Angeltour über den Wellen beendet: ein Postillon-Pilot d'amour und ein Sandwichman der Luft. Ein Strandflieger von Rio.

Zwischen Atlantik und Bergwald – das erlaubt in Rio auch extreme Sportarten

Verhaltenstipps für Fremde in Brasilien

Ihrem Gesicht wird man in Brasilien in der Regel nicht ansehen, dass Sie ein Fremder sind, es sei denn, Ihre Haut ist nun wirklich kalkweiß und Ihre Haare sind strohblond. Sie werden trotzdem **vom ersten Schritt an auffallen.** Denn Brasilianer bewegen sich anders: geschmeidiger, flüssiger. Die „Gringos" fallen durch ihre abgehackten Bewegungen auf – in den Augen der Brasilianer bewegen sie sich so wie ängstliche Hühner.

Der erste Rat wäre also: „Take ist easy!", **lass es langsam angehen.** Hier fährt kein Bus ab, bevor nicht der letzte potenzielle Passagier eingestiegen ist. Nichts eilt, und es gibt **für alles eine Lösung:** *Sempre dá um jeito!* („Es gibt immer einen Ausweg!") Selbst wenn die Koffer nicht angekommen sind.

Wer sich über eine solche Lappalie **aufregt und laut wird,** fällt unangenehm auf und wird bestraft durch tranige, tropische „Inkompetenz", durch bürokratische Fallen, durch Lethargie und eine ausgefeilte Hinhaltetaktik, die das Opfer zur Weißglut bringen kann. „Take ist easy"! Was braucht man in Brasilien schon einen Koffer! Meist kommt man mit Turnhose und -hemd blendend aus.

Wer aber zu verstehen gibt, dass in dem vermissten Gepäckstück außer Dreckwäsche noch das Foto der Mutter steckt, die sich Sorgen macht – der hat schon bessere Karten, das **Mitgefühl** selbst verstockter Bürokraten zu erregen und ihren Arbeitseifer dazu.

Die Lektion Nummer Eins für Brasilien lautet also: Bitte **gute Laune** und alle Vorschriften, Formulare, Anrechte und Ansprüche vergessen und jeden Mitmenschen so behandeln, als gehöre er schon lange zur Familie. Das setzt natürlich eine gewisse sprachliche Kompetenz voraus, aber wichtiger noch ist es, den Körper sprechen zu lassen – positiv sprechen zu lassen, „good feeling" zu verbreiten und nicht Frust.

Mit lautstarker Argumentation kommt man nicht weiter, mit Tränen schon. Mit Lachen noch mehr. Brasilien ist ein Land der guten **Gefühle,** die man zeigt. Die schlechten muss man eisern kontrollieren. Deswegen sind die Nerven der Brasilianer Drahtseile im Vergleich zu den deutschen Seidenfäden.

Touristen fallen schon dadurch auf, dass sie sich im fremden Terrain so ähnlich wie scheues Rotwild bewegen, vorsichtig und zögerlich. Das sollte man nicht tun. Man sollte mit allen Körperbewegungen **Geschmeidigkeit und Entschlossenheit** zugleich signalisieren.

In einem Land, wo der Kontakt zu den Mitmenschen so wichtig ist, gilt: **Den Leuten ins Gesicht schauen!** Das ist übrigens der beste Rat, um sich gegenüber Piraten der Straße zu sichern. Dass man darüber hinaus

Wertsachen an einem sicheren Ort deponiert, keine dicke Kamera auf dem Bauch vor sich herträgt und so weiter, sollte eigentlich selbstverständlich sein.

In ein Taxi zu steigen, bedeutet, mit dem Taxifahrer **Freundschaft zu schließen.** Wenn Sie ihm gleich zu Anfang eine kleine Aufmerksamkeit geben oder ihm ein Familienfoto zeigen, wird er Sie nicht übers Ohr hauen. Im Übrigen ist alles Verhandlungssache. Taxameter sind nur Geräte, Sie aber haben es mit Menschen zu tun.

Ganz nebenbei: Viele Brasilianer bedanken sich beim Busfahrer, wenn sie aussteigen, mit einem „Dankeschön" (*„obrigado"* sagen die Männer, *„obrigada"* die Frauen). **Busfahren** in Rio, São Paulo oder über Land ist überhaupt eine gute Gelegenheit, ersten Kontakt mir Brasilien aufzunehmen. Allerdings sollte man mit Kleingeld einsteigen, der Schaffner am Drehkreuz (Einstieg hinten) hat selten so viel Geld in der Kasse, um auf größere Werte herauszugeben. Über Netzpläne verfügt keine Stadt, über Fahrpläne auch nicht. Mit etwas Glück kann der Unkundige den groben Kurs und das Fahrziel außen am Bus entziffern. Der Bus hält an Haltestellen oder auf Handwink, der aber muss energisch vorgebracht werden. Wer aus der meist doch ziemlich vollgepressten rasenden Sardinenbüchse aussteigen will, der zieht an einer Leine oder drückt auf einen Knopf. Das Durchschlängeln zum Ausgang vorne neben dem Fahrer erfolgt unter freundlichen Zischen von *licença* – was so viel wie „Entschuldigung" bedeutet.

Und nun stehen Sie am Straßenrand und wissen nicht weiter. Gehen Sie bis zur nächsten Ecke: An den Ecken stehen die Straßenschilder, und auf denen ist sogar notiert, welche **Hausnummern** bis zur nächsten Ecke vorhanden sind. Die Hausnummern gehen nicht numerisch, sondern metrisch vor. Das ist superpraktisch! Von der Hausnummer 35 bis zur Hausnummer 135 sind es genau 100 Meter! Dafür gibt's die Nummer 36 aber nicht. Rechte Seite gerade, linke Seite ungerade Nummern – oder umgekehrt. Die Orientierung fällt also leicht, viel leichter als in Brasília, der „Stadt des Dritten Jahrtausends", die ein Adressensystem hat, das computer-, aber nicht menschenfreundlich ist und mit seinem alfa-numerischen Code entfernt an Mannheim erinnert.

Sie sind also angekommen. Sie haben die Sachen ausgepackt und den Zeitunterschied überwunden. Kein Mensch will nun von Ihnen wissen, wie es in Ihrer Heimat aussieht, sondern sogleich, **was Sie von Brasilien halten.** Kaum dass Sie beteuert haben, noch gar nicht so recht mit den ersten Eindrücken klarzukommen, wird Sie schon der erste Taxifahrer darüber aufklären, dass Sie in das korrupteste, faulste und dreckigste Land der Erde gekommen sind. Gehen Sie darauf nicht ein, behaupten

Sie nur, sie hätten brasilianische Freunde oder Freundinnen, und die seien die nettesten Leute der Welt. Und schon sind Sie eingemeindet. Auf brasilianische Zustände und Politiker zu schimpfen, steht dem Fremden nicht zu. Es sei denn, er versichert, bei ihm zu Hause sei es nicht anders.

Sich gegen „die da oben" zu verbünden ist fast so gut, wie sachkundig über **Fußball** zu plaudern. Der deutsche Fußball genießt in den Augen der Brasilianer ein gewisses Ansehen als Juniorpartner, im Gegensatz zu den Argentiniern, die man besser verschweigt. Man wird Sie fragen: „Welches ist Ihr Team?" Und Sie antworten „Bajan Munich", und das ist ok. Den „Kaiser" kennt man weniger, aber „Kaiser"-Bier fließt in Brasilien in Strömen.

Eigentlich gibt es keine Tabus, die ein Fremder in der **Unterhaltung mit Brasilianern** beachten müsste. Ein bisschen Fingerspitzengefühl und Verständnis für die Selbstachtung des brasilianischen Gesprächspartners sind natürlich Voraussetzung. Schließlich möchte in Europa auch keiner von einem Latino hören, der alte Kontinent sei abgeschrieben.

Fotos, aber ja! Bitte nicht mit Teleobjektiv. Die Brasilianer wollen ins Bild. Sie müssen nah ran, Weitwinkel ist angesagt. In Brasilien gibts kein Bildverbot, ganz im Gegenteil. Fotografieren aber heißt, den Leuten in die Augen zu schauen. Jede Oma, jedes Kind, und jede Schönheit ist selig, auf die Platte zu kommen. Es ist eine Show! Aber jetzt sind Sie als Regisseur gefordert. Nicht jeder kann das. Denn Sie müssen mit Ihren Schauspielern arbeiten, reden, sprechen, gestikulieren. Ein „Schnappschuss" wird das nie, sondern – viel besser! – eine dokumentierte menschliche Begegnung.

Was die **Kleidung** angeht, so sind ihr fast keine Untergrenzen gesetzt. Schmeißen Sie den ganzen schweren Plunder aus dem Norden in die Ecke! Reißen Sie sich die Schalen vom Leibe, entzwiebeln Sie sich! Kein Mensch verachtet in Brasilien freischwingende Busen und halb entblößte Popos („Bumbum" – eine Bademodenboutique trägt bezeichnenderweise diesen Namen).

Sie dürfen sich Ihres **Körpers** nicht schämen, auch wenn der nicht die idealen Maße aufweist. Tragen Sie mit Stolz, was Sie haben. Und bedecken sie es nicht zu sehr. Allerdings kein FKK oder „oben ohne"! Brasilianische Frauen rasieren sich die Achselhaare und die ganz unten soweit auch, dass kein „Sauerkraut" aus dem Tanga quillt. Sollte frau auch machen. Bei den „Machos" nimmt man es nicht so haargenau.

Wenn Sie dann noch Ihr Lederfußwerk pensionieren wollen: Gummilatschen sind comme il faut in Brasilien, je billiger, desto besser.

In Brasilien gibt es keine Drogenkontrolle, solange man nicht auffällt. Wer mit ein Promill ordentlich fährt, ist willkommen, wer seine Haschisch-Pfeifchen am Strand raucht: Wen interessiert das schon? Bei **harten Drogen** ist das anders. Es gibt genügend schlecht bezahlte Polizisten, die etwas Trinkgeld gebrauchen können. Bei harten Drogen dürfte das zu teuer werden. Brasilien hat keine „Drogenszene“ so wie New York oder Zürich. Man wird keinen Typen finden, der sich am Busbahnhof die Nadel in die Vene stößt. In den Favelas mag das anders sein – doch dort ohne sachkundige Begleitung vorzudringen, ist nicht zu empfehlen.

Ansonsten: **„Take it easy“** - in den Tropen, da kann das Leben fast schwerelos sein.

Einige Volksweisheiten aus Brasilien

A boa vida mora no prato limpo.
„Das gute Leben wohnt im leer gegessenen Teller.“

A gente nunca se esquece de quem esquece da gente.
„Die Leute vergessen den nie, der sie vergisst.“

Antes filho do probre que escravo de rico.
„Lieber Sohn eines Armen als Sklave eines Reichen.“

A perna faz o que o joelho quer.
„Das Bein macht, was das Knie will.“

A vida é ruim, mas ninguém quer morrer.
„Das Leben ist mies, aber keiner will sterben.“

Barriga vazia não tem alegria.
„Leerer Bauch kennt keine Freude.“

Branco ou preto, um porco é um porco.
„Weiß oder schwarz, ein Schwein bleibt ein Schwein.“

Brasilieiro só fecha porta depois de roubado.
„Brasilianer schließen die Tür erst nach dem Einbruch.“

Cada macaco em seu galho.
„Jeder Affe auf seinem Ast.“

Casa que não tem gato, tem rato.
„Haus ohne Katze hat eine Ratte."

Cavalo alugado não cansa.
„Geliehenes Pferd ermüdet nicht."

Cavalo e mulher, quem faz é o dono.
„Pferd und Frau, der Herr, der lenkt."

De cobra não nasce passarinho.
„Eine Schlange gebiert keinen Vogel."
De pato a ganso é pequeno o avanço.
„Von der Ente zur Gans ist nur ein kleiner Schritt."

Deus dá a canga, conforme o pescoço.
„Gott gibt das Joch, wie es zum Halse passt."

Em briga de branco, negro não se mete.
„Im Streit unter Weißen hat der Schwarze nichts zu suchen."

Governo, pra ser bom, precisa haver passado.
„Eine gute Regierung ist immer die vergangene."

Lenha verde é que faz fumaça.
„Grünes Holz macht Qualm."

Macaco velho não trepa em galho seco.
„Ein alter Affe bummst nicht auf trockenem Ast."

Muito sabe o rato, mas mais sabe o gato.
„Die Ratte ist schlau, doch schlauer ist die Katze."

Mulher, arma e cavalo de andar, nada de emprestar.
„Frau, Waffe und Reitpferd verleiht man nicht."

Mulher ri quando pode, e chora quando quer.
„Eine Frau lacht, wenn sie kann und weint, wenn sie will."

Não há domingo sem Missa, nem segunda-feira sem preguiça.
„Kein Sonntag ohne Messe, kein Montag ohne Müßiggang."

Não há mulher sem graça, nem festa sem cachaça.
„Keine Frau ohne Charme, kein Fest ohne Schnaps."

Negro furta e branco acha.
„Der Schwarze klaut und der Weiße findet."

Um burro carregando de livros é um doutor.
„Ein Esel, der Bücher schleppt, ist ein Doktor."

Viva a Pátria e chove arroz!
„Es lebe das Vaterland und es regne Reis!"

056kb Foto: cg

ANHANG

Glossar

- **Académia de ginástica:** Fitness-Center
- **Agrovila:** geplante landwirtschaftliche Dörfer
- **Agrópolis:** geplante landwirtschaftliche Städte
- **Agua de coco:** Kokosmilch aus der frischen Nuss
- **Alcool:** Alkohol, meist im Zusammenhang mit Alkohol-Treibstoff
- **Arroz e feijão:** Reis und Bohnen, gemeint ist damit Hausmannskost
- **Bacalhão:** Stockfisch
- **Bagunça:** Durcheinander
- **Bandeirante:** Abenteurer, Pionier, Indianerjäger aus kolonialer Zeit
- **Bataillion da Selva:** Dschungelbataillon
- **Batepapo:** Geschwätz, Smalltalk
- **Bicheiro:** Boss einer illegalen Lotterie
- **Bloco:** Karnevalstrupp
- **Boa forma:** estar em boa forma – gut in Form sein
- **Boates:** Nachtclubs
- **Bolsões de miséria:** Elendsflecken
- **Boteco:** Stehkneipe
- **Botequim:** dito
- **Branco:** weiß, gemeint in der Regel: der Weiße
- **Cabares:** Nachtclubs
- **Caboclo:** Hinterwäldler, Landarbeiter,
- **Cachaça:** Schnaps aus Zuckerrohr
- **Cacique:** (Indianer-)Häuptling, auch im Sinne „politischer Boss"
- **Cantada:** Flirt
- **Carioca:** Bewohner der Stadt Rio de Janeiro
- **Carne de sol:** sonnengetrocknetes Fleisch
- **Chimarrão:** Mate-Tee
- **Chopp:** Glas Fassbier
- **Churrascaria:** Grillrestaurant
- **Churrasco:** Fleischgrill
- **Colégio:** Schule der Sekundarstufe

Café Colombo in Rio aus der „belle epoque", dem Kaiserreich Brasilien

- **Condomínio:** Apartmentkomplex, auch Beitrag zur Hausverwaltung
- **Conquista:** koloniale Eroberung Lateinamerikas
- **Coronéis:** Oberste, meist im Sinne von „Landlords"
- **Depilação:** Entfernung der Köperhaare
- **Despachante:** Helfer in Fragen der Bürokratie
- **Dinheiro vivo:** Bargeld
- **Dívidas:** Schulden
- **Doutor:** Doktor, Respektsperson
- **Elevador de serviço:** Aufzug für Dienstboten
- **Empregada:** Hausangestellte
- **Enredo:** musikalischer Karnevalstext
- **Esquemas de corrupção:** Netzwerke der Korruption
- **Evangélico:** Mitglied einer evangelischen Sekte
- **Extenção:** Erwachsenenkurs an der Universität
- **Fantasia:** Karnevalskostüm
- **Farofa:** Maniokmehl
- **Favela:** Slum
- **Fazenda:** Landgut, Plantage
- **Fazendeiro:** Gutsbesitzer
- **Feijoada:** traditioneller Bohneneintopf mit vielen Zutaten
- **Ficha:** (Telefon-)Münze, Jeton
- **Formiga:** Ameise
- **Forum:** Gerichtshof
- **Frei:** Klosterbruder
- **Fuba:** Maniokbrei
- **Funkeiro:** Tänzer, Sänger von Funk-Musik
- **Galera:** Fangemeinde, Freundeskreis
- **Garimpeiro:** Goldsucher
- **Gatos:** kriminelle Stromabzapfer
- **Gaúcho:** Mann aus dem Süden Brasiliens
- **Gool:** (Fußball-)Tor
- **Gringo:** Ausländer
- **Havaianas:** Gummilatschen (Flip-Flops)
- **Impunidade:** Straflosigkeit aus mangelnder Gesetzeskraft
- **Jeitinho:** Trick, fauler Kompromiss, Schlaumeierei
- **Jeito:** dito
- **Jogo de cintura:** Flexibilität, Geschmeidigkeit
- **Jogo do bicho:** Lotterie mit Tiersymbolen
- **Leitos:** Nachtbusse mit besonderem Komfort
- **Magistrado:** Rechtspfleger
- **Malandro:** Gauner, Tunichtgut

- **Morena:** braunhäutige(s) Frau, Mädchen
- **Muito esperto:** sehr clever
- **Mulata:** Mulattin
- **Multa:** Strafe, Strafzettel
- **Música popular brasileira:** abgekürzt MPB, brasilianische Schlager
- **Negócio:** Streitgegenstand, Verhandlungssache, Redewendung im Sinn von: „Tatsache ist ..."
- **Nisseis:** Japaner zweiter Generation im Lande
- **Nordestino:** Bewohner von Nordostbrasilien
- **Paco-paco:** zusammengeschustertes, fahrbares Vehikel
- **Padaria:** Bäckerei
- **Padim:** Pater
- **Pardos:** Menschen mit brauner Hautfarbe
- **Pastel:** Fettgebäck
- **Pastoral da terra:** Landpastorale der katholischen Kirche
- **Pistoleiro:** Pitsolenschütze, bewaffneter Personenschutz
- **Posseiro:** Landbesetzer
- **Preto:** Schwarz, meist: Schwarzer
- **Primeira dama:** Gattin des Chefs
- **Primeiro grau:** Grundschulabschluss
- **Quadrilha:** Gang, kriminelle Vereinigung
- **Racismo cordial:** herzlicher Rassismus, versteckter Rassismus
- **Rei:** König
- **Renegociar a dívida:** Schulden umverhandeln
- **Roça:** Scholle
- **Rodizio:** Essen so viel man will, zum Festbetrag
- **Rurópolis:** geplante Landsiedlung
- **Sacoleiro:** Schnäppchenjäger
- **Salário mínimo:** Mindestlohn
- **Segundo grau:** Sekundarschulabschluss
- **Sem terra:** Landloser
- **Sítio:** Landsitz, Datsche
- **Supletivo:** Erwachsenenkurs zur Erreichung der Hochschulreife
- **Teco-teco:** Kleinflugzeug
- **Telenovela:** Endlosserie im Fernsehen
- **Título eleitoral:** Wahlausweis
- **Transamazônica:** Piste durch Amazonien
- **Trio elétrico:** Lautsprecherwagen mit Musikband
- **Trote:** anonymer Telefon„scherz"
- **Vestibular:** Hochschulreife
- **Zona:** Rotlichtdistrikt

Brasilien im Internet

- Das beste Portal, um Zugang zu allgemeinen Quellen, Institutionen, Tourismus und Medien in Lateinamerika zu gewinnen, ist das **Forschungszentrum der Universität von Texas:** www.lanic.utexas.edu. Von hier aus lassen sich bequem alle Länder-Recherchen anstellen, natürlich auch zu Brasilien.
- Wer sich über deutsch-brasilianische Beziehungen und Institutionen (politische Stiftungen, Handelskammern, Goethe-Institute etc.) sowie über praktische Rechtsfragen informieren will, dem sei die Homepage der **Deutschen Botschaft** in Brasilia empfohlen: www.brasilia.diplo.de
- Die **brasilianische Regierung** verfügt über ein allgemeines Portal, das Kundige in Portugiesisch sogar bis hin zur elektronischen Steuererklärung führt: www.redegoverno.gov.br
- Ein allgemeiner **Meta-Browser zu Brasilien,** der nach eingegebenem Stichwort alle anderen Suchmaschinen absucht, ist zu finden unter: www.miner.bol.com.br
- Der wichtigste deutsche **Tourismus-Info-Server** zu Lateinamerika (inkl. Brasilien) ist: www.carilat.com
- Unter www.antt.gov.br kann man sämtliche **Buslinien** *(linhas regulares)* und Fahrzeiten erfahren. Infos zu den **Airports** mit ihren Flügen gibt es hier: www.infraero.gov.br/voos/index.asp

Lesetipps zu Brasilien

„Klassiker", die mehr sind als landeskundliche Sachwerke

- *Gilberto Freyre,* **Herrenhaus und Sklavenhütte.** Eine elegant geschriebene Sozialstudie über das Werden der multirassischen Nation. Erschienen bei Klett-Cotta.
- *Claude Lévi-Strauss,* **Traurige Tropen.** Selbstkritischer ethnografischer Klassiker aus den 1930er Jahren. Suhrkamp-Taschenbuch.
- *Stefan Zweig,* **Brasilien – ein Land der Zukunft.** Liebeserklärung eines gebildeten Europäers an sein Exil. Suhrkamp-Taschenbuch.

Detailreiche Abhandlungen der brasilianischen Geschichte

- *Heinrich Handelmann,* **Geschichte von Brasilien – bis zum Ende des Kaiserreichs.** Manesse Bibliothek der Weltgeschichte.

- **Eine kleine Geschichte Brasiliens.** Präzise Zusammenstellung der Landesgeschichte von verschiedenen Autoren. Edition Suhrkamp.

Zum Thema Amazonas/Indianer

- *Alexander v. Humboldt,* **Südamerikanische Reise.** Er berührt Brasilien nur am Rande, doch seine Natur-Beobachtungen im nördlichen Südamerika sind unübertroffen. Safari bei Ullstein.
- *Henry Walter Bates,* **Am Amazonas.** Ein Klassiker, der zu den ganz großen Werken des „Darwin"-Zeitalters gehört. Verlegt bei Franz Greno, Nördlingen.
- Sehr schöne aktuelle Reportagen aus Amazonien lesen wir von *Paulo Grothe,* **In Amazonien** (Fischer), und *Frank Semper,* **Tor zum Amazonas** (Sebra Verlag). Eine attraktive Zusammenstellung von Texten und Bildern ist in der Reihe „Abenteuer Geschichte" (Otto Maier, Ravensburg) unter dem Titel **Amazonas, der sterbende Riese** erschienen.

Belletristik

- Wer sich einen Überblick über die brasilianische Literatur verschaffen will, dem sei das **Autorenlexikon Lateinamerika,** Suhrkamp Taschenbuch, empfohlen. Die folgenden Literaturhinweise sind natürlich nur flüchtige Skizzen zum literarischen Fundus Brasiliens, der in Europa relativ wenig veröffentlicht ist.
- Der bekannteste brasilianische Autor ist zweifelsohne *Jorge Amado,* am 6.8.01 kurz vor seinem 89. Geburstag gestorben. Über zwanzig Romane von ihm erschienen in 30 Weltsprachen, darunter **Gabriela wie Zimt und Nelken** (Rowohlt) oder **Dona Flor und ihre zwei Ehemänner** (Piper). *Amados* sinnliche Romanzen spielen fast alle in seiner Heimat Bahia, und sie haben kräftig dazu beigetragen, ein etwas süßliches, fast kitschiges Bild von Brasilien zu verbreiten.
- Ein brasilianischer Erfolgsautor dieser Tage ist *Paulo Coelho* mit seinen unzähligen spirituell angehauchten Büchern, die allerdings so gut wie nichts über Brasilien verraten. Weltweit ein Bestseller und auch in Deutschland besonders bekannt ist **Der Alchimist** (Diogenes Verlag).
- Die moderne brasilianische Literatur beginnt u.a. mit *Euclides da Cunha,* der als Zeitzeuge in **Krieg im Sertão** (Suhrkamp, von *Bernhard Zilly* kongenial ins Deutsche übersetzt) einen spannenden Bericht über den religiösen Buschkrieg von Canudos im Jahr 1911 lieferte.
- Um die genaue Abbildung der Realität bemühten sich auch die so genannten „Regionalisten", also Autoren, die das Landleben beschrieben.

Zu den besten gehört *Graciliano Ramos* und sein Werk **Karges Leben.** Als ein Stück dokumentarischer Amateur-Literatur aus der Favela ist das **Tagebuch der Armut** (Lamuv) von *Carolina Maria de Jesús* bis heute aktuell geblieben.

- Eine ausgesprochene Blüte der modernen Literatur entfaltete sich in den 20er Jahren des 20. Jahrhunderts durch die Bewegung derer, die sich „Menschenfresser" nannten. 1928 schrieb *Mário de Andrade* den Schelmenroman **Macunaíma. Der Held ohne jeden Charakter** (Kiepenheuer), ein avantgardistisches, verschlüsseltes Werk über den Volkscharakter der Brasilianer. *João Guimarães Rosa,* aus der gleichen Generation, schuf eine Reihe von wortgewaltigen Epen aus dem Hinterland, so etwa **Grande Sertão** (dtv, vergriffen). Farbenprächtige Farcen aus seiner Heimat Amazonien haben wir *Márcio Souza* zu verdanken, darunter etwa **Galvez, Kaiser von Amazonien** (Kiepenheuer, vergriffen). Die bissigste Novelle über die Indianer und ihre „Beschützer" hat *Antonio Callado* mit **Expedition Montaigne** geschrieben und mit **Quarup** (beide Kiepenheuer) außerdem ein kritisches Werk über die Militärdiktatur.
- „Asphaltliteratur", also Stücke aus dem Dickicht der Städte, verdanken wir *Ruben Fonseca,* der mit dem Erzählband **Der Abkassierer** (Piper) dem Leser albtraumhafte Geschichten aus der Unterwelt zumutet, die wirklich unter die Haut gehen. *Ignácio de Loyola Brandão* hat mit seinen Erzählungen, darunter **Null. Prähistorischer Roman** (Suhrkamp), reale Utopien vom Untergang der Megastadt São Paulo geschrieben.
- Der wahrscheinlich produktivste und farbigste Autor der brasilianischen Gegenwart ist *João Ubaldo Ribeiro.* Sein Hauptwerk **Brasilien, Brasilien** (Suhrkamp) ist eine Hommage an seine Heimat Bahia und ein kraftvolles Epos über die brasilianische Geschichte. *Ribeiro* hat im Übrigen ein köstliches Stück zum Thema „Kulturschock" geliefert, das dem deutschen Leser einen heiteren Spiegel vorhält: **Ein Brasilianer in Berlin** (Suhrkamp).

Sprache

- **Brasilianisch – Wort für Wort.** Im Reise Know-How Verlag Bielefeld in der Reihe Kauderwelsch (Band 21) erschienener Sprachführer. Speziell auf die Bedürfnisse des Reisenden ausgerichtet, weil er Aussprache, Grammatik und die wichtigsten Redewendungen knapp und leicht verständlich darbietet, so dass man schnell in die Lage versetzt wird, zu sprechen – ohne Anspruch auf Perfektion. Separat dazu ist begleitendes Tonmaterial erhältlich.

Kleine Sprachhilfe Brasilianisch

Das folgende Kapitel ist dem Kauderwelsch-Band 21, Brasilianisch – Wort für Wort (siehe Seite 263), entnommen, für den KulturSchock Brasilien neu zusammengestellt und gekürzt.

Aussprache

Hier sind die Buchstaben(verbindungen) aufgeführt, deren Aussprache abweichend vom Deutschen ist/sein kann.

ch	wie in **chave** (Schlüssel). Aussprache: schawe
ç	wie „ss" in Wasser
g	wie „g" von groß **(grande)** wie „j" vor „e" oder „i" z.B. in **viagem** (Reise)
gu	vor „a" oder „o" wie „gw": **água** (Wasser) = agwa vor „e" und „i" und Konsonanten wie „g": **guia** (Führer) = gia
h	das „h" wird nicht als Konsonant betrachtet. Wenn am Anfang eines Wortes, wird es praktisch nicht ausgesprochen, wie z.B. in **hoje** (heute): Aussprache: oje
l	am Ende eines Wortes wie „u", z.B. **sal** (Salz)
lh	wie „lj" z.B. in **milho** (Mais) = miljo
m	wie „n", wenn am Ende eines Wortes
nh	wie „nj" z.B. in **minha** (meine)
qu	vor „a" oder „o" wie „kw": **quando** (wann) = kwando vor „e" und „i" wie „k": **quero** (ich will) = käro
rr	stark guttural
v	wie „w" in Winter **(inverno)**
x	wie „x" in Taxi oder wie „sch" in **luxo** (Luxus) oder wie „s" in **exame** (Prüfung)

Nasale Vokale stehen meistens am Ende eines Wortes:

-ão	wie „-aun", in **alemão** (deutsch/Deutscher) = alemaun
-ã	wie „-an", in **alemã** (die Deutsche) = aleman
-ães	wie „-ains", in **alemães** (die Deutschen) = alemains
-ãe	wie „-ain", in **mãe** (Mutter) = main
-ãos	wie „-auns", in **mãos** (die Hände) = mauns
-ões	wie „-oin", in **ladrões** (die Diebe) = ladroins

Die wichtigsten Floskeln und Redewendungen

Bitte (um etw. bitten)	**por favor**
Nichts zu danken.	**Não há de que.**
Guten Morgen/Tag.	**Bom dia.**
Guten Abend/Gute Nacht.	**Boa noite.**
Tschüß!	**Tchau!**
Auf Wiedersehen.	**Até logo.**
Alles in Ordnung!	**Tudo bem.**
Alles prima!	**Tudo legal.**
Ich weiß nicht.	**Eu não sei.**
Entschuldigung!	**Desculpe!**
Gesundheit!	**Saúde!**
Prost!	**Tintim!**
Guten Appetit!	**Bom apetite!**
Wunderbar!	**Jóia!**
Prima!	**Legal!**
Verzeihung!	**Perdão!**
Hilfe!	**Socorro!**
Ich benötige Hilfe.	**Preciso de ajuda.**
Rufen Sie mir bitte einen Arzt!	**Por favor, chame um médico.**
Ich kann kein Brasilianisch.	**Não sei falar brasileiro.**
Wie bitte?	**Como, por favor?**
Sprechen Sie bitte langsam!	**Fale devagar!**
Nochmal, bitte.	**Repita, por favor!**
Ich habe nicht verstanden.	**Não entendí nada.**
Spricht jemand Englisch?	**Alguém fala Inglês?**
Wie heißt das ...	**Como se chama isto ...**
auf portugiesisch?	**em Português?**
auf deutsch?	**em Alemão?**
auf englisch?	**em Inglês?**
Könnten Sie mir das aufschreiben?	**Poderia me escrever isto?**

Register

80°
70°
60°
VENEZUELA
GUYANA
SUR
NAM
Bogotá
Cali
Huila
Magdalena
KOLUMBIEN
Orinoco
Boa Vista
Branco
Punta Galera
0°
Quito
ECUADOR
Guayaquil
Negro
Japurá
Putumayo
Manaus
Tapajós
Marañón
AMAZONIEN
Punta Aguja
ANDEN
Madeira
Juruá
Purus
Porto Velho
Nevado Huascarán
10°
BRA
Arinos
SIERRA DOS PARECIS
Guaporé
Lima
PERU
Cuia
Mamoré
Titicaca See
ZENTRALER
La Paz
ALTIPLANO
BOLIVIEN
Arica
Poopó-See
GRAN CHACO
20°
PARAGUAY
Pilcomayo
Antofagasta
CHILE
Südlicher Wendekreis
Llullaillaco
Asunció
Salado
PAZIFISCHER OZEAN
Ojos del Salado
Uruguay
Mar Chiquito
30°
ARGENTINIEN
URUGUA
Salado
Rosario
Buenos Aires
Mon vide
80°
70°
60°

Cayenne
FRANZ. GUYANA
Macapá
Baia de Marajó
Ilha de Marajó
Belém
Baia de São Marcos
São Luis
Fortaleza
I. Fernando de Noronha
Cabo de São Roque
Natal
Recife
Maceió
Salvador (Bahia)
NORDOSTEN
CAATINGAS
Barragem de Sobradinho
São Francisco
Parnaiba
Tocantins
Xingu
Araguaia
S I L I E N
CERRADO
ESTEN
Brasília
SÜDOSTEN
Vitória
Belo Horizonte
Rio de Janeiro
Campinas
São Paulo
Santos
Curitiba
Paraná
Represa Ilha Grande
Cabo de São Tomé
Cabo Frio
SERRA DO MAR
SÜDEN
Pôrto Alegre
Patos-Lagune
Mirim-Lagune
ATLANTISCHER OZEAN
Äquator
Südlicher Wendekreis
0
500 km
50°
40°
30°
10°
0°
10°
20°
30°

Der Autor

Carl D. Goerdeler, geboren 1944 in Leipzig, lebt seit geraumer Zeit in Brasilien und ist Korrespondent zahlreicher deutschsprachiger Zeitungen. Er hat in Rio de Janeiro Wurzeln geschlagen und nicht die Absicht, in die „kalte Heimat" zurückzukehren. Nähe und Distanz zu beiden Seiten des Atlantik, das Wechselbad von Gefühlen und Perspektiven empfindet er als Bereicherung seines Lebens. Nach dem Studium von Politik und Publizistik in Berlin und München, der Produktion von Fernsehdokumentationen und einem Abstecher in die Welt der Diplomatie (vier Jahre an der Botschaft in Tokio und fünf in Brasília) fand der Autor, Verfasser von einigen Reiseführern, dass es an der Zeit wäre, einmal ein Resümee zu ziehen, was ihn an Brasilien immer noch fasziniert - und auch schockiert. Für den Reise Know-How Verlag hat er außerdem den Titel „KulturSchock Argentinien" geschrieben.